U0469819

两汉经学今古文平议

钱穆 著

人民文学出版社

著作权合同登记号 图字 01-2019-7025

著作财产权人：© 东大图书股份有限公司
本著作中文简体字版由东大图书股份有限公司授权上海九久读书人文化实业有限公司在中国大陆地区发行、散布与贩售。
版权所有，未经著作财产权人书面授权，禁止对本著作之任何部分以电子、机械、影印、录音或任何其他方式复制、转载或散播。

图书在版编目（CIP）数据

两汉经学今古文平议 / 钱穆著 . -- 北京：人民文学出版社，2020
ISBN 978-7-02-015668-9

Ⅰ.①两… Ⅱ.①钱… Ⅲ.①经学－研究－中国－汉代 Ⅳ.① Z126.273.4

中国版本图书馆 CIP 数据核字 (2019) 第 188197 号

责任编辑　卜艳冰　吕昱雯
装帧设计　李　佳

出版发行　人民文学出版社
社　　址　北京市朝内大街 166 号
邮政编码　100705
网　　址　http://www.rw-cn.com

印　　制　上海盛通时代印刷有限公司
经　　销　全国新华书店等

字　　数　272 千字
开　　本　635 毫米 ×965 毫米 1/16
印　　张　25.75
版　　次　2020 年 8 月北京第 1 版
印　　次　2020 年 8 月第 1 次印刷

书　　号　978-7-02-015668-9
定　　价　88.00 元

如有印装质量问题，请与本社图书销售中心调换。电话：010-65233595

自序

本书共收文四篇：

一、《刘向歆父子年谱》

二、《两汉博士家法考》

三、《孔子与〈春秋〉》

四、《〈周官〉著作时代考》

此四文皆为两汉经学之今、古文问题而发。其实此问题仅起于晚清道、咸以下，而百年来掩胁学术界，几乎不主杨，则主墨，各持门户，互争是非，渺不得定论所在，而夷求之于两汉经学之实况，则并无如此所云云也。

盖清儒治学，始终未脱一门户之见。其先则争朱、王，其后则争汉、宋。其于汉人，先则争郑玄、王肃，次复争西汉、东汉，而今、古文之分疆，乃由此而起。其治今文经学者，其先则争《左氏》与《公羊》，其次复争三家与毛、郑。其于推寻家法，紬绎坠绪，未为无功。而缒之愈幽，凿之益深，流遁而忘反，遂谓前汉古文诸经，尽出刘歆伪造，此则断断必无之事也。本书第一篇《刘向歆父子年谱》，即对此而发。

清季今文学大师凡两人，曰廖季平与康有为。康著《新学伪经考》，专主刘歆伪造古文经之说，而廖季平之《今古学考》,剔抉益细,谓前汉今文经学十四博士,家法相传,道一风同,其与古文对立,则一一追溯之于战国先秦,遂若汉代经学之今古文分野,已远起于先秦战国间,而夷考汉博士家法,事实后起,迟在宣帝之世。及其枝分脉散,漫失统纪,歧途亡羊,无所归宿。不仅无当于先秦之家言,抑且复异于景、武之先师。两《汉书·儒林传》,可资证明。本书第二篇《两汉博士家法考》,则为此而作也。夫治经学者,则岂有不读《儒林传》?而终至于昧失本真而不知,此即是门户之见之为害也。

然一时代之学术,则必其有一时代之共同潮流与其共同精神,此皆出于时代之需要,而莫能自外。逮于时代变,需要衰,乃有新学术继之代兴。若就此寻之,汉儒治经学,不仅今文诸师,同随此潮流,同抱此精神,即古文诸师,亦莫不与此潮流精神相应相和,乃始共同形成其为一时代之学术焉。清儒晚出于两千载之后,其所处时代,已与汉大异,清儒虽自号其学为汉学,此亦一门户之号召而已,其于汉学精神,实少发见。本书第三篇《孔子与〈春秋〉》,特于古今经学流变之大体,以及经学与儒家言之离合异同,提挈纲领,穷竟源委,于学术与时代相配合相呼应之处,独加注意,而汉儒与清学之辨,亦朗若列眉,更无遁形。读者必于此有悟,乃可以见清学之所建立,乃所以独自成其为清学,而未必即有当于汉儒之真相也。

清儒主张今文经学者,群斥古文诸经为伪书,尤要者则为《周官》与《左传》。《左传》远有渊源,其书大部分应属春秋时代之真实史料,此无可疑者。惟《周官》之为晚出伪书,则远自汉、宋,已多疑辨。然其书果起何代,果与所谓古文经学者具何关系，此终不可以不论。本书第四篇《〈周官〉著作时代考》，即为此而发。然貌若辨伪，而旨切存真，而于后代经师，考礼纷纭，种种误失，其症结所在，亦藉此可见。此如大禹治水，先疏源而后可以治委，而门户之见之无当于治学，亦由此而益显。盖不仅于经学中有门户，即经学本身，亦一门户也。苟锢蔽于此门户之内，则不仅将无由见此门户之外，并亦将不知其门户之所在，与夫其门户之所由立矣。故知虽为征实之学，仍贵乎学者之能脱樊笼而翔寥廓也。

晚清经师，有主今文者，亦有主古文者。主张今文经师之所说，既多不可信。而主张古文诸经师，其说亦同样不可信，且更见其为疲软而无力。此何故？盖今文古今之分，本出晚清今文学者门户之偏见，彼辈主张今文，遂为今文诸经建立门户，而排斥古文诸经于此门户之外。而主张古文诸经者，亦即以今文学家之门户为门户，而不过入主出奴之意见之相异而已。此如盗憎主人，入室操戈，又如随乐起舞，俯仰由人，则宜乎其所主张之终无以大胜乎今文诸师矣。

本书宗旨，则端在撤藩篱而破壁垒，凡诸门户，通为一家。经学上之问题，同时即为史学上之问题，自春秋以下，历战国，经秦迄汉，全据历史记载，就于史学立场，而为经学显真是。遂若有以超出于从来经学专家藩篱壁垒之外，而另辟途径，别开户牖，此则本书之所由异夫前人也。

夫治经终不能不通史，即清儒主张今文经学，龚定庵、魏默深为先起大师，此两人亦既就史以论经矣。而康长素、廖季平，其所持论，益侵入历史范围。故旁通于史以治经，筚路蓝缕启山林者，其功绩正当归之晚清今文诸师。惟其先以经学上门户之见自蔽，遂使流弊所及，甚至于颠倒史实而不顾。凡所不合于其所欲建立之门户者，则胥以伪书伪说斥之。于是不仅群经有伪，而诸史亦有伪。挽近世疑古辨伪之风，则胥自此启之。夫史书亦何尝无伪？然苟非通识达见，先有以广其心、沉其智，而又能以持平求是为志，而轻追时尚，肆于疑古辨伪，专以蹈隙发复、标新立异为自表襮之资，而又杂以门户意气之私，则又乌往而能定古书真伪之真乎？

本书之所用心，则不在乎排击清儒说经之非，而重在乎发见古人学术之真相。亦惟真相显，而后伪说可以息，浮辨可以止。诚使此书能于学术界有贡献，则实不尽于为经学上之今古文问题持平论、作调人，而更要在其于古人之学术思想有其探原抉微、钩沉阐晦之一得。读吾书者，亦必先自破弃学术上一切门户之成见，乃始有以体会于本书之所欲阐述也。

本书第一篇曾刊载于《燕京学报》及《古史辨》，又曾由中国文化服务社单独印行；第二篇曾刊载于中央大学出版之《文史哲季刊》；第三篇曾刊载于香港大学东方文化研究院之《东方学报》；第四篇曾刊载于《燕京学报》。此次汇刊，各篇文字，均续有修订，并此附识。

一九五八年八月二十日　钱穆识于九龙钻石山寓庐

目录

刘向歆父子年谱（民国十八年） 001

两汉博士家法考（民国三十二年） 141

孔子与《春秋》（一九五三年） 211

《周官》著作时代考（民国二十年） 259

刘向歆父子年谱

（民国十八年）

刘向歆父子年谱自序

主今文经学者，率谓六经传自孔氏，历秦火而不残，西汉十四博士皆有师传，道一风同，得圣人之旨。此三者，皆无以自坚其说。然治经学者犹必信今文，疑古文，则以古文争立自刘歆，推行自王莽，莽、歆为人贱厌，谓歆伪诸经以媚莽助篡，人易信取，不复察也。南海康氏《新学伪经考》持其说最备，余详按之皆虚。要而述之，其不可通者二十有八端。

刘向卒在成帝绥和元年，刘歆复领五经在二年，争立古文经博士在哀帝建平元年，去向卒不逾二年，去其领校五经才数月。谓歆遍伪诸经，在向未死前乎？将向既卒后乎？

向未死前，歆已遍伪诸经，向何弗知？不可通一也。

向死未二年，歆领校五经未数月，即能遍伪诸经，不可通二也。

谓歆遍伪诸经，非一时事，建平以下，迄于为莽国师，逐有所伪，随伪随布，以欺天下，天下何易欺？不可通三也。

然则歆之遍伪诸经，果何时耶？

且歆遍伪诸经，将一手伪之乎？将借群手伪之乎？一手伪之，古者竹简繁重，杀青非易，不能不假手于人也。群手伪之，何忠于伪者之多，绝不一泄其诈耶？不可通四也。

莽尝征天下通逸经、古记、小学诸生数千人记说廷中，谓此诸人尽歆预布以待征，则此数千人者遍于国中四方，何无一人泄其诈？自此不二十年，光武中兴，此数千人不能无一及于后，何当时未闻言歆之诈者？不可通五也。

与歆同校书者非一人。尹咸名父子，歆从受学，与歆父向先已同受校书之命，名位皆出歆上，何不能发歆之伪？班斿校书，亦与刘向同时，汉廷赐以秘书之副。歆伪中秘，不能并班家书而伪之也。苏竟与歆同校书，至东汉尚在，其人正士，无一言及歆伪，且深推敬。不可通六也。

扬雄校书天禄阁，即歆校书处，歆于诸经、史恣意妄窜，岂能尽灭故简，遍为更写？伪迹之昭，雄何不见？不可通七也。

东汉诸儒，班固、崔骃、张衡、蔡邕之伦，并校书东观，入睹中秘，目验伪迹，转滋深信。不可通八也。

桓谭、杜林与歆同时，皆通博洽闻之士，湛静自守，无所希于世。下逮东汉，显名朝廷，何所忌惮，于歆之遍伪诸经绝不一言，又相尊守？不可通九也。

稍前如师丹、公孙禄，稍后如范升，皆深抑古文诸经，皆与歆同世，然皆不言歆伪，特谓非先帝所立而已。何以舍其重而论其轻？不可通十也。

然则歆之遍伪诸经，当时知之者谁耶？而言之者又谁耶？

且歆亦何为而遍伪诸经哉？

歆之争立古文诸经，王莽方退职，绝无篡汉之象，谓歆伪诸经，将以助莽篡乎？不可通十一也。

谓歆伪经媚莽，特指《周官》为说。然《周官》后出，方争立诸经时，《周官》不与。不可通十二也。

且莽据《周官》以立政，非歆据莽政造《周官》。谓歆以

《周官》误莽犹可，不得谓以《周官》媚莽也。不可通十三也。

考《周官》之见于汉廷政制，最先在平帝元始元年，前一年哀帝崩，莽拜大司马，白歆为右曹太中大夫，相距不数月。其前两人皆退居，不相闻。谓歆逆知哀帝之不寿，莽之且复用，而方退职不得志之时，私伪此书以误莽欤？谓歆于争立古文诸经前，已先伪此书，而故自秘惜，不之及欤？抑歆为太中大夫后乃伪之欤？不可通十四也。

夫媚莽以助篡者，符命为首。符命源自灾异，善言灾异者，皆今文师也。次则周公居摄称王，本诸《尚书》，亦今文说耳。歆欲媚莽助篡，不造符命，不言灾异，不说今文《尚书》，顾伪为《周官》。《周官》乃莽得志后据以改制，非可借以助篡，则歆之伪《周官》，何为者耶？其果将以误莽耶？不可通十五也。

若歆自有专政改制之心，知莽好古，因伪为《周官》以肆其意，则井田见于《孟子》，分州见于《尚书》，爵位之等详于《王制》《公羊》，其他如郊祀天地、改易钱布之类，莽朝政制，元、成、哀、平以下，多已有言之者。此皆有本，何歆之不惮烦，必别伪一书以启天下之疑耶？不可通十六也。

谓歆之伪《周官》，将以媚莽助篡，未见其然也。且歆伪《周官》以前，已先伪《左氏传》《毛诗》《古文尚书》《逸礼》诸经。《周官》所以媚莽，《左氏传》诸经又何为哉？

谓将以篡圣统，则歆既得意，为国师公，莽加尊信，而莽朝六经祭酒、讲学大夫多出今文诸儒，此又何说？不可通十七也。

谓歆伪诸经以媚莽，其说既绌，乃谓将以篡圣统；因又谓古文、今文如冰炭之不相并。然莽朝立制，《王制》《周礼》兼举；歆之议礼，亦折衷于今文。此不可通十八也。

师丹、公孙禄，下及东汉范升，谏立《左氏》诸经，并不为今古分家，又不言古文出歆伪。自西汉之季，以逮夫东汉之初，求所谓今古文鸿沟之限，不可得也。是不可通十九也。

谓歆之伪诸经，将以篡圣统，又未见其然也。然则歆之遍伪诸经，果何为者耶？

且《左氏》既出歆伪，何以有陈钦为莽《左氏》师，别自名学，与歆各异，岂亦歆私命之以掩世耳目者耶？不可通二十也。

《左氏》传授远有渊源，歆师翟方进；翟子义，为莽朝反房逆贼；方进发冢，戮及尸骨。歆苟伪托，何为而托于此？不可通二十一也。

歆以前，其父向及他诸儒，奏记述造，引《左氏》者多矣。《左氏》自传于世，谓尽歆伪，不可通二十二也。

至《周官》果出何代？《左氏》《国语》为一为二？此皆非一言可决，而何以遽知其皆为歆伪？不可通二十三也。

且当时媚莽助篡者众矣，不独一歆；歆又非其魁率。甄丰为莽校文书，六筦之议，蔽罪鲁匡，此尤其彰著，何以谓伪经者之必歆？不可通二十四也。

盖古文诸经，多有征验。谓《左氏》《周官》伪，不得不谓他经尽伪。谓诸经皆伪，不得不谓伪经者乃歆。何者？歆在中秘，领校五经，非歆不得遍伪诸经也。则歆亦不幸焉尔！然《史》《汉》所载，可为古文征验者犹多，因谓《史记》多歆伪窜，《汉书》亦出歆手，轻据葛洪伪说，汉代史实，一切改观。不可通二十五也。

且歆遍伪诸经，当有实例。谓今文五帝无少皥，歆古文有之；今文五帝前无三皇，歆古文有之；今文惟九州，无十二州，歆古文有之。如此类，所以为圣统者仅矣；歆何为必篡焉？不可通二十六也。

况五帝有少皞，与夫三皇、十二州之说，又断断不始于歆。因谓先秦旧籍及此者，尽歆所伪。此又不可通二十七也。

必以今文一说为真，异于今文者皆歆说，皆伪；然今文自有十四博士，已自相异。此益不可通二十八也。

如此而必谓歆伪诸经，果何说耶？

此姑举其可略论者，其他牵引既广，不能尽辨。余读康氏书，深疾其牴牾，欲为疏通证明，因先编《刘向歆父子年谱》，著其实事。实事既列，虚说自消。元、成、哀、平、新莽之际，学术风尚之趋变，政治法度之因革，其迹可以观。凡近世经生纷纷为今古文分家，又伸今文，抑古文，甚斥歆、莽，遍疑史实，皆可以返。循是而上溯之晚周先秦，知今古分家之不实，十四博士之无根，《六籍》之不尽传于孔门而多残于秦火，庶乎可以脱经学之樊笼，发古人之真态矣；而此书其嚆矢也。

至于整统旧史，归之条贯，读者自得之。

十八年岁尽前一日　钱穆识

此稿初刊于《燕京学报》第七期；嗣转载于顾颉刚所编《古史辨》第六册，略有增订。二十六年冬，国难，避居南岳，又校读一过。

钱穆又识

昭帝元凤二年，壬寅。（西历纪元前七九）

刘向生。

《汉书·向传》：向字子政，本名更生。系出高祖同父少弟楚元王交后。交生红侯富，富生光禄大夫辟疆，辟疆生阳城侯德，为向父。

又《向传》："向居列大夫官前后三十余年，年七十二卒。卒后十三岁而王氏代汉。"

王先谦《汉书补注》引钱大昕曰："依此推检，向当卒于成帝绥和元年。"又叶德辉曰："《汉纪》云：'前后四十余年。'案：传言'卒后十三年王氏代汉'，则向卒于成帝建平元年。由建平元年上推，向生于昭帝元凤四年。自既冠擢为谏大夫至此实四十余年。当以《汉纪》为是。吴修《续疑年录》亦推向生元凤四年，卒建平元年。盖莽代汉在孺子婴初始元年十二月，是年上距向卒正十三岁之后。钱氏误推，不足据。"

按：向生实在元凤二年，钱氏推不误。自绥和元年后十三年为孺子婴居摄元年，莽称假皇帝，《汉书》帝纪尽于平帝元始五年，无孺子婴。《王子侯表》《外戚恩泽侯表》《百官公卿表》，皆及孝平而止，无记孺子婴者。此汉人以莽代汉在居摄元年之证也。又王莽班符命亦言："汉氏平帝末年，火德销尽，土德当代，皇天眷然，去汉与新。"《后汉·杜笃传》谓："创业于高祖，祚缺于孝平，传世十一，历载三百。"均不数孺子婴。或疑向年十二以父德任为辇郎，当在地节四年德封阳城侯之岁。按：《哀纪》除任子令，应劭注引《汉仪注》："吏二千石以上视事满三年，得任同产若子一人为郎。"德以元凤三年即为宗正，本始三年赐爵关内侯，不必封阳城后乃得任子为郎。《德传》称德封阳城侯，"宗家以德得官宿卫者二十余人"，亦非谓其亲子。又参其卒年及寿数，向生元凤二年甚信。其卒年别有考，详后。

元凤三年，癸卯。（七八）

正月，眭孟言事伏诛。

《孟传》：孟……从嬴公受《春秋》，……元凤三年正月，泰山……大石自立，……又上林苑……大柳树断枯卧地，亦自立生。……孟推《春秋》之意，以为……大石自立，僵柳复起，……当有从匹夫为天子者。……即说曰："先师董仲舒有言，虽有继体守文之君，不害圣人之受命。汉家尧后，有传国之运，汉帝宜谁差天下，求索贤人，禅以帝位，而退自封百里，如殷、周二王后，以承顺天命。"使友人……上此书，……大将军霍光……恶之，……廷尉奏孟妄设妖言惑众，大逆不道，伏诛。

《补注》：齐召南曰："以汉为尧后，始见此文；然则弘虽习《公羊》，亦兼通《左氏》矣。其后刘向父子申明其义，而新莽亦因以为篡窃之本。"又叶德辉曰："退封百里如二王后，亦《公羊》家'新周故宋'之说。"

按：《后书·贾逵传》："逵具奏曰：'五经家皆无以证图

谶明刘氏为尧后者，而《左氏》独有明文。'"后人多疑此为《左氏》学者伪窜。然班书《高纪赞》已引刘向《高祖颂》云："汉帝本系，出自唐帝，降及于周，在秦作刘。涉魏而东，遂为丰公。"则岂伪窜《左氏》者乃刘向乎？睢孟言汉为尧后，不述所本，以事属当时共信，无烦引据也。其论禅让，据《公羊》，尤明白。后莽自引为虞帝裔，以篡汉拟唐、虞，此已远启其先矣。

向父刘德为宗正。（见《百官表》）

元凤四年，甲辰。（七七）

京房生。

元平元年，丁未。（七四）

昭帝崩。昌邑王以淫乱废，皇太后遣宗正刘德迎立宣帝。
夏侯胜迁长信少府。
按：《路温舒传》："温舒受《春秋》，通大义。宣帝初即位，上书言宜尚德缓刑。其辞曰：'齐有无知之祸，而桓公以兴；晋有骊姬之难，而文公用霸。'"均本《左氏》。又引"山薮藏疾，川泽纳污"四句，乃《左氏》载晋大夫伯宗辞。是温舒曾治《左氏》也。

宣帝本始三年，庚戌。（七一）

韦贤相。
《儒林传》：宣帝即位，闻卫太子好《榖梁春秋》，以问丞相韦贤、长信少府夏侯胜及侍中乐陵侯史高，皆鲁人也。言榖梁子本鲁学，公羊氏乃齐学，宜兴《榖梁》。时蔡千秋为郎，召见，与《公羊》家并说，上善《穀梁》说，擢千秋为谏大夫给事中。

赐宗正刘德爵关内侯，并食邑。

地节二年，癸丑。（六八）

向年十二，以父德任为辇郎。

霍光卒。

龚胜生。

地节三年，甲寅。（六七）

六月，魏相相。

霍禹为大司马。

《张敞传》：敞上封事曰："臣闻公子季友有功于鲁，大夫赵衰有功于晋，大夫田完有功于齐，皆畴其官邑，延及子孙。终后田氏篡齐，赵氏分晋，季氏颛鲁。故仲尼作《春秋》，迹盛衰，讥世卿最甚。……"《传》又云："敞本治《春秋》，以经术自辅。"

按：《儒林传》："汉兴，北平侯张苍，及梁太傅贾谊，京兆尹张敞，皆修《春秋》《左氏传》。"季友、赵衰、田完受封事，《公》《穀》皆不著，敞治《春秋》，及见《左氏》审矣。敞又名能识古文字，《左氏》多古字，与其学合。讥世卿乃《公羊》义，敞引为说，当时通学本不分今古也。

韦贤卒，年八十二。

地节四年，乙卯。（六六）

三月，封刘德为阳城侯。（见《恩泽侯表》）

《德传》：地节中，以亲亲行谨厚，封为阳城侯。子安民为郎中右曹，宗家以德得官宿卫者二十余人。

七月，霍氏谋反伏诛。

元康元年，丙辰。（六五）
以左冯翊萧望之为大鸿胪。
孔光生。

神爵元年，庚申。（六一）
三月，改元。

《郊祀志》：三月幸河东，祠后土，有神爵集，改元为神爵。制诏太常，令祠官以礼为岁事，自是五岳四渎皆有常礼。东岳泰山于博，中岳泰室于嵩高，南岳灊山于灊，西岳华山于华阴，北岳常山于上曲阳。

康氏《伪经考》云："古经传皆言四岳，其言五岳者伪说，或窜入也。"又云："刘歆既伪《毛诗》《周官》，思以证成其说，故伪造《尔雅》，欲以训诂代正统。考《尔雅》训诂，以释《毛诗》《周官》为主。《释山》则有'五岳'，与《周官》合，与《尧典》《王制》异。（原注：《王制》："五岳视三公。"后人校改之文也。）《释地》'九州'与《禹贡》异，与《周官》略同。《释乐》与《周官·大司乐》同。《释天》与《王制》异。祭名与《王制》异，与《毛诗》《周官》合。盖歆既遍伪群经，又欲以训诂证之，而作《尔雅》，心思巧密，城垒坚严，此其所以欺绐百世欤？"

按：《尔雅》有出孝武后者，昔人已论之。然据《郊祀志》，五岳明见宣帝前，时《周礼》《毛诗》皆未出，歆尚未生，必如康说，非《汉书》亦出歆伪，不足自圆。

又刘向《说苑·辨物》有五岳，康氏谓亦窜入，刘向《九叹》复有言五岳者，是亦歆之伪为而窜入者耶？

遣谏大夫王褒求金马碧鸡之神于益州。

《褒传》：褒字子渊，蜀人也。宣帝时，修武帝故事，讲论六艺群书，博尽奇异之好。征能为楚辞九江被公。益召高材刘向、张子侨、华龙、柳褒等，待诏金马门。益州刺史王襄因奏褒有轶材，征至，诏为圣主得贤臣颂其意。令与张子侨等并待诏。顷之，擢为谏大夫。后方士言益州有金马碧鸡之宝，可祭祀致，宣帝使褒往祀，褒道病死。

按：《郊祀志》，其事当在今年。然考《艺文类聚》《初学记》《御览》诸书，均引王褒《僮约》，云："神爵三年，资中男子王子渊从成都女子杨惠买户下髯奴便了。"似其时子渊尚未出蜀赴朝，与史不合。

《补注》：周寿昌曰："张子侨、华龙俱见《萧望之传》。龙为弘恭、石显颂望之，非正士。子侨作子蟜，又见《东平王传》。《艺文志》诗赋家光禄大夫张子侨赋三篇，汉中都尉丞华龙赋二篇，又有车郎张丰赋三篇，注云：'张子侨子。'"

张敞为京兆尹。

《郊祀志》：时美阳得鼎，有司以为宜荐见宗庙。张敞好古文字，按鼎铭勒，上议曰："臣愚不足以迹古文，窃以……此鼎殆周所以褒赐大臣，大臣子孙刻铭其先功，藏之于宫庙也。……不宜荐见于宗庙。"制从之。

又《艺文志》：《仓颉》多古字，俗师失其读。宣帝时，征齐人能正读者，张敞从受之。传至外孙之子杜林，为作训诂。

《伪经考》：当时识古文者惟有歆。歆古文二字大体从此撰出；其以《左传》附于张敞亦以此。然恐张敞识古文字亦歆所杜撰。

按：康氏无可坚持其说，故曰"大体"，曰"恐"，轻轻作规避也。

神爵二年，辛酉。（六〇）

向年二十，擢为谏大夫。

《向传》：既冠，以行修饬，擢为谏大夫。时宣帝循武帝故事，招选名儒俊材，置左右，更生以通达能属文辞，与王褒、张子侨等并进对，献赋凡数十篇。

按：王褒卒应在前年，向年十九，《郊祀志》及本传屡以王褒、张子侨与向连文，或向擢尚在前，或褒卒尚在后，不可确定矣。

又按：《艺文志》刘向赋三十三篇，王褒赋十六篇，向父阳城侯刘德赋九篇。

九月，司隶校尉盖宽饶自刭北阙下。

《宽饶传》：宽饶奏封事，引《韩氏易传》言："五帝官天下，三王家天下，家以传子，官以传贤。若四时之运，功成者去。不得其人，则不居其位。"书奏……遂下吏。

按：先是有王生与宽饶书，谓："君不务尽职而已，乃欲以太古久远之事，匡拂天子，数进不用难听之语，摩切左右，非所以扬令名、全寿命者也。"而宽饶不能改。自元凤三年，眭弘以论禅让诛，至是不二十年，当时学者敢于依古以违时政如是。又深信阴阳之运，五德转移，本不抱后世帝王万世一姓之见，莽之代汉，硕学通儒多颂功德劝进，虽云觊宠竞媚，亦一时学风趋向，不独一刘歆。歆何为不惮劳，必遍伪群经，篡今文圣统，乃得助莽为逆耶？

又《元帝纪》："太子柔仁好儒，见宣帝以刑名绳下，大臣杨恽、盖宽饶等坐刺讥辞语为罪诛，尝从容言：'陛下持刑太深，宜用儒生。'宣帝作色曰：'汉家自有制度，奈何纯用周政？俗儒不达时宜，好是古非今，使人眩于名实，不知所守，何足委任？'又叹曰：'乱我家者，太子也。'宽饶亦言：'方今圣道浸废，儒术不行，以刑余为周、召，以法律为《诗》《书》。'"盖汉自元、成以下，始纯用儒术，异于武、宣。不达时宜，是古非今，其风至莽、歆而极，正其篡汉自败之本。宣帝时学者已有此风，故能预言之如此也。

神爵三年，壬戌。（五九）

三月，魏相卒。

《相传》：相明《易经》，有师法，数表采《易阴阳》及《明堂月令》奏之。其言曰："……臣闻《易》曰：天地以顺动，故日月不过，四时不忒。圣王以顺动，故刑罚清而民服。……东方之神太昊，乘震，执规，司春。南方之神炎帝，乘离，执衡，司夏。西方之神少昊，乘兑，执矩，司秋。北方之神颛顼，乘坎，执权，司冬。中央之神黄帝，乘坤、艮，执绳，司下土。兹五帝所司，各有时也。东方之卦，不可以治西方。南方之卦，不可以治北方。春兴兑治则饥，秋兴震治则华，冬兴离治则泄，夏兴坎治则雹。明王谨于尊天，慎于养人，故立羲和之官，以乘四时，节授民事。……臣愚以为阴阳者，王事之本，群生之命。自古圣贤，未有不繇者也。……高帝皇所述书，《天子所服·第八》，……令群臣议天子所服，以安治天下。相国臣何（萧何）、御史大夫臣昌（周昌），谨与将军臣陵（王陵）、太子太傅臣通（叔孙通）等议：'春夏秋冬，天子所服，当法天地之数，中得人和。……臣请……中谒者赵尧举春，李舜举夏，儿汤举秋，贡禹举冬，四人各职一时。'……制曰：'可。'……臣相伏念陛下恩泽甚厚，然而灾气未息，窃恐诏令有未合当时者也。愿陛下选明经通知阴阳者四人，各主一时，……以和阴阳，天下幸甚。"

按：《伪经考》以《明堂》《月令》及五帝有少皞之说，皆刘歆伪撰，以与今文家为难。《左传》《国语》《史记·历书》言及少皞，皆歆窜入。崔适《史记探源》则谓："刘歆欲明新之代汉，迫于皇天威命，非人力所能辞让，乃造为'终始五德'之说，托始于邹衍。"《吕氏春秋·十二纪》《淮南·天文训》，凡言五帝有少皞分列五德，崔氏谓自歆为莽典文章始。更推衍其说，谓："凡《史记》《汉书》所载张苍、公孙臣、司马迁等言及五德者，皆歆伪托，不足信。"又谓："夏尚黑，殷尚白，周尚赤，此因三正，不缘五德。《王莽传》曰：'定有天下之号曰新，服色配德尚黄，牺牲应正用白'，是则别服色于正朔之外，而属之'终始五德'，亦自歆为莽典文章始。于《史记》则窜入《黄帝》《秦始》《汉高本纪》《十二诸侯年表》《张苍传》也。"今按：魏相此奏，明引少皞五帝，其引高帝《天子所服》，亦明以月令配服色，不属三正。如康、崔之论，此亦歆所伪撰矣。循此论之，凡莽、歆以前一切传记，苟与莽、歆有关，无论其层见叠出，要之为歆所伪窜，而后康、崔之谳，洵不可摇，其持论之悍有如此。又相奏主复古羲和官，亦新政先声。

四月，丙吉相。

《吉传》：吉尝出，逢清道群斗者，死伤横道，吉不问。前行，逢人逐牛，牛喘吐舌，吉止问。……或以讥吉，吉曰："民斗相杀伤，……小事，非当于道路问也。方春，少阳用事，未可以热，恐牛行近，用暑故喘，此时气失节，……三公典调和阴阳，职所当忧，是以问之。"掾史乃服，以吉知大体。

七月，以大鸿胪萧望之为御史大夫。

光禄大夫梁丘贺为少府。

五凤二年，乙丑。（五六）

向年二十四岁。父德卒，兄安民嗣侯。向以典上方铸作事系狱，得逾冬减死论。

《向传》：上复兴神仙方术之事，而淮南有《枕中鸿宝苑秘书》，言神仙使鬼物为金之术，及邹衍重道延命方，世人莫见，更生父德，武帝时治淮南狱得其书。更生幼而读诵，以为奇，献之，言黄金可成。上令典上方铸作事，费甚多，方不验。上乃下更生吏。吏劾更生当死。更生兄阳城侯安民上书入国户半赎更生罪。上亦奇其材，得逾冬减死论。

又《德传》：地节中，封阳城侯。立十一年，子向坐铸伪黄金当伏法。德上书讼罪，会薨，大鸿胪奏德讼子罪，失大臣体，不宜赐谥置嗣。制曰："赐谥缪侯。为置嗣。"

按：《恩泽侯表》，德地节四年三月甲辰封，十年薨。又云：五凤二年，节侯安民嗣。自地节四年至五凤二年，凡十一年，正与《德传》立十一年向坐法，德上书讼罪相符，《表》作"十年"，脱一"一"字。

又《郊祀志》叙大夫刘更生献淮南《枕中洪宝苑秘》之方，令尚铸作，事不验，更生坐论，其事次美阳得鼎前，则神爵元年，时向年十九，岂以是年上书，历六年不验而始坐罪欤！然向坐论则断在此年，或《郊祀志》自连王褒诸人为文，误记在前耶？又《向传补注》刘奉世曰："德待诏丞相府，年三十余，始元二年事也。淮南事在元朔六年，时德甫数岁，传误记。"王先谦曰："《德传》言治刘泽诏狱是也。此因向得淮南书而附会。"按：今传刘子政《上关尹子序》有云："淮南王好道聚书，有此不出。臣向父德因治淮南王事得之，臣向幼好焉。"此袭《汉书》而误，亦《关尹书》不可信一证。康氏谓《汉书·向歆传》即出歆手，观此等处，自知其非。

五凤三年，丙寅。（五五）

向年二十五岁，待诏受《榖梁》。

《向传》：会初立《榖梁春秋》，征更生受《榖梁》。

按：石渠讲论，在甘露三年。据《儒林传》，刘向待诏受《榖梁》时，乃江公孙为博士。后江博士卒，征周庆、丁姓待诏保宫。后石渠议，庆、姓皆在。江博士之卒，庆、姓之征，以至于明习，其间需时。自此下至甘露三年共五岁，向既以今年春得减死论，疑不久即待诏受《榖梁》也。清梅毓《刘更生年表》系此于石渠讲论之年，误。

甘露元年，戊辰。（五三）

扬雄生。

按：《文选》李善注任昉《王俭集序》引《七略》云："子云家牒言以甘露元年生。"

甘露三年，庚午。（五一）

向年二十九，与诸儒讲五经同异于石渠阁，复拜为郎中，给事黄门。迁散骑谏大夫给事中。

《儒林传》：蔡千秋擢为谏大夫后，有过，左迁平陵令，复求能为《穀梁》者，莫及千秋。上愍其学且绝，乃以千秋为郎中户将，选郎中十人从受。汝南尹更始翁君本自事千秋，能说矣，会千秋病死，征江公孙为博士。刘向以故谏大夫通达，待诏受《穀梁》，欲令助之。江博士复死，乃征周庆、丁姓待诏保宫，使卒授十人。自元康中始讲，至甘露元年，积十余岁，皆明习。乃召五经名儒太子太傅萧望之等大议殿中，平《公羊》《穀梁》异同，各以经处是非。时《公羊》博士严彭祖、侍郎申挽、伊推、宋显，《穀梁》议郎尹更始、待诏刘向、周庆、丁姓并论。《公羊》家多不见从，愿请内侍郎许广，使者亦并内《穀梁》家中郎王亥，各五人，议三十余事。望之等十一人各以经谊对，多从《穀梁》。由是《穀梁》之学大盛。庆、姓皆为博士。姓至中山太傅，授楚申章昌曼君，为博士，至长沙太傅，徒众尤盛。尹更始为谏大夫，长乐户将，又受《左氏传》，取其变理合者以为章句，传子咸，及翟方进、琅邪房凤。咸至大司农，方进丞相。

按：石渠议据《宣纪》在甘露三年，此云甘露元年，误也。又云："卒授十余人，积十余岁皆明习。"然与议者，惟尹更始习之最久，其他如刘向待诏受《穀梁》不逾五年，周庆、丁姓之征犹在后，王亥则不可考。《歆传》："宣帝时，诏向受《穀梁春秋》，十余年，大明习。"亦不可据。

又按：严彭祖《公羊》大师，然孔颖达《春秋疏》沈氏云："《严氏春秋》引《观周篇》：'孔子将修《春秋》，与左丘明乘如周观书。'"《隋书·经籍志》有《春秋左氏图》十卷，汉太子太傅严彭祖撰，新、旧《唐志》皆有严彭祖《春秋图》七卷，即《隋志》所称。则彭祖应兼通《左氏》，惜两书皆不传，无堪深论矣。

《宣帝纪》：甘露三年，诏诸儒讲五经同异，太子太傅萧望之等平奏其议，上亲称制临决焉。乃立《梁丘易》，大、小《夏侯尚书》，《穀梁春秋》博士。

《补注》：钱大昭曰："时与议石渠者，《易》家博士沛施雠、黄门郎东莱梁丘临，《书》家博士千乘欧阳地余、博士济南林尊、译官令齐周堪、博士扶风张山拊、谒者陈留假仓，《诗》家淮阳中尉鲁韦玄成、博士山阳张长安、沛薛广德，《礼》家梁戴圣，太子舍人沛闻人通汉，《公羊》家博士严彭祖、侍郎申挽、伊推、宋显、许广，《穀梁》家议郎汝南尹更始、待诏刘向、梁周庆、丁姓、中郎王亥。其可考者二十三人。议奏之见于《艺文志》者，《书》四十二篇，《礼》二十八篇，《春秋》三十九篇，《论语》二十八篇，《五经杂议》十八篇，凡一百六十五篇。《易》《诗》二经独无议奏，班氏失载之耳。"

按：《儒林传》载"由是某经有某家之学"，事皆晚出。可证其先诸家说经虽有异同，未分派别，不成家数。故刘歆云："至孝武皇帝，然后邹、鲁、梁、赵颇有《诗》《礼》《春秋》先师，皆起于建元之间。当此之时，一人不能独尽其经，或为《雅》，或为《颂》，相合而成。《泰誓》后得，博士集而读之也。"然正惟其时说经疏略，故经师不必专治一经，虽谓不能独尽，亦多兼通五经者。自汉武置五经博士，说经为利禄之途，于是说者日众，经说益详密，而经之异说亦益歧，乃不得不谋整齐以归一是。故宣帝有石渠会诸儒论五经异同之举，其不能归一是者，乃于一经分数家，各立博士。其意实欲永为定制，使此后说经者限于此诸家，勿再生歧异也。故使大臣平奏其异同，而汉帝称制临决，此即整齐归一是，永不欲再有异说之意。"乃立《梁丘易》，大、小《夏侯尚书》，《穀梁春秋》"者，此即汉帝称制特许之异说也。汉博士经说分家，实起于此。论汉代经学派别者，不可不知。

又按：宣帝欲立《穀梁》，周折如是，则此后刘歆之争立诸经，多遭非难，固宜。

黄龙元年，壬申。（四九）

帝寝疾，以史高为大司马车骑将军，萧望之为前将军，光禄勋周堪为光禄大夫，皆受遗诏辅政，领尚书事。冬十二月，帝崩。

元帝初元元年，癸酉。（四八）

向年三十二，擢为散骑宗正，给事中。

《向传》：元帝初即位，太傅萧望之为前将军，少傅周堪为诸吏光禄大夫，皆领尚书事，甚见尊任。更生年少于望之、堪，然二人重之，荐更生宗室忠直，明经有行。擢为散骑宗正给事中，与侍中金敞拾遗于左右。四人同心辅政，患苦外戚许、史在位放纵，而中书宦官弘恭、石显弄权，望之、堪、更生议，欲白罢退之。未白而语泄，遂为许、史及恭、显所谮诉。堪、更生下狱，及望之皆免官。

王吉卒。

《吉传》：元帝初即位，遣使者征贡禹与吉，吉年老，道病卒。吉兼通五经，能为《驺氏春秋》，好梁丘贺说《易》。

按：贡禹以今年为谏大夫，吉卒盖亦在今年。《伪经考》："邹、夹二氏，无是乌有。"又谓："歆既为《左氏微》以作书法，又录《铎氏微》《张氏微》在《虞氏微传》之上，皆以为《春秋说》，而西汉人皆未尝称之，盖亦邹、夹之类，皆歆所伪作，以旁证《左氏微》者。其意谓中秘之《春秋》说尚多，不止《左氏春秋》为人间所未见，谫见寡闻，未窥中秘者，慎勿妄攻也。"据此，则王吉之传驺氏，亦歆伪窜，歆之作伪，旁见侧出，千门万户，有如此，诚可为千古一大骗局，而康氏洵千古一大卓眼矣。

又按：《吉传》："宣帝时，吉上疏言得失云：'陛下躬圣质，总万方，惟思世务，将兴太平。……臣伏而思之，可谓至恩，未可谓本务也。……公卿幸得遭遇其时，……然未有建万世之长策，举明主于三代之隆者。其务在于期会簿书，断狱听讼而已，此非太平之基也。……孔子曰："安上治民，莫善于礼。"非空言也。王者未制礼之时，引先王礼宜于今者用之。臣愿陛下……述旧礼，明王制，驱一世之民，济之仁寿之域。'上以其言迂阔，不甚宠异也。"盖汉初治尚恭俭，主无为，武帝始从事礼乐，以兴太平，而不免于奢侈。王、贡之徒乃以恭俭说礼乐。王吉不见用于宣帝，而元帝则尊信禹，遂开晚汉儒生复古一派。

以贡禹为谏大夫，罢诸宫馆希幸者。

《禹传》：元帝初即位，征禹为谏大夫，数虚己问以政事。禹奏言："古者宫室有制，……至高祖、孝文、孝景皇帝，循古节俭。……后世争为奢侈。……承衰救乱，矫复古化，在于陛下。臣愚以为尽如太古难，宜少放古以自节。……当仁不让，独可以圣心参诸天地，揆之往古，不可与臣下议也。"

按：汉武、宣用儒生，颇重文学，事粉饰。元、成以下，乃言礼制，追古昔。此为汉儒学风一大变。莽、歆亦自王、贡来。必以巨憝大奸视之，此乃帝王万世一统之所以诏其子民，未足为知人论世之准也。

张敞卒。

《敞传》：元帝初即位，待诏郑朋荐敞名臣，宜傅皇太子。上问前将军萧望之，以为敞能吏，非师傅器。天子使征敞，欲以为左冯翊，会病卒。

按：据此，敞卒在今年望之下狱前也。张氏世擅古文学。《杜邺传》："邺母敞女，邺从敞子吉学问，得其家书。吉子竦，又幼孤，从邺学问，尤长小学。邺子林，清静好古，其正文字过于邺、竦。故世言小学者由杜公。"《伪经考》谓："杜林为歆传法，则所谓父邺及外祖张敞，皆歆门附会之辞。惟歆所以遍伪群经，不惜自诬其父者，特以佐莽篡。"林既博洽多闻，又见称卓行，彼固无所希于莽世，何以亦为歆欺，又不惜自诬其父并及其外家，以与歆同串此骗局？此则康氏所无以为说者。

又按：其时古文别自名学，与经说家派无关，后人乃专以文字古今流变为当时经说分野，亦误也。

翼奉以待诏上封事。

按：奉封事有云："王者忌子卯，《春秋》讳焉。"《补注》：叶德辉曰："《左氏》昭公九年《传》：'辰在子卯，谓之疾日，君彻宴乐。'《公羊》庄二十二年《传》：'肆大眚。'何《注》：'谓子卯日也。夏以卯日亡，殷以子日亡，先王常以此日省吉事不忍举云.'忌子卯为疾日,《公》《穀》无明文,此何暗袭《左氏》。"

又按:《传》称奉"治《齐诗》,与萧望之、匡衡同师",齐召南曰:"案《儒林传》,其师乃东海后苍。"《传》又称奉"好律历阴阳之占"。

初元二年,甲戌。(四七)

向年三十三,与萧望之、周堪同下狱,皆免为庶人。

夏,萧望之赐爵关内侯。

秋,向、堪皆征为中郎。

冬,向使其外亲上变事,坐免为庶人。萧望之自杀。

《向传》:其春地震,夏,客星见昴、卷舌间,上感悟,赐望之爵关内侯,奉朝请。秋,征堪、向,欲以为谏大夫,恭、显白皆为中郎。冬,地复震。时恭、显、许、史子弟侍中诸曹,皆侧目于望之等,更生惧焉,乃使其外亲上变事。……书奏,恭、显疑其更生所为,白请考奸诈。辞果服,遂逮更生系狱。下太傅韦玄成、谏大夫贡禹,与廷尉杂考。劾更生……诬罔不道,坐免为庶人。望之亦坐使子上书自冤前事,恭、显白令诣狱置对,望之自杀。

初元三年,乙亥。(四六)

周堪为光禄勋,张猛为光禄大夫,给事中。

《向传》:萧望之既自杀,天子甚悼恨之,乃擢周堪为光禄勋,堪弟子张猛光禄大夫,给事中,大见信任。恭、显惮之,数谮毁焉。

翼奉上疏,请徙都成周。

疏云："汉德隆盛，在于孝文皇帝，……其时未有甘泉、建章及上林诸杂宫馆，未央宫又无高门诸殿。……孝文欲作一台，度用百金，……废而不为。……如令处于当今，因此制度，必不能成功名。天道有常，王道亡常，亡常者所以应有常也。汉家郊兆寝庙祭祀之礼，多不应古，……愿陛下迁都正本，众制皆定，亡复缮治，……所谓与天下更始者也。天道终而复始，穷则反本，故能延长而亡穷也。"

按：《奉传》："奉后贡禹亦言当定迭毁礼，及匡衡为丞相，奏徙南北郊，其议皆自奉发之。"今考奉疏"王道亡常"云云，即汉历中衰之意也。其主循古节俭，亦与王、贡一辙。

奉疏又有云："按成周之居，兼盘庚之德，万岁之后，长为高宗。"《补注》：李慈铭曰："后王莽奏尊元帝庙为高宗，盖即采奉议。"今按：莽议欲迁都，亦自奉此疏发之。

六月，诏丞相御史举天下明阴阳灾异者各三人。

《元帝纪》：诏曰："盖闻安民之道，本繇阴阳，……有司勉之，毋犯四时之禁。丞相御史举天下明阴阳灾异者各三人。"于是言事者众，或进擢召见，人人自以得上意。

《补注》：何焯曰："《阴阳》《月令》发于魏相，至此言阴阳者遂盛。"

初元四年，丙子。（四五）

王莽生。（《五行志》）

京房以孝廉为郎。

按：《魏志·文帝纪注》引京房《易传》有曰："凡为王者，恶者去之，弱者夺之，易姓改代，天命应常。人谋鬼谋，百姓与能。"其说亦与眭、盖同流，当时学风如此，断可识矣。后房亦见戮。又刘师培曰："宾起见雄鸡断尾，宋女子生毛，事均仅见《左传》，而京房《易传》均述之，见《汉书·五行志》。"是房亦兼治《左氏》。

初元五年，丁丑。（四四）

正月，以周子南君为周承休侯，位次诸侯王。

按：《梅福传》："武帝时，始封周后姬嘉为周子南君，至是尊为侯，位次诸侯王。"此亦追复古礼一见端也。又使诸大夫博士求殷后。匡衡议："王者存二王后，所以尊其先王而通三统。《春秋》之义，诸侯不能守其社稷者绝。宋已不守其统而失国。《礼记》孔子曰：'丘，殷人也。'先师所共传，宜以孔子世为汤后。"上以其语不经，遂见寝。至成帝时，梅福复言之，语详后。

六月，以贡禹为御史大夫。

《禹传》：自禹在位，数言得失，书数十上。禹以为："古民亡赋算，口钱起武帝……民产子三岁则出口钱，故民重困。……宜令儿七岁去齿乃出口钱，年二十乃算。"

又言："古者不以金钱为币，专意于农。……自五铢钱起七十余年，民坐盗铸钱被刑者众。富人积钱满室，犹亡厌足。……宜罢采珠玉金银铸钱之官，亡复以为币，市井勿得贩卖，除其租铢之律。租税禄赐，皆以布帛及谷。使百姓壹归于农，复古道便。"

又言："诸官奴婢十余万人，戏游亡事，……宜免为庶人。"又欲令近臣自诸曹侍中以上，家亡得私贩卖，与民争利。又奏欲罢郡国庙，定汉宗庙迭毁之礼。

按：凡禹所奏，皆主上复古礼，下恤民生，与武、宣二帝张扬礼乐粉饰太平之意不同。莽、歆为政，定井田，释奴隶，更币制，倡官卖，皆远承此意而起。惟亦铺张礼乐，兼效武、宣，则为不同。

十二月，贡禹卒，年八十一。

永光元年，戊寅。（四三）

向年三十七岁，上封事。

《向传》：更生见堪、猛在位，几已得复进，乃上封事。

按：向封事有云："初元以来六年矣。"知在今岁。

周堪左迁为河东太守，张猛为槐里令。

《向传》：恭、显见其书，愈与许、史比，而怨更生等。是岁夏寒，日青无光，恭、显、许、史皆言堪、猛用事之咎，左迁堪为河东太守，猛槐里令。显等专权日甚。

永光二年，己卯。（四二）

韦玄成相。匡衡为光禄大夫。

永光四年，辛巳。（四〇）

周堪为光禄大夫，张猛为大中大夫。堪卒，猛自杀。

《向传》：后三岁余，孝宣庙阙灾。其晦，日有食之。于是上召诸前言日变在堪、猛者责问，皆稽首谢。乃因下诏征堪拜为光禄大夫，领尚书事。猛复为太中大夫，给事中。显干尚书，尚书五人皆其党。堪希得见，常因显白事，事决显口。会堪疾，喑不能言而卒，显诬谮猛，令自杀于公车。更生伤之，乃著《疾谗》《摘要》《救危》及《世颂》，凡八篇。……遂废十余年。

十月，罢祖宗庙在郡国者。

按：此议唱自贡禹，至是丞相韦玄成、御史大夫郑弘、太子太傅严彭祖、少府欧阳地余、谏大夫尹更始等七十人赞成之。详《韦玄成传》。

永光五年，　壬午。（三九）

十二月，毁太上皇、孝惠皇帝寝庙园。

按：此以亲尽毁，韦玄成、尹更始等主之。详《玄成传》。

建昭元年，　癸未。（三八）

冬，罢孝文太后、孝昭太后寝园。

按：此亦发于韦玄成，详《玄成传》。凡此皆汉儒追复古礼之事，盖始自汉元以后。

建昭二年，　甲申。（三七）

京房弃市。年四十一。（《汉纪》作"三十一"。）

按：《淮阳宪王传》："京房妻父张博兄弟三人，与房同弃市。博与淮阳宪王书，言：'齐有驷先生，善为《司马兵法》，大将之材。'"《伪经考》谓："《司马法》言车乘与今学不同，与《周官》合，亦歆伪书。其云军礼，与《周官》吉、凶、军、宾、嘉合。以《礼经》按之，《礼运》《昏义》只有冠、昏、丧、祭、射、乡、朝、聘八礼。王制有冠、昏、丧、祭、乡、相见六礼。唯《本命》以冠、昏、朝、聘、丧、祭、宾主、乡饮酒、军旅为九礼。若非歆所自出，则歆所窜入者也。《大戴礼》多与《周礼》同，二者必居一焉。"若康氏说，凡同《周礼》，尽出歆伪，《汉书》亦成于歆手。则张博诸书，亦歆伪造以欺后世，伪中有伪，可谓无微不至。试问歆固何为出此？天下亦有此情理否？

又按：何武上封事荐辛庆忌，亦引《司马法》。

建昭三年，乙酉。（三六）

韦玄成卒。匡衡为相。

甘延寿、陈汤斩郅支单于。

《汤传》：汤既斩郅支，疏请"宜县头槁街蛮夷邸间，以示万里"。丞相匡衡以为"《月令》春'掩骼埋胔'之时，宜勿县"。

按：传首至汉，已在翌年，故衡云然。其引《月令》，征非歆伪。

竟宁元年，戊子。（三三）

四月，封甘延寿为义成侯，赐陈汤爵关内侯。

按：《汤传》：延寿、汤出西域，斩郅支单于，在建昭三年，为匡衡、石显所抑，功久不赏。刘向以故宗正上疏，两人乃得封；据《功臣表》在今年。梅《表》并列建昭三年，误。

又按：向治《穀梁》，而此疏用《公羊》义，其《条灾异封事》，如祭伯奔鲁、尹氏世卿，亦均《公羊》说。后人必谓汉儒经学守家法不相通，其实非也。

五月，帝崩。

六月，成帝即位，以元舅王凤为大司马大将军，领尚书事。

《郊祀志》：成帝初即位，丞相衡（匡衡）、御史大夫谭（张谭）奏言："甘泉泰畤、河东后土之祠，宜可徙置长安，合于古帝王。"大司马车骑将军许嘉等八人以为所从来久远，宜如故。右将军王商、博士师丹、议郎翟方进等，以为如礼便。天子从之。既定，衡言："甘泉泰畤，紫坛八觚，宣通象八方，五帝坛周环其下，又有群神之坛。宜皆勿修。"衡又言："王者各以其礼制事天地，非因异世所立而继之。今雍鄜、密、上、下畤，本秦侯各以其意所立，非礼之所载术也。汉兴之初，仪制未及定，即且因秦故祠，复立北畤。今既稽古，建定天地之大礼，郊见上帝，青赤白黄黑五方之帝皆毕陈，各有位馔，祭祀备具。诸侯所妄造，王者不当长遵。及北畤，未定时所立，不宜复修。"天子皆从焉。及陈宝祠，由是皆罢。

按：此事为循秦制及稽古礼一大争端。师丹、翟方进之徒与匡衡同主兴复古礼以革秦制，盖亦承贡、韦议礼之风也。

成帝建始元年，己丑。（三二）

正月，石显以罪免。

向年四十八岁，复进用为中郎，领护三辅都水，迁光禄大夫。

《向传》：成帝即位，显等伏辜。更生乃复进用，更名向。向以故九卿召拜为中郎，使领护三辅都水，数奏封事，迁光禄大夫。

《元后传》：大将军凤用事，上谦让无所专。左右常荐光禄大夫刘向少子歆，通达有异材。上召见歆，诵读诗赋，甚说之，欲以为中常侍。召取衣冠，临当拜，左右皆曰："未晓大将军。"上曰："此小事，何须关大将军？"左右叩头争之。上于是语凤。凤以为不可，乃止。

《向传》：向三子，皆好学。长子伋，以《易》教授，官至郡守。中子赐，九卿丞，蚤卒。少子歆，最知名。

《歆传》：歆字子骏，少以通《诗》《书》能属文，召见成帝，待诏宦者署，为黄门郎。

按：歆生年无考。成帝初即位，歆盖弱冠，其年当较王莽稍长。又扬雄生年，刘向二十七岁，距成帝即位二十一年。雄、歆年盖相若，子云犹或稍长。然其来京师已年四十余。《伪经考》以子云著书多及古文，遂谓"扬雄乃从歆学"，实无据。

十二月，用匡衡议，作长安南北郊，罢甘泉、汾阴祠。毁太上皇、孝惠、孝景皇帝庙，罢孝文、孝昭太后、昭灵后、武哀王、昭哀后寝园。

按：前韦玄成等所议罢诸庙寝园，以元帝连年疾，尽复修祀如故。及是帝崩，丞相匡衡请悉罢勿奉，奏可。详《韦传》。

建始三年，辛卯。（三〇）

十二月，朔，日食，夜地震，诏举直言极谏之士，谷永以待诏对策。

按：永策有云："四辅既备，成王靡有过事。"又曰："尧遭洪水，天下分绝为十二州。"方望溪疑莽朝四辅，康有为疑莽朝十二州，皆前无所承，为刘歆所创伪说，皆非也。辨见后。

又按：永又云："白气起东方，贱人将兴之表也；黄浊冒京师，王道微绝之应也。夫贱人当起，而京师道微，二者已丑。"（《补注》：王文彬曰："丑，犹比也，言二者之征兆已相连比而见。"）此亦隐寓汉家运数将终之意。当时据灾异言占应，多持此说，宜莽之乘机而起也。下至窦融兴河西，彼中智者犹谓："自前世博物道术之士，谷子云、夏贺良等，建明汉有再受命之符，言之久矣。"可见当时汉运中衰说之入人之深。

又按：《陈汤传》："成帝时，大中大夫谷永上疏讼汤。曰：'楚有子玉得臣，文公为之仄席。'"此本《左氏》。又《五行志》引谷永曰："虢公无道，神降"云云，亦本《左氏》。是谷永通《左氏》也。

河平二年，甲午。（二七）

悉封王氏诸舅，谭、商、立、根、逢时，皆为列侯。是岁王莽年十九。

《莽传》：莽字巨君，孝元皇后弟子也。家凡九侯、五大司马。唯莽父曼蚤死，不侯。莽群兄弟皆将军五侯子，乘时侈靡，以舆马声色佚游相高。莽独孤贫，因折节为恭俭。受《礼经》，师事沛郡陈参，勤身博学，被服如儒生。事母及寡嫂，养孤兄子，行甚敕备。又外交英俊，内事诸父，曲有礼意。

河平三年，乙未。（二六）

向年五十四岁，校中秘书。

《成帝纪》：河平三年，光禄大夫刘向校中秘书。谒者陈农使，使求遗书于天下。

《艺文志》：成帝时，以书颇散亡，使谒者陈农求遗书于天下。诏光禄大夫刘向校经传诸子诗赋，步兵校尉任宏校兵书，太史令尹咸校数术，侍医李柱国校方技。每一书已，向辄条其篇目，撮其旨意，录而奏之。

《补注》：陶宪曾曰："据《哀纪》《公卿表》，有任宏字伟公，为执金吾，守大鸿胪，盖即其人。"又王先谦曰："太史令，奉常属官。咸先为丞相史，见《刘歆传》。更始子，官至大司农。见《儒林传》《百官表》。"

按：襄向校书尚有可考者：（一）杜参。《艺文志》有博士弟子杜参赋二篇。师古曰："刘向《别录》云：'臣向谨与长社尉杜参校中秘书。'刘歆又云：'参，杜陵人，以阳朔元年病死，时年二十余。'"阳朔元年在此后二年也。《晏子春秋叙录》："臣向谨与长社尉臣参校雠。"即此人。《北史·文苑传》，樊逊议校书事云："案汉中垒校尉刘向受诏校书，每一书竟，表上，辄言臣向书、长水校尉臣参书、太常博士书、中外书，合若干本，以相比较，然后杀青。"作"长水校尉"恐误。又今《列子叙录》，称"永始三年八月壬寅上"，若参以阳朔元年病死，至是十一年，岂得与校雠？歆语非伪，即《列子叙录》非真。（二）班斿。《叙传》："班斿博学有俊材。左将军史丹举贤良方正，以对策为议郎，迁谏大夫、右曹中郎将，与刘向校秘书。每奏事，斿以选受诏，进读群书。上器其能，赐以秘书之副。"《补注》：王先谦曰："据《公卿表》，成帝河平三年，史丹为左将军，永始三年薨。建始三年诏举贤良方正，在史丹为左将军前四年，而云'左将军史丹举'者，从其后官书之。斿由议郎迁至中郎将，与向校书，自是后数年事。"又按：斿弟稚，王莽少与稚兄弟同列友善，兄事斿而弟畜稚。斿之卒也，修缌麻，赗赠甚厚。稚子即班彪叔皮。《叙传》："彪幼与从兄嗣共游学。家有赐书，内足于财，好古之士，自远方到。父党扬子云以下，莫不造门。嗣贵老庄之术，桓生（谭）欲借其书，嗣报书却之。"叔皮年二十，遭王莽败。班氏父子并不党莽，刘歆纵能伪中秘书，班氏有副，歆不得窜改。若谓《汉书》系刘歆作，岂此亦刘歆伪造以欺班氏之子孙，遂并以欺后世乎？（三）刘歆。《歆传》："河平中，受诏与父向领校秘书，讲六艺、传记、诸子、诗赋、数术、方技，无所不究。"（四）望。《山海经》第九、第十三卷末，有"建平元年四月丙戌臣望校"云云，其姓字不可考。《山海经》刘歆所上，望则助歆校书者，或其人向时已为助校，不可知。

至其校书之事，亦有可言者：

《风俗通》云："刘向《别录》，雠校者，一人读书校其上下，得谬误为校。一人持本，一人读书，若怨家相对为雠。"（《文选魏都赋注》引）又云："刘向《别录》曰：杀青者，直治竹作简书之耳。新竹有汗，善朽蠹。凡作简者，皆于火上炙干之。陈、楚间谓之汗；汗者，去其汁也。吴、越曰杀；杀，亦治也。向为孝成皇帝校书籍二十余年，皆先书竹，为易刊定，可缮写者，以上素也。由是言之，杀青者竹，斯为明矣。今东观书，竹素也。"（《御览》六百六引）

按：上引两条，似《风俗通》释《别录》"校雠""杀青"二语义，非《别录》本文。后人径谓《别录》云云，误矣。又先以杀青书者，为易刊削；至缮写上素，则为定本。《补注》，沈钦韩曰："向上《晏子》《列子》奏，并云以杀青书，可缮写，然则其录奏者，并先杀青书简也。"按：沈引此条

"为易刊定"作"改易刊定",误。云可缮写,而仍以杀青简书,不径缮写上素者,此谦谨不敢专辄意。

上所著《洪范五行传》。

《向传》:是时帝元舅阳平侯王凤为大将军秉政,倚太后,专国权,兄弟七人,皆封为列侯。时数有大异,向以为外戚贵盛,凤兄弟用事之咎。而上方精于《诗》《书》,观古文,诏向领校中五经秘书。向见《尚书·洪范》,箕子为武王陈五行阴阳休咎之应,向乃集合上古以来历春秋、六国至秦、汉符瑞灾异之记,推迹行事,连传祸福,著其占验,比类相从,各有条目,凡十一篇,号曰《洪范五行传》,论奏之。天子心知向忠精,故为凤兄弟起此论也,然终不能夺王氏权。

按:赵翼《二十二史劄记》,谓《汉书·艺文志》有刘向《五行传》十一卷,是以言《五行传》者皆以为刘向所作。然《汉书·五行志》先引"经曰",则《洪范》本文也。次引"传曰",颜师古初未注明何人所作。今观夏侯胜引《洪范五行传》以对张安世,则武帝末已有是书,不自刘向始也。汉代言阴阳灾异者,惟眭孟与胜同时;其余京房、翼奉、刘向、谷永、李寻、解光等,皆在胜后。则胜所引必非诸人所作。在胜前者有董仲舒、夏侯始昌,然仲舒之阴阳本之《春秋》,不出于《洪范》,今仲舒所著《繁露》具在,初无推演五行之处。至《尚书》虽自景帝时伏生所传,而伏生亦未言《洪范》灾异,其弟子作《尚书大传》,亦无五行之说。惟夏侯始昌以《尚书》教授,明于阴阳,先言柏梁台灾日,至期果验。自董仲舒、韩婴死后,武帝甚重始昌。然则胜所引《洪范五行传》,盖即始昌所作也。其后刘向又推演之成十一篇耳。

又按：《艺文志》有刘向《五行传记》十一卷。又有许商《五行传记》一篇。《公卿表》，永始三年，詹事许商为少府；绥和元年，又由侍中光禄大夫为大司农；其年又迁光禄勋。与向正同时。治大《夏侯尚书》，其弟子显于莽朝。

又按：《汉书·眭孟等传赞》曰："汉兴，推阴阳言灾异者，孝武时有董仲舒、夏侯始昌；昭、宣则眭孟、夏侯胜；元、成则京房、翼奉、刘向、谷永；哀、平则李寻、田终术。此其纳说时君，著明者也。察其所言，仿佛一端，假经设谊，依托象类，或不免乎亿则屡中。"今按：向等言阴阳灾异，实开以后新莽符命之渐，虽用意不同，而学风则一，可辨而知也。

又按：《伪经考》谓向时无古文，此言"成帝观古文"，是歆伪窜。不知西汉人言"古文"，每与《诗书》并举，故凡六艺、《诗》《书》，皆"古文"也。《史记》所称"古文"诸条，均如此。康、崔不识，以"古文"为指刘歆争立诸经之专名，因疑尽歆伪窜矣。

阳朔二年，　戊戌。（二三）

向年五十七岁，上《论王氏封事》。

《向传》：时上无继嗣，政由王氏，灾异浸甚。向雅奇陈汤智谋，与相亲友，独谓汤曰："灾异如此，而外家日甚，其渐必危刘氏。吾幸得同姓末属，身为宗室遗老，历事三主。上以我先帝旧臣，进见常加优礼，吾而不言，孰当言者？"遂上封事极谏。书奏，天子召见向，叹息悲伤其意，谓曰："君且休矣，吾将思之。"

按：疏云："大将军秉事用权，五侯骄奢僭盛，并作威福，击断自恣。"阳朔元年王章见杀，四年王凤卒。《通鉴》载此疏于阳朔二年，情事恰符。梅氏《表》失载。

又按：疏云："内有管、蔡之萌，外假周公之论。"时王氏专政，已假周公为说。谷永、杜钦之徒，言事涉王氏，亦屡及周公。《伪经考》谓歆作伪经，移孔子为周公。岂今文经生乃不知周公耶？是时歆伪经未出，何以有假周公之论者？

以向为中垒校尉。

按：《向传》，向为中垒校尉在上封事后，盖在今年。梅《表》为中垒校尉在元延元年，亦失之。

《李寻传》：成帝时，齐人甘忠可诈造《天官历》《包元太平经》十二卷，言"汉家逢天地大终，当更受命于天。天帝使真人赤精子下教我此道"。忠可以教重平夏贺良、容丘丁广世、东郡郭昌等。中垒校尉刘向奏忠可假鬼神罔上惑众，下狱治服，未断，病死。贺良等以不敬论。

按：观忠可之行伪以杀身，可见当时尊信阴阳律历、终始五德之盛，亦由群信汉家历数当终，否则忠可虽愚妄，亦无从凭空造为此等之见。其事未知在何年，向既为中垒校尉，断当在此后。

阳朔三年，己亥。（二二）

八月，王凤卒。九月，以王音为大司马。

莽年二十四，为黄门郎，迁射声校尉。

《莽传》：阳朔中，世父大将军凤病，莽侍疾，亲尝药，乱首垢面，不解衣带连月。凤且死，以托太后及帝，拜为黄门郎，迁射声校尉。

《歆传》：莽少与歆俱为黄门郎，重之。

按：莽、歆关系始见此。

永始元年，乙巳。（一六）

向年六十四岁，上疏谏起延陵。

《向传》：营起昌陵，数年不成，复还归延陵，制度泰奢。向上疏谏。上甚感向言，而不能从其计。

《补注》：王先谦曰："成帝以渭城延陵亭部为初陵，在建始二年。以新丰戏乡为昌陵县，在鸿嘉元年。罢昌陵反故陵，在永始元年。反故陵，即此传所云'复还归延陵'也。反故陵后，制度仍奢，故向上此疏。末云：'初陵之抚，宜从公卿大臣之议。'明向此疏谏延陵制度之奢，非谏昌陵也。《谷永传》云：'五年不成而后反故，又广盽营表，发人冢墓，断截骸骨，暴扬尸柩，百姓财竭力尽，愁恨感天。'又云：'且寝初陵之作，止诸营缮宫室。'与向此时进谏事可互证。《汉纪》、《通鉴》并载此疏于永始元年罢昌陵之前，以为向谏昌陵，误矣。"

按：《成帝纪》：永始元年秋七月，诏曰："朕过听将作大匠万年言，昌陵三年可成，作治五年，天下虚耗，百姓罢劳，……终不可成。朕惟其难，怛然伤心。其罢昌陵及故陵。"《补注》陈景云曰："'及'，当作'反'。先是，刘向谏昌陵事，有还复故陵之请。反故陵，谓仍还渭城延陵。"不知向自谏延陵，非请反延陵也。陈说亦误，《补注》未加辨正。

又按：向疏文云："王者必通三统，明天命所授者博，非独一姓也。……是以富贵无常。不如是，则王公其何以戒慎，民萌何以劝勉？……自古及今，未有不亡之国也。"其言深切。谓天命非独一姓，尤可注意。其先《公羊》家言三统受命，本以解释汉室之起平民为天子，至是汉德日衰，乃以警庸主，而转为新莽斩榛茞，除先道焉。后谷永亦善言之，固不徒眭、盖、甘、夏有此说也。

向为《列女传》《新序》《说苑》。

《向传》：向睹俗弥奢淫，而赵、卫之属起微贱，逾礼制。（赵皇后、昭仪，卫倢伃。）向以为王教由内及外，……故采取《诗》《书》所载贤妃贞妇，兴国显家可法则，及孽嬖乱亡者，序次为《列女传》，凡八篇，以戒天子。及采传记行事，著《新序》《说苑》，凡五十篇，奏之。数上疏言得失，陈法戒，书数十上，以助观览，补阙遗。上虽不能尽用，然而嘉其言，常嗟叹之。

《补注》：王先谦曰："曾巩云：'《列女传》称八篇，而《隋书》及《崇文总目》称十五篇，曹大家注。非向书本然也。'"

按：《初学记》卷二十五引《别录》曰："臣向与黄门侍郎歆所校《列女传》，种类相从，为七篇"，是向辑此书，歆亦助之。

又《补注》，沈钦韩曰："《新序》三十篇，《说苑》二十篇，案《说苑》本有刘向奏上言：'所校中书《说苑杂事》，及臣向书、民间书校雠，其事类众多，章句相溷，除去复重，更造新事。'则此二书旧本有之，向重为订正，非创自其手。"章炳麟《刘子政左氏说》，谓《说苑》《新序》《列女传》中，所举《左氏》事义六七十条，其间一字偶易，正可见古文《左传》不同今本，而子政之改易古文代以训诂者，亦皆可睹。又谓《五行志》中亦间有大刘说《左氏》语。今按：如"龙斗洈渊""蛇出泉宫"等是也。

五月，封舅曼子王莽为新都侯，迁骑都尉光禄大夫侍中。莽时年三十。

《莽传》：叔父成都侯商上书，愿分户邑封莽，及长乐少府戴崇、侍中金涉、胡骑校尉箕闳、上谷都尉阳并、中郎陈汤，皆当世名士，咸为莽言。上由是贤莽。永始元年，封莽为新都侯，迁骑都尉光禄大夫侍中。宿卫谨敕，爵位益尊，节操愈谦。散舆马衣裘，振施宾客，家无所余。收赡名士，交结将相卿大夫，故在位更推荐之。

永始二年，丙午。（一五）

正月，王音卒。

三月，以王商为大司马。

十一月，翟方进为相。

《李寻传》：寻治《尚书》，与张孺、郑宽中同师。（齐召南曰："据《儒林传》，乃小夏侯建。"）宽中等守师法，寻独好《洪范》灾异，又学天文月令阴阳。事丞相翟方进。方进亦善星历，除寻为吏。

永始三年，丁未。（一四）

向年六十六。

冬十月，以刘向言复甘泉泰畤、汾阴后土，及雍五畤、陈宝祠，长安及郡国祠著明者皆复之。

《郊祀志》：匡衡坐事免官爵，众庶多言不当变动祭祀者。又初罢甘泉泰畤，作南郊日，大风坏甘泉竹宫，折拔畤中树木十围以上百余。天子异之，以问刘向。对曰："家人尚不欲绝种祠，况于国之神宝旧畤？且甘泉、汾阴及雍五畤始立，皆有神祇感应，然后营之。……武、宣之世，……神光尤著。祖宗所立神祇旧位，诚未易动。及陈宝祠，自秦文公至今，七百余岁矣。……此阳气旧祠也。及汉宗祖庙之礼，……皆祖宗之君与贤臣所共定。古今异制，经无明文，至尊至重，难以疑说正也。前始纳贡禹之议，后人相因，多所动摇。《易大传》曰：'诬神者殃及三世。'恐其咎不独止禹等。"上意恨之。后上以无继嗣故，令皇太后诏复甘泉泰畤、汾阴后土如故。及雍五畤、陈宝祠在陈仓者，天子复亲郊礼如前。又复长安、雍及郡国祠著名者且半。

按：《志》又云："元帝好儒，贡禹、韦玄成、匡衡等相继为公卿，禹建言汉家宗庙祭祀多不应古礼，上是其言。后韦、匡皆承禹意持论，故向言及之。"向虽精忠，识有不超，如此等处可见。后建平三年，刘歆等重申匡衡议，复长安南北郊。父子之间，学有异同，不能谓凡向者皆是，凡歆则尽非也。

十一月，尉氏男子樊并等谋反，诛。

《儒林传》："世所传《尚书百两篇》，出东莱张霸，分析合二十九篇以为数十，又采《左氏传》《书序》为作首尾，凡百二篇，篇或数简，文意浅陋。成帝时，求其古文者，霸以能为《百两》征。以中书校之，非是。霸辞受父，父有弟子尉氏樊并。时太中大夫平当、侍御史周敞劝上存之。后樊并谋反，乃黜其书。"《论衡·佚文篇》："孝成皇帝读百篇《尚书》，博士郎吏莫能晓知，征天下能为《尚书》者。东莱张霸通《左氏春秋》，案百篇序，以《左氏》训诂造作《百二篇》，具成，奏上。成帝出秘《尚书》以考校之，无一字相应者。下霸于吏。成帝奇霸才，赦其辜，亦不灭其经，故《百二尚书》传在民间。"

按：张霸献《百两》伪书，其事的在何年不可考。《公卿表》，平当以永始二年自长信少府为大鸿胪，其为太中大夫给事中，尚在为长信少府前，推其事，当在陈农求遗书后十年间。可证是时确有《左氏》及《书序》，故霸资以为伪。《伪经考》谓："霸采《左氏传》《书序》为作首尾者，实则歆采霸伪书而作《书序》，并窜入《左氏》耳。"张霸伪书，时人尽知，歆虽愚，其遍伪群经，固已无微不至，何至重借霸伪以自襮己伪？康氏不如谓张霸《百两篇》亦歆伪造，见歆前已有窃《左氏传》《书序》为伪者，使人信其所伪《左氏传》《书序》之真，如此为说，犹胜康氏今说之显为曲强也。又《儒林传》："贾谊为《左氏传》训故。"观《论衡》云云，则谊有训诂之书亦信。

元延元年，己酉。（一二）

七月，星孛东井。谷永言灾异之意。

《谷永传》：元延元年，为北地太守。时灾异尤数，永当之官，上使卫尉淳于长受永所欲言。永对曰："臣闻天生蒸民，不能相治，为立王者以统理之。方制海内，非为天子；列土封疆，非为诸侯，皆以为民也。垂三统，列三正，去无道，开有德，不私一姓。明天下乃天下之天下，非一人之天下也。王者躬行道德，承顺天地，……则卦气理效，五征时序，……符瑞并降，以昭保右。失道妄行，逆天暴物，……则卦气悖乱，咎征著邮，上天震怒，灾异娄降。……终不改寤，恶洽变备，不复谴告，更命有德。……加以功德有厚薄，期质有修短，时世有中季，天道有盛衰。陛下承八世之功业，当阳数之标季，涉三七之节纪，遭《无妄》之卦运，直百六之灾阨。三难异科，杂焉同会。……隆德积善，惧不克济。"

按：《永传》，称其"于天官、《京氏易》最密，故善言灾异"。甘忠可、夏贺良之徒方以推运数见诛，而永言又如此，此自元、成以来一时学者意见，鼓荡蕴积，遂召莽篡。歆、雄之徒，后世所讥为"贰臣""莽大夫"者，彼固自有其见解。谷永之言，虽涉荒诞，而发明天意不私一姓，其义深切著明，固非后世拘儒所与知也。

又按："三七"谓二百一十岁，自汉开国至是已近。《无妄》，按京房六月七分图，为九月卦，亦所谓"阳数之标季"也。故《京氏易》以为"大旱之卦，万物皆死，无所复望"。（见《周易集解》。）"百六"者，《律历志》："初入元，百六，阳九。"盖亦阳数已极，例有灾厄之岁。自武帝太初改历，至是已逾九十年，适近百六灾岁也。九世当阳数标季，为一难。自汉开国以来二百一十岁，适合三七，七亦阳数，其运三终，为二难。又自汉武改历纪元，至是近百六，又值阳九之阨，为三难。三难异科同会，虽隆德积善，犹惧不克济，则历数已终，大命莫续矣。谷永所言，可征当时运数论所持理由之一斑。又《路温舒传》："温舒从祖父受历数天文，以为汉阨三七之间，上封事以豫戒。成帝时，谷永亦言如此。及王莽篡位，欲章代汉之符，著其语。"温舒封事尚在谷永前，《汉书》不著，今无考。

十二月，王商卒，以王根为大司马。

元延二年，庚戌。（一一）

正月，行幸甘泉，郊泰畤。

扬雄奏《甘泉赋》，时年四十三。

雄传："孝成帝时，客有荐雄文似相如者，上方郊祠甘泉泰畤、汾阴后土，以求继嗣，召雄待诏承明之庭。正月，从上甘泉还，奏《甘泉赋》以风。"又班氏赞曰："初，雄年四十余，自蜀来游京师，大司马车骑将军王音奇其文雅，召以为门下史。荐雄待诏。岁余，奏《羽猎赋》，除为郎，给事黄门，与王莽、刘歆并。"

《补注》：钱大昕曰："雄以天凤五年卒，年七十一，则成帝永始四年，年始四十有一，而王音之薨乃在永始二年正月，使果为音所荐，则游京师之年，尚未盈四十也。"宋祁曰："《通鉴考异》云：雄《自序》云：'上方郊祀甘泉泰畤，召雄待诏承明之庭，奏《甘泉赋》。'其十二月，奏《羽猎赋》，事在元延元年，时王音卒已久，盖王根也。"周寿昌曰："成帝即位，雄甫二十二岁，阳朔三年，王音拜大司马，雄年三十二。永始二年音薨，雄年三十九。云'四十余自蜀游京师，为王音门下史'，语不合。应正作'三十余'，始合。"

按：雄以杨庄之荐召见，待诏岁余而赋《羽猎》，殆可信。谓其为王音门下史，则误。周说失之。

三月，行幸河东，祠后土。

扬雄上《河东赋》。

《雄传》：其三月，将祭后土，上乃帅群臣，横大河，凑汾阴，既祭，……还，上《河东赋》以劝。

冬，行幸长杨宫，从胡客大校猎。

扬雄上《羽猎赋》。除为郎。

《雄传》：其十二月，羽猎，雄从，……故聊因《校猎赋》以风。

《补注》：沈钦韩曰："李善注《甘泉赋》引《七略》曰：'《甘泉赋》，永始三年正月待诏臣雄上。'《汉书》三年无幸甘泉之文，疑《七略》误也。愚案《成帝纪》，永始四年正月、元延二年正月、四年正月，俱有行幸甘泉事。据此传下云：'其三月，将祭后土；其十二月，羽猎。'不别年头，则为一年以内之事。奏《甘泉》当在元延二年，与《纪》文方合。"又曰："《文选注》引《七略》曰：'《羽猎赋》，永始三年十二月上。'案《帝纪》，当在元延二年。"

按：永始二年王音卒，李善所见《七略》，自据《汉书》雄在音门下岁余而奏《羽猎》，故以为永始三年。不悟《汉书》自误，则李引《七略》，非真歆物矣。

元延三年，辛亥。（一〇）

正月，蜀郡岷山崩，雍江。

向年七十岁。上奏论灾异事。（荀悦《汉纪》，向上奏在元年四月，《通鉴》亦在元年。）

《向传》：元延中，星孛东井，蜀郡岷山崩，雍江。向恶此异，……复上奏，然终不能用。向每召见，自谓得信于上，常显讼宗室，讥刺王氏及在位大臣，言多痛切，发于至诚。上欲用向为九卿，辄为王氏居位者及丞相御史所持，终不迁。

秋，校猎长杨射熊馆，扬雄上《长杨赋》。

《雄传》：明年，（承上《羽猎赋》言。）上将大夸胡人以多禽兽，秋，命右扶风发民入南山……捕熊黑豪猪虎豹，……输长杨射熊馆，……令胡人手搏之，……上亲临观，……雄从，……还，上《长杨赋》。

《补注》：钱大昕曰："此传皆取子云《自序》，与《本纪》叙事多相应。……此年秋，复幸长杨射熊馆，则《本纪》无之。盖行幸近郊射猎，但书最初一次，余不尽书耳。但二年校猎无从胡客事，至次年乃有之，并两事为一，则《纪》失之也。戴氏震以《本纪》元延三年无长杨校猎事，断为《传》误，不知《羽猎》《长杨》本非一时所作，《羽猎》在元延二年之冬，《长杨》则三年之秋，子云《自序》必不误也。"

又李善《文选注》引《七略》云："《长杨赋》，绥和元年上。"沈钦韩曰："疑《七略》编当时文，不当有失。或雄止据奏御之日，秘书典校则凭写进之年，故参差先后。"如沈说，可解于《长杨》之误后至绥和元年，而《甘泉》之误前为永始三年者，说又不可通。止据《雄传》为定可也。

任宏为太仆。

《百官表》，护军都尉任宏伟公为太仆，二年徙。

按：宏即校中秘兵书者。

绥和元年，癸丑。（八）

二月，封孔吉为殷绍嘉侯。三月，进爵为公，及周承休侯皆为公。

《成帝纪》：诏曰："盖闻王者必存二王之后，所以通三统也。"

《补注》：钱大昕曰："王者存二王之后，并当代为三。汉承周，周承殷，故以殷、周为二王后，并汉为三代也。"

按：此皆汉儒自元、成以下追古礼、薄秦制之征。其议发于匡衡、梅福。衡事见前。《福传》，成帝时，福上书议封孔子子孙为殷后，至是，推迹古文，以《左氏》《穀梁》《世本》《礼记》相明，遂下诏封孔子后世为殷绍嘉公。汉廷据《左氏》立制，事始此。梅福讥切王氏，至元始中，王莽颛政，福一朝弃妻子去九江。然亦引《左氏》建议，明《左氏》非刘歆伪撰，亦不为新莽专造矣。且通三统，本《公羊》家说，而推迹及于《左氏》《穀梁》，则所谓今古文界限者，又安在哉？崔适《春秋复始》谓："梅福所上书，引《春秋经》曰：'宋杀其大夫。'《穀梁》曰：'其不称名字，以其在祖位尊之也。'是为引《穀梁氏》之始。去河平三年刘歆始校书时十八年矣。歆所造伪书已出故也。"崔氏既谓古文为刘歆杂取传记而造，而梅福明称推迹古文，以《左氏》《穀梁》《世本》《礼记》相明，乃不得不谓《穀梁》亦刘歆造，遂并不信《儒林传》载武、宣两世《公》《穀》相争事，谓直如捕风捉影。然河平三年始校书者乃刘向，非歆也。即谓歆亦预闻，一时同校者多矣，歆岂得遽肆其伪？且其时歆岂逆知王莽后将篡汉，遂汲汲为之伪造古文？此等尽可不辨，然世竟多信者，则亦不得不辨耳。

四月，改御史大夫为大司空。

《何武传》：成帝欲修辟雍，通三公官，即改御史大夫为大司空。

按：朱博传，其议发于何武，亦薄秦制、追古礼之一征，为莽、歆新政先声。

十月，大司马王根病免。

十一月，卫尉淳于长有罪下狱死。

按：《翟方进传》：淳于长阴事发，下狱，方进奏劾红阳侯王立，并及其党友，奏中有云："昔季孙行父有言曰：'见有善于君者，爱之若孝子之养父母也。见不善者，诛之若鹰鹯之逐鸟爵也。'"师古曰："事见《左氏传》。"《补注》：周寿昌曰："案西汉文中无引《左氏》者，独方进奏中引此数句，缘方进好为《左氏》学。《韦贤传》中始见刘歆等引《左氏传》，此尚在前也。"

今按：路温舒、张敞等引《左氏》尤在前，而方进之传《左氏》，则有明证矣。必如康说，《汉书》全成歆手，则此亦歆所伪造以欺后世耶？

莽年三十八，为大司马。

《莽传》：时太后姊子淳于长以材能为九卿，先进，在莽右。莽阴求其罪过，因大司马曲阳侯根白之，长伏诛，莽以获忠直。根因乞骸骨，荐莽自代，上遂擢为大司马。莽既拔出同列，继四父而辅政，欲令名誉过前人，遂克己不倦，聘诸贤良以为掾史，赏赐邑钱，悉以享士。愈为俭约。母病，公卿列侯遣夫人问疾，莽妻迎之，衣不曳地，布蔽膝，见者以为僮使；问知其夫人，皆惊。

按：莽敢显白淳于长之罪，与其后诛董贤，皆快人心，振纲纪，见风节，謇謇忠直，未必不为同时所折服。异代为史，则莽乃篡贼，必曰"阴求其罪过"，淳于长之罪，何俟阴求？又曰"莽心害长宠"，（见《长传》。）此何以知之？曰"莽以获忠直"，何以知莽之白长罪必非真忠直？及其位高益恭，克己守俭，则曰"欲令名誉过前人"，无所往而逃于贬，此自易世史臣之文则然耳。实事之与虚文，深心者分别观之可也。

十二月，罢部刺史，更置州牧，秩二千石。

《何武传》：武为九卿时，奏言宜置三公官，又与方进共奏罢刺史，更置州牧。

《朱博传》：何武为大司空，又与方进共奏言："古选诸侯贤者，以为州伯，《书》曰：'咨十有二牧。'所以广聪明，烛幽明也。……请罢刺史，更置州牧，以应古制！"

按：《伪经考》谓："古皆言九州，未有言十二州者。歆多以汉制为古制，五色之帝，郊祀诸星皆然。汉有十二州，故亦以古为有十二州也。《尧典》'十二州'三字，必为古文家窜改。《尚书大传》有'兆十有二州'说，或更追改者欤？《史记·五帝本纪》、《汉书·谷永传》永之对，皆有十有二州之说，皆窜改者。"不悟此文亦当时已说有十二州之证。又岂翟、何原奏，及朱博之议，皆歆凭空伪撰以欺后世耶？且歆既处处伪窜，可独于其所一手伪造之《周礼》（此据康说耳。）《职方氏》，亦仅言九州，不明言十二州乎？且歆果何为遍伪诸经，此谓其多以汉制为古制，他处又谓其多伪古制改汉制，两说绝不同，而出于一人之口，此岂复有可信之地乎？

又按：何武、翟方进皆治古文，通《左氏》。其学风盖承王、韦而启莽、歆。改易官名以慕古昔，亦新政先声也。

向年七十二，说兴辟雍。即以是年卒。

《礼乐志》：成帝时，犍为郡于水滨得古磬十六枚。刘向因是说上："宜兴辟雍，设庠序，陈礼乐，隆雅颂之声，盛揖让之容。……或曰，不能具礼。礼以养人为本，如有过差，是过而养人也。刑罚之过，或至死伤，今之刑，非皋陶之法也，而有司请定法，削则削，笔则笔，救时务也。至于礼乐，则曰不敢,是敢于杀人,不敢于养人也。为其俎豆管弦之间小不备,因是绝而不为,是去小不备而就大不备,惑莫甚焉。夫承千岁之衰周,继暴秦之余敝,民渐渍恶俗,……不闲义理,不示以大化而独驱以刑罚,终已不改。……初,叔孙通将制定礼仪,见非于齐、鲁之士,然卒为汉儒宗,业垂后嗣,斯成法也。"成帝以向言下公卿议,会向病卒,丞相大司空奏请立辟雍。案行长安城南,营表未作,遭成帝崩,群臣引以定谥。及王莽为宰衡,欲耀众庶,遂兴辟雍,因以篡位,海内畔之。

按:《向传》云:"向年七十二卒,卒后十三岁而王氏代汉。"则向卒当在今年。成帝崩在明年三月。其二月,翟方进卒。《孔光传》:"丞相方进薨,召左将军光当拜,已刻侯印,书赞,上暴崩,即其夜于大行前拜受丞相博山侯印绶。"是方进既卒,成帝未崩,其间未有丞相。《礼乐志》谓:"向病卒,丞相大司空奏请立辟雍。"此丞相当为方进,而向卒在方进卒前也。《礼乐志》又云:"成帝以向言下公卿议,会向病卒。"夫下其议以及于病卒,向之卒以及于丞相大司空之请,又及于丞相之卒,其间皆需时。方进卒在明年二月,向卒定在今年矣。《何武传》:"成帝欲修辟雍,通三公官,即改御史大夫为大司空。"改三公官名,其议发自何武,或本与向请修辟雍同时,故史连缀为说。则向之请修辟雍,或者尚在今年春、夏之间耶?

又按:时学者可分两派:一好言灾异,一好言礼制。言灾异,本之天意。言礼制,揆之民生。京房、翼奉、刘向、谷永、李寻之徒言灾异,贡禹、韦玄成、匡衡、翟方进、何武之徒言礼制。向晚年议兴辟雍,亦昌言礼乐矣。王、贡言礼，皆主俭约，重民生；向重教化，又微不同，盖仍是武、宣一脉。莽、歆新政，托于符命，则言灾异之变也。其措施多慕古昔，切民事，则言礼制之裔也。然亦盛夸饰，兼袭武、宣遗风。史言王莽兴辟雍，欲耀众庶，而必谓成帝、刘向意在美教化，何也？弃虚文，循实迹，则莽之兴辟雍，其议端自刘向开之。

绥和二年，甲寅。（七）

二月，翟方进卒。

《方进传》：绥和二年春，荧惑守心，李寻奏记言："应变之权，君侯所自明。……大责日加，安得但保斥逐之戮？"……方进忧之，不知所出。会郎贲丽善为星，言大臣宜当之。上乃召见方进，还归，未及引决，上遂赐册曰："惟君登位……十年，灾害并臻，……其咎安在？使尚书令赐君上尊酒十石，养牛一，君审处焉。"方进即日自杀。上秘之，……亲临吊，礼赐异于他相故事。

按：汉儒言灾异，流弊所及至如是。天子杀大臣以应星变，学者亦能预言其祸以为先见奇中，而无有知其非者。刘向论政，率本灾异。初元二年冬地震，向上变事，遂以见劾，萧望之自杀。永光元年夏寒，日青无光，弘恭、石显之徒皆言周堪、张猛用事之咎，堪、猛皆左迁。我以灾异推之人，人亦得以灾异归之我，向言灾异之效，亦可睹矣。方进好天文星历，厚李寻，卒亦死于灾异。灾异进而为符命，莽遂以篡汉。此自汉儒学风如此，岂亦刘歆一人所伪？

又《方进传》：方进虽受《穀梁》，然好《左氏传》、天文星历。其《左氏》则国师刘歆，星历则长安令田终术师也。

厚李寻，以为议曹。

按：康氏谓翟方进传《左氏》，皆出刘歆伪托。然方进子翟义，反莽见诛，莽发其父方进及先祖冢，夷灭三族，诛及种嗣。歆既伪经媚莽，假托传授，何以托之当时所谓反虏逆贼耶？此云"国师刘歆，长安令田终术"，"国师"之称，莽朝乃有，班史何以据莽官称之？此或袭新朝人语，非班自造。史称司马迁《史记》多有续撰，扬雄、史岑等皆仕新朝，岂此语本诸扬、史诸人书耶？田终术见《莽传》，与泉陵侯刘庆，前辉光谢嚣，同造居摄之萌；又见《李寻传赞》，亦好推阴阳，言灾异者。

三月，成帝崩。四月，哀帝即位。

莽举歆为侍中，迁光禄大夫，复领五经。

《歆传》：哀帝初即位，大司马王莽举歆宗室有材行，为侍中太中大夫。迁骑都尉奉车光禄大夫，贵幸，复领五经，卒父前业。歆乃集六艺群书，种别为《七略》。

按：《歆传》，向死后，歆复为中垒校尉，下接"哀帝初即位"云云，歆为中垒校尉，已在哀帝崩后，此特提先言之，非向死，歆即为中垒校尉也。太中大夫秩比千石，光禄大夫秩比二千石，中垒校尉为正二千石。倘歆先已为中垒校尉，不俟莽荐再为太中大夫矣。《艺文志》："会向卒，哀帝复使向子侍中奉车都尉歆卒父业。"亦其时未为中垒校尉之证。

《艺文志》：向卒，哀帝复使向子侍中奉车都尉歆卒父业。歆于是总群书而奏其《七略》。故有《辑略》，有《六艺略》，有《诸子略》，有《诗赋略》，有《兵书略》，有《术数略》，有《方技略》。

按：《通鉴》云："凡书六略，三十八种，五百九十六家，万三千二百六十九卷。"《隋志》："哀帝使歆嗣父之业，乃徙温室中书于天禄阁上。歆遂总括群书，撮其指要，著为《七略》。"天禄阁，即新莽时扬子云校书处也。

又按：《歆传》："尹咸以能治《左氏》，与歆共校经传。"《七略·术数》，本咸所修。其论杂占云："《春秋》之说，妖由人兴。"此咸述《左氏》之证。

六月，诏罢乐府。

《哀帝纪》：诏曰："郑声淫而乱乐，圣王所放，其罢乐府。"

按：汉自元、成以下，儒者言礼制，美古昔，于武、宣所兴颇有矫革。乐府立于武帝元狩三年，王吉、贡禹每以为言，至是乃废。

诏议田宅奴婢限列。

《哀帝纪》：诏曰："制节谨度，以防奢淫，为政所先。……诸侯王、列侯、公主、吏二千石及豪富民，多畜奴婢，田宅亡限，与民争利，百姓失职，重困不足。其议限列！"有司条奏："诸王、列侯得名田国中，列侯在长安及公主名田县道，关内侯、吏民名田，皆无得过三十顷。诸侯王奴婢二百人，列侯、公主百人，关内侯、吏民三十人。年六十以上，十岁以下，不在数中。贾人皆不得名田、为吏。犯者以律令。诸名田畜奴婢过品，皆没入县官。齐三服官、诸官织绮绣，难成害女红之物，皆止无作输。除任子令，及诽谤诋欺法。掖庭宫人年三十以下，出嫁之。官奴婢五十以上，免为庶人。禁郡国无得献名兽。益吏三百石以下奉。察吏残贼酷虐者以时退。有司无得举赦前往事。博士弟子父母死，予宁三年。"

按：除任子令，创议自王吉。止齐三服官作输、出嫁掖庭宫人，免官奴婢为庶人，贡禹皆已言之。制节谨度，追复古礼以恤民生，自元帝以来，王、贡、韦、匡诸儒迭唱之，今乃见诸诏令也。

《食货志》：哀帝即位，师丹辅政，建言："古之圣王，莫不设井田，然后治乃可平。孝文皇帝承……兵革之后，……务劝农桑，帅以节俭，民始充实，未有并兼之害。故不为民田及奴婢为限。今累世承平，豪富吏民訾数巨万，而贫弱俞困。盖君子为政，贵因循而重改作。然所以有改者，将以救急也。亦未可详，宜略为限。"天子下其议。丞相孔光、大司空何武奏请："诸侯王、列侯皆得名田国中。列侯在长安，公主名田县道，及关内侯、吏民名田，皆无过三十顷。诸侯王奴婢二百人，列侯、公主百人。关内侯、吏民三十人。期尽三年，犯者没入官。"时田宅奴婢，贾为减贱。丁、傅用事，董贤隆贵，皆不便。诏书且须后，遂寝不行。

《王嘉传》：嘉以日食上封事，云："诏书罢苑，而以赐贤二千余顷，均田之制从此堕坏。"

按：此一事而叙述彼此有详略也。其事疑实主于王莽，否则莽亦预闻其事者。莽以七月罢就第；此事在六月，莽犹未去，当国。《莽传》：始建国元年下诏禁买卖田宅奴隶，有云："予前在大麓，始令天下公田口井"，事在元始二年。莽之创制立法，亦皆远有端绪，当自元、成以下汉廷诸儒议论意态推迹之，不得谓由歆伪诸经，乃有新莽一朝之制度也。《补注》：何焯曰："哀帝行限田之制，本善。王莽之行公田，盖务以祈胜而致不便于民也。"此则所谓以成败好恶论人，皆不得史实之真相者。

七月，大司马王莽病免，以师丹为大司马。莽时年三十九。

《莽传》：莽辅政岁余，成帝崩，哀帝即位，尊皇太后为太皇太后。太后诏莽就第，避帝外家。莽上疏乞骸骨。哀帝遣尚书令诏莽，又遣丞相孔光等白太后。太后复令莽视事。时哀帝祖母定陶傅太后、母丁姬在，高昌侯董宏上书言："丁姬宜上尊号。"莽与左将军师丹共劾宏。后日，未央宫置酒，内者令为傅太后张幄，坐于太皇太后坐旁。莽责内者令撤去，更设坐。傅太后大怒，怨恚莽。莽复乞骸骨，罢就第。公卿大夫多称之。

《师丹传》：哀帝即位，为左将军，赐爵关内侯，食邑，领尚书事。遂代王莽为大司马，封高乐侯。

《外戚恩泽侯表》：高乐节侯师丹，绥和二年七月庚午封，一年，建平元年坐漏泄免。

按：师丹以七月代莽为大司马，封侯，其前不得称辅政。《食货志》限田之议，明出王莽，而班史误记，否亦莽之授意者欤？

《傅喜传》：莽退，众庶归望于喜。傅太后不欲喜辅政。上于是用左将军师丹。大司空何武、尚书令唐林，皆上书言喜。

按：何、唐上书有云："鲁以季友治乱，楚以子玉轻重。"此亦据《左氏》。史称何武与"翟方进交志相友"，宜及见《左氏》也。

丞相孔光、大司空何武奏议宗庙迭毁之次。

《韦玄成传》：哀帝即位，丞相孔光、大司空何武奏言：

"永光五年制书,高皇帝为汉太祖,孝文皇帝为太宗。建昭五年制书,孝武皇帝为世宗。损益之礼,不敢有与。……迭毁之次,当以时定。……臣请与群臣杂议。"奏可。于是光禄勋彭宣、詹事满昌、博士左咸等五十三人,皆以为"继祖宗以下,五庙而迭毁。后虽有贤君,犹不得与祖宗并列。……孝武皇帝虽有功烈,亲尽宜毁"。太仆王舜、中垒校尉刘歆议曰:"孝武皇帝……南灭百粤,……北攘匈奴,……东伐朝鲜,……西伐大宛,……四垂无事。斥地远境,起十余郡。功业既定,……富实百姓。……又……兴制度,改正朔,易服色,立天地之祠,建封禅,殊官号,存周后,定诸侯之制。……中兴之功,未有高焉者也。高帝建大业为太祖;孝文皇帝德至厚,为文太宗;孝武皇帝功至著,为武世宗;此孝宣帝所以发德音也。《礼记·王制》及《春秋榖梁传》,天子七庙,诸侯五,大夫三,士二。……《春秋左氏传》曰:'名位不同,礼亦异数。'自上以下,降杀以两,礼也。七者,其正法数,可常数者也,宗不在此数中。宗,变也。苟有功德则宗之,不可预为设数。故于殷太甲为太宗,太戊曰中宗,武丁曰高宗,周公为《毋逸》之戒,举殷三宗以劝成王。由是言之,宗无数也。……以七庙言之,孝武皇帝未宜毁;以所宗言之,则不可谓无功德。……臣愚以为孝武皇帝功烈如彼,孝宣皇帝崇立之如此,不宜毁。"上览其议而从之,制曰:"太仆舜、中垒校尉歆议可。"

按:王舜,莽从弟,史称其人修饬,为太皇太后所信爱。歆、舜此奏,已引《左氏》;然据《礼记·王制》及《榖梁》而言七庙,引周公《毋逸》举殷三宗,亦用今文说,乌见所谓欲夺今文而篡孔子之统者?后人必谓今古文各自分家,不相混淆，然歆争立古文诸经，而奏书议礼乃复杂引今文。刘向治《穀梁》，与《公羊》家廷辩，其奏书、封事亦屡引《公羊》为说。哀帝所谓"欲广道术"，本非有今古分家之见也。廖平以来，康、崔纷纷，尽属无据。

又按：毁庙之议发自贡禹，至是纷纷数复矣。时议者率主毁武帝庙，盖元、成以来言礼制者，颇非孝武夸饰，亦一时学风然也。莽、歆为政，多采言礼制者恤民之意，然亦好铺张太平，效法汉武。歆此奏，亦见其一端。

又按：歆复论毁庙失礼意，引《周语》，称《春秋外传》，疑亦同时。及明年，歆遂请立《左氏春秋》。

又按：歆此时尚未为中垒校尉，史文疑误。

十月，师丹徙为大司空。

《百官公卿表》：绥和二年十月癸酉，大司马丹为大司空，一年免。

《傅喜传》：哀帝即位，明年正月，徙师丹为大司空，而拜喜为大司马，封高武侯。

《师丹传》：丹代王莽为大司马，月余，徙为大司空。

《补注》：宋祁曰："以《外戚恩泽侯表》考之，丹为大司马封高乐侯，在绥和二年七月，以《傅喜传》考之，徙为大司空在明年正月，恐不当言'月余'。"

按：《傅喜传》记喜封侯岁月，连义及丹。丹徙大司空当据《百官表》在今年十月。自七月至十月极近，丹传因误为"月余"也。

又按：《丹传》：上少在国，见成帝委政外家，王氏僭盛。即位，多欲有所匡正。封拜丁、傅，夺王氏权。丹上书言："古者谅暗不言，听于冢宰，三年无改于父之道，……臣闻天威不违颜咫尺,愿陛下深思先帝所以建立陛下之意。""天威"语见《左》僖九年《传》,丹后虽抑刘歆建立《左氏》之议,然亦曾治其书,故引用及之。若《左氏》出歆伪,丹正可明发其奸,不仅以"改乱旧章"说矣。

哀帝建平元年,乙卯。(六)

歆请建立《左氏春秋》,及《毛诗》《逸礼》《古文尚书》,移书让太常博士。

《歆传》:歆及向皆治《易》。宣帝时,诏向受《穀梁春秋》,……及歆校秘书,见古文《春秋左氏传》,大好之。时丞相史尹咸,以能治《左氏》,与歆共校经传。歆略从咸及丞相翟方进受,质问大义。初《左氏传》多古字古言,学者传训故而已。及歆治《左氏》,引传文以解经,转相发明,由是章句义理备焉。……歆以为左丘明好恶与圣人同,亲见夫子,而公羊、穀梁在七十子后,传闻之与亲见之,其详略不同。歆数以难向,向不能非间也,然犹自持其《穀梁》义。及歆亲近,欲建立《左氏春秋》及《毛诗》《逸礼》《古文尚书》,皆列于学官。哀帝令歆与五经博士讲论其义,诸博士或不肯置对。歆因移书太常博士责让之。……其言甚切,诸儒皆怨恨。是时名儒光禄大夫龚胜,以歆移书,上疏深自罪责,愿乞骸骨罢。及儒者师丹为大司空,亦大怒,奏歆改乱旧章,非毁先帝所立。上曰:"歆欲广道术,亦何以为非毁哉?"歆由是忤执政大臣,为众儒所讪,惧诛,求出补吏,为河内太守。以宗室不宜典三河,徙守五原。后复转在涿郡。历三郡守。数年,以病免官。起家复为安定属国都尉。

《儒林传》：王龚与奉车都尉刘歆共校书，及房凤三人皆侍中。歆白《左氏春秋》可立，哀帝纳之，以问诸儒，皆不对。歆于是数见丞相孔光，为言《左氏》以求助。光卒不肯。惟凤、龚许歆，遂共移书让太常博士。大司空师丹奏歆非毁先帝所立，上于是出龚等补吏。龚为弘农，歆河内，凤九江太守，至青州牧。

《后书贾逵传》：建平中，侍中刘歆欲立《左氏》，不先暴论大义，而轻移太常，恃其义长，诋挫诸儒。诸儒内怀不服，相与排之。孝哀皇帝重逆众心，故出歆为河内太守。

按：歆移书未定在何时，师丹为大司空，至今年九月即免，则歆移书及求出补吏均在九月前，其白哀帝请立《左氏》诸书，则犹在前。哀帝以问诸儒，歆又数见丞相，需时不暂，乃有移书太常之举。向卒至今，才逾一年。至莽之荐歆，得为光禄大夫领校五经，殆不出数月事也。

《伪经考》：歆古文之学发端自左氏。左氏书藏秘府，人间不易见。自非史迁、刘向之伦，不可得而读也。汉世重六经，以《春秋》为孔子笔削，尤尊之。于时《公羊》盛行，《穀梁》亦赖宣帝得立。歆思借以立异，校书时发得左氏《国语》，乃引传解经，自为《春秋》之一家。刘歆校书，为王莽所举。尹咸校数术，殆党附于莽、歆者。房凤则王根所荐，王龚则外戚，非经师也。是四人者共校书，凤、龚所校不知何书，尹咸校数术，其经术不如歆可知。歆又挟权宠，故房凤、王龚、尹咸咸附之也。

按：莽荐歆为侍中，后歆自得领校秘书，何以知歆之校书为莽所举？时莽以失职，汉廷亦绝无倾覆之象，岂莽、歆已预谋篡汉，乃举歆校书，遍伪群经以预为莽篡地耶？尹咸为更始子，更始治《穀梁》，先于刘向。尹咸校数术，远在河平时，与刘向同膺校书之命。史称其"治《左氏》，歆从受质问大义"，何以知其经术之不如？史又明云"咸以能治《左氏》，与歆同校经传"，何以谓其尚校数术？房凤为王根所荐，根非与莽同谋篡汉，何以凤必党于莽、歆之伪局？王龚外戚，何以必非经师？冯野王亦外戚，必得谓其非经师耶？外戚非经师，宗室如向、歆父子，又且为非经师乎？且歆古文之学，既为借以立异，则初与王莽篡汉不涉，房凤、王龚又何以逆知其助莽而先党附之？歆在当时，宠或有之，权则微矣；举朝怨讪，尹咸之徒又何为而必附焉？康说逞臆无据，率如此。

《伪经考》又云：刘歆之伪古文，发源于《左氏》，成于《周官》，遍伪诸经为之左证。又云：歆以其非博之学，欲夺孔子之经，而自立新说以惑天下。知孔子制作之学首在《春秋》，《春秋》之传《公》《穀》《公》《穀》之法与六经通。于是思所以夺《公》《穀》者，求之古书，得《国语》，与《春秋》同时，可以改易窜附，于是毅然削去平王以前事，依《春秋》以编年，比附经文，分《国语》以释经，而为《左氏传》。遭逢莽篡，更润色其文以媚莽。因藉莽力，贵显天下通其学者以尊其书。证据符合，党众繁盛，虽有龚胜、师丹、公孙禄、范升之徒，无能摇撼。

按：《左氏》《国语》明为二书，歆之引传解经，亦获睹中秘《左氏春秋》，见其实事详备，可以发明孔子《春秋》之简略，胜于《公》《穀》虚言，故乃分年比附，用相证切。必谓其欲夺孔子之统，又谓其遍伪诸经以相证，皆一往过甚之言也。虽当时五经诸儒，亦仅谓《左氏》不传春秋，并不谓歆遍伪群经也。《毛诗》《逸礼》《古文尚书》，已与《左氏》同出，而《周官》尚在后。岂歆先伪其证佐而后伪其本书者耶？且康氏又谓歆之伪经，首于《周礼》，以佐莽篡，此又谓源于《春秋》，以觊圣统，歆果何所为而为此千古未有之骗局，康氏未能自定其说，将何以喻人乎？

《伪经考》又云：刘歆伪撰古经，由于总校书之任，故得托名中书，恣其窜乱。

按：歆窥中秘，其父犹在，古人竹简繁重，岂有积年作伪而其父不知之理？若谓在其父卒后，则歆之领校五经未逾数月，何得遍伪群经？若其分系《左氏》以解《春秋》，歆固自其父在时以之与父争矣，歆不以自匿，向不以为罪，所见有是非，不在伪不伪之间。

《伪经考》又云：歆以承父向校经、传、诸子、诗、赋，故尤得恣其改乱，颠倒五经。

按：此明谓歆之伪撰群经在向卒后矣。数月之间，欲伪撰《左氏传》《毛诗》《古文尚书》《逸礼》诸经，固不可能。

《伪经考》又云：刘歆挟名父之传，当新莽之变，前典校书之任，后总国师之权，加汉世书籍皆在竹帛，事体繁重，学者不从大师，无所受读。不如后世刻本流行，挟巨金而之市，则捆载万卷，群书咸备也。若中秘之藏，自非马迁之为太史，则班嗣之有赐书，扬雄之能借读，庶或见之。自余学者，无由窃见。故歆总其事，得以恣其私意，处处窜入。当时诸儒虽不答，师丹、公孙禄虽奏劾，然天下后世则皆为所丰蔀而无由见日矣。

按：歆承父典校书不逾一年，无从遍伪诸经。至为莽国师时，扬雄校书天禄阁，必谓歆恣私妄窜，雄何得勿知？雄著书多用古文，则雄亦亲见中秘古籍矣。且当时与歆同校书者有苏竟，其人正士，亦通儒，出仕光武朝，歆苟有伪，竟何绝不知？何忌何嫌，而绝不言？且歆之作伪，欲欺当时耶？欲欺后世耶？欲欺当时，一手之伪，岂能掩天下之目？欲欺后世，莽、歆皆未克尽其天年，事业及身而败。汉之中兴，西汉晚世学者及是尚存者不少，仕于朝而显名后世者亦多矣。歆既不能欺当世，歆卒之后，骗局且暴露无遗，然伪古文诸经转益见信，又何说耶？康氏既谓学者不从大师，无所受读，则容有朝廷中秘为外朝诸儒所未见矣。歆《七略》有云："外则有太常博士之藏，内则有延阁广内秘室之府，百年之间，书积如山。"岂得尽人见之？即如晚世，尚多有此。清臣即身列翰苑，亦不尽睹明《永乐大典》。诸儒之不对，正缘其不诵。师丹谓"非毁先帝所立"，与公孙禄所谓"颠倒五经"，其意皆指朝廷政制，不谓书乃刘歆所伪。若当时诸儒必谓歆所主古经皆系伪物，则何不一请校验，事可立决。歆亦自言之，曰："古文诸经，皆今上所考视。"则明非不可验矣。恣意妄窜，伪迹易白。何以其后如扬子云及东汉诸儒，凡校书中秘者，率信古经不疑，疑者转在外朝之博士，未睹中秘之藏者耶？桓谭《新论》称"刘子政、子骏、伯玉父子呻吟《左氏》，下至婢仆，皆能讽诵"，桓亲见二刘，言必可信。向为《五行志》，多论及《左氏》事，《汉志》所谓"歆数以难向，向不能非间，然犹自持其《穀梁》义"者，父子之间虽有异同，固非如当时博士之不诵也。

又按：歆移书云："及鲁恭王坏孔子宅，欲以为宫，而得古文于坏壁之中。《逸礼》有三十九，《书》十六篇。天汉之后，孔安国献之，遭巫蛊仓猝之难，未及施行。及《左氏春秋》，丘明所修，皆古文旧书，多者二十余通。藏于秘府，伏而未发。"此谓"古文"，犹云旧书也。歆又云："其为古文旧书，皆有征验。"歆方欲争立三书，故言其均为古文旧书，明与朝廷博士诸书为类。非谓此皆古文，与朝廷博士今文不同也。其时尚无今文、古文之别，歆所云云，正欲显其同，非以别其异。《史记》常云"《诗》《书》古文"，其时谓"《诗》《书》"皆"古文"也。《刘向传》："上方精于《诗》《书》，观古文。""《诗》《书》""古文"同指六艺，皆谓战国以前旧书，以别于诸子、传记。刘歆屡云"古文旧书"，"古文"即"旧书"也。汉武立五经博士，罢黜百家，正以五经皆前代王官旧书，而百家则起晚世民间故耳。康、崔辈妄以后世"今文""古文"之见说之，故谓刘歆争立古文经，欲以篡今文圣统，又疑《史记》凡言古文，皆歆伪羼矣。

又按：《龚胜传》："胜以大司空何武荐，征为谏大夫。"其事至迟不后绥和二年十月。为大夫二岁余，迁丞相司直，徙光禄大夫，守右扶风，据《百官表》在建平四年。时师丹已免大司空，亦四年矣。《歆传》："是时名儒光禄大夫龚胜以歆移书，上疏深自罪责，愿乞骸骨罢。及儒者师丹为大司空，亦大怒，奏歆改乱旧章。"师丹为大司空时，胜应为谏大夫，非光禄大夫也。且哀帝令歆与五经博士讲论其义，歆自移书让博士，胜为大夫，虽亦掌论议，本不属太常，无与此事，即不直歆所为，何不直论指斥，乃上疏深自罪责，愿乞骸骨，何为者？又其事不见于胜传，《儒林传》亦言师丹，不及胜，则事信否不可知。疑后人极言歆为当时众儒所非，故特举龚胜名儒为说，实非有其事。至谓班史向、歆二传本出歆手，则尤无足辨。

《伪经考》又云：孔光为孔子十四世孙，而安国兄子之孙，若古文为孔子所作，安国所传，安有求助不肯之事？

按：光持禄保位，事详本传。时朝议既不右，光岂肯违众为助？且此乃琐节，不足以定古文之真伪。

又按：《华阳国志》卷十下引《春秋穀梁传》叙云："成帝时，议立《三传》，博士巴郡胥君安，独驳《左传》不祖圣人。"此当时博士反对立《左传》之姓名仅存者。然亦仅谓"《左氏》不祖圣人"，并未谓古无其书，由歆伪撰也。

九月，策免大司空师丹。十月，以朱博为大司空。

《丹传》：有上书言："古者以龟贝为货，今以钱易之，民以故贫，宜可改币。"上问丹，丹言可改。有司皆以为行钱久，难猝变。丹老人，忘其前语，后从公卿议。遂得罪。

按：丹前后昏忘，无特操如此。其奏歆"非毁先帝所立"，亦从五经诸儒意耳，必据其一奏以定古文真伪，殊无谓也。

又按：此上书者欲以龟贝易钱，谓可以救民贫，盖亦源自贡禹。泥古不化，较之虚言灾异者不为远胜。后莽屡易币，此亦其先声。

李寻以待诏黄门对策。

《寻传》：哀帝初即位，召寻待诏黄门，使卫尉傅喜问寻。（《通鉴考异》云：案《公卿表》，傅喜为卫尉，二月迁右将军，十一月罢。地震在九月，是时喜已不为卫尉矣。）寻对曰："臣闻五星者，五行之精，五帝司命，应王者号令，为之节度。"

按：此即《淮南·天文训》"东方木，帝太皞，治春，神为岁星；南方火，帝炎帝，治夏，神为荧惑；西方金，帝少昊，治秋，神为太白；北方水，帝颛顼，治冬，神为辰星；中央土，帝黄帝，治四方，神为镇星"之说。《伪经考》以《淮南·天文训》"其帝太皞"五语为歆伪羼，又何说于此奏五帝司命之说耶？

又按：寻此对尚在师丹为大司空时，惟语及九月地震，则去师丹免不远。

歆改名秀，字颖叔。

《歆传》：歆以建平元年改名秀，字颖叔云。

《后书·窦融传》："融召豪杰、诸太守计议归汉，其中智者皆曰：'汉承尧运，历数延长，今皇帝姓号见于图书，自前世博物道术之士，谷子云、夏贺良等，建明汉有再受命之符，言之久矣，故刘子骏改易名字，冀应其占。'"应劭曰："《河图赤伏符》云：'刘秀发兵捕不道，四夷云集龙斗野，四七之际火为主。'故改名，几以趣也。"《补注》：何焯曰："载其改名于哀帝之时，以见歆乐祸非望，素不能乃心王室。"

按：哀帝名欣，讳"欣"曰"喜"。歆之改名，殆以讳嫌名耳。宣帝名询，兼避"洵""荀"，改"荀子"曰"孙子"。以此观之，后世之说，殆不足信。

建平二年，丙辰。（五）

三月，罢三公官，复以朱博为御史大夫。

《博传》：博为琅邪太守，齐郡舒缓养名，博新视事，右曹掾史皆移病卧。博问其故，对言："惶恐！故事二千石新到，辄遣吏存问致意，乃敢起就职。"博奋髯抵几曰："观齐儿欲以此为俗邪！"……皆斥罢诸病吏。……门下掾赣遂，耆老大儒，教授数百人，拜起舒迟。博出教主簿："赣老生不习吏礼，主簿且教拜起。……"又敕功曹："官属多襃衣大袑，不中节度。自今掾史衣，皆令去地三寸。"博尤不爱诸生，……文学儒吏时有奏记称说云云，博见谓曰："如太守汉吏，奉三尺律令从事，亡奈生所言圣人道何！且持此道归，尧舜君出，为陈说之。"及是为大司空，遂奏罢之，复御史大夫。

按：博之持论，盖近武、宣，与元、成儒者不同。其折逆儒生，欲令持此道归待尧舜君出，亦有激之言。后王莽竟决然而为尧舜君，宜乎颂功德者遍天下矣。

四月，罢州牧，复刺史。

按：此亦朱博主之。

丞相孔光免，御大夫朱博为丞相。

按：时扬子云为黄门侍郎。《五行志》："朱博为丞相，临延登受策，有大声鸣殿中，以问黄门侍郎扬雄及李寻。"

王莽以新都侯遣就国。时年四十一。

《莽传》：傅太后、丁姬称尊号。丞相朱博奏："莽前抑贬尊号，当显戮，请免为庶人。"上曰："莽与太皇太后有属，勿免。"遣就国。莽杜门自守。其中子获杀奴，莽切责获，令自杀。在国三岁，吏上书冤讼莽者以百数。

八月，李寻以罪徙燉煌。

《哀帝纪》：六月，待诏夏贺良等言："赤精子之谶，汉家历运中衰，当再受命，宜改元易号。"诏："大赦天下，以建平二年为太初元将元年。号曰'陈圣刘太平皇帝'。漏刻以百二十为度。"

《补注》：齐召南曰："'谶'字始见于此。高祖以斩白蛇，旗帜尚赤，然张苍谓汉本水德，公孙臣非之，至武帝时，犹谓以土德王，未有言火德者也。赤精子之说，亦起于此。张平子谓谶起哀、平之间，信哉！"苏舆曰："据下诏书，施行月余，仍从旧漏。至莽窃位，复遵行之。"

按：崔氏《史记探源》谓："《史记》所载张苍、公孙臣、贾谊、司马迁之言，皆歆伪托，不足信。"则此夏贺良之言，赤精子之谶，亦歆伪撰，或者改元易号，乃本无其事耶？

又按：号曰"陈圣刘"者，如淳曰："陈，舜后，王莽，陈之后，谬语以明莽当篡立而不知。"今考睦孟已言"汉家尧后，有传国之运"。今夏贺良等言"汉历中衰，当再受命"，故改称"陈圣刘"，意谓尧后之汉既衰，继起者必当为舜后，此据五帝德转移之说推也。自号"陈圣刘"，所以为厌胜。王莽袭其说自托舜后耳。后汉桓帝时，李云尚谓："高祖受命至今，三百六十四岁，君期一周，当有黄精代见，姓陈、项、虞、田、许氏，不可令此人居太尉、太傅典兵之官。"云竟以获罪见杀。甚矣，其流风余韵之不可以骤已也！

《寻传》：哀帝初立，司隶校尉解光以明经通灾异得幸，白贺良等所挟齐人甘忠可书，事下奉车都尉刘歆，歆以为不合五经，不可施行。而李寻亦好之。光曰："前歆父向奏忠可下狱，歆安肯通此道？"寻遂白贺良等，皆待诏黄门，数召见，陈说"汉历中衰，当更受命，宜急改元易号"。于是制诏丞相御史："以建平二年为太初元将元年，号曰'陈圣刘太平皇帝'。"后月余，贺良等复欲妄变政事，大臣争以为不可。贺良等奏言："大臣皆不知天命，宜退丞相御史，以解光、李寻辅政。"上以其言无验，遂下贺良等吏，皆伏诛。寻及解光减死一等，徙敦煌郡。

按：贺良等可谓愚而狂者矣。向、歆父子皆以经折之，其信古而有识，自在李寻之上。莽之篡汉，歆、舜之徒以革新政教相翼，而愚人争言符命，则甘、夏之流也。一时风气际会，遂成易位之局，此岂歆一人之伪所得而成之哉？

丞相朱博有罪自杀。

按：《博传》载谏大夫龚胜等十四人议，以为"《春秋》之义，奸以事君，常刑不舍。鲁大夫叔孙侨如欲颛公室，谮其族兄季孙行父于晋，晋执囚行父，以乱鲁国，《春秋》重而书之。"事见《左传》成十六年。《公》《穀》释行父之囚皆不及侨如。则胜等此奏明据《左氏》。《翟方进传·补注》，苏舆曰："龚胜之议，'奸以事君，常刑不舍'云云，亦《左氏》义也。"考《左》文十八年《传》，季孙行父云："主藏之名，赖奸之用，为大凶德，有常无赦。"则胜等此奏，不徒事据《左氏》，即文句亦采之。时正刘歆争立《左氏》博士，龚胜引《左氏》草奏，岂有愤歆而乞骸骨之事？章炳麟《春秋左传读叙录》谓胜自罪责，意正与丹相反。其或然欤？

建平四年，戊午。（三）

八月，封董贤为高安侯。

按：《王嘉传》，载哀帝诏曰："昔楚有子玉得臣，晋文为之侧席而坐。"此亦据《左氏》。

《后汉书·桓谭传》："谭在哀、平间，位不过郎。傅皇后父孔乡侯晏深善谭。时高安侯董贤宠幸，女弟为昭仪，皇后日疏。谭说晏谢远宾客，并戒后勿使巫医方技，傅氏得全。"

按：谭卒在建武初年，年七十余，则其生年，盖与歆、莽略同时，及是当逾四十矣。

扬雄上书谏不许单于朝，雄时年五十一。

《匈奴传》：建平四年，单于上书愿朝五年。时哀帝被疾，……难之。公卿亦以为虚费府帑，可且勿许。黄门郎扬雄上书。

元寿元年，己未。（二）

莽以征还京师，年四十四。

《莽传》：莽在国三岁，吏上书讼冤莽者以百数。元寿元年，日食，贤良周护、宋崇等对策，深颂莽功德。上于是征莽。

按：《哀帝纪》，日食在正月朔。

《杜邺传》：邺亦举方正，上书讼莽冤云："三桓虽隆，鲁为作三军。"

按：事见《左传》襄公十一年。邺得外家张氏书，故得见《左传》也。

十二月：以董贤为大司马。

按：《佞幸传》，哀帝以董贤为大司马，册曰："朕承天序，惟稽古建尔于公，以为汉辅。往悉尔心，统辟元戎，折冲绥远，匡正庶事，允执厥中。"萧咸私谓王闳曰："册文言'允执其中'，此乃尧禅舜之文，非三公故事。"后上置酒麒麟殿从容视贤，笑曰："吾欲法尧禅舜何如？"此亦汉、新禅让一前影也。

《后书·谭传》：贤闻谭名，欲与交。谭先奏书于贤，说以辅国保身之术。贤不能用，遂不与通。

《扬雄传》：哀帝时，丁、傅、董贤用事，雄方草《太玄》而作《解嘲》。曰："默而作《太玄》五千文，支叶扶疏，独说十余万言。"客有难《玄》太深，雄解之，作《解难》。

元寿二年，庚申。（一）

五月，正三公官分职。

《哀帝纪》：五月，正三公官分职，大司马卫将军董贤为大司马，丞相孔光为大司徒，御史大夫彭宣为大司空。正司直、隶司，造司寇职。事未定。

按：三公官名，发于何武，废于朱博，至是又复之。汉廷好古如此，不俟新朝矣。

六月，哀帝崩。莽拜大司马，迎立平帝。时莽年四十五。

《莽传》：哀帝崩，无子，而傅太后、丁太后皆先薨，太皇太后即日驾之未央宫，收取玺绶，遣使者驰召莽。……莽白："大司马董贤……不合众心，收印绶。"贤即日自杀。……太后拜莽为大司马，与议立嗣。……迎中山王，奉成帝后，是为孝平皇帝。帝年九岁。太后临朝称制，委政于莽。

按：莽专汉自此始。亦会哀帝不寿，无子，丁、傅二后皆先卒，王太后乃得重握朝柄。当其前，虽智者不能逆知莽之必出，何论于篡？此数载中，莽、歆亦尚疏，谓二人先已同谋，预布伪局以欺后世，乃跽中秘遍伪群经，夫谁信之？

歆为右曹太中大夫，迁中垒校尉。

《歆传》：莽少与歆俱为黄门郎，重之。及持政，白太后，太后留歆为右曹太中大夫，迁中垒校尉。

《莽传》：诸哀帝外戚及大臣居位素所不说者，莽皆傅致其罪,……于是前将军何武、后将军公孙禄,……丁、傅及董贤亲属皆免。红阳侯立,……遣就国。……于是附顺者拔擢,忤恨者诛灭。王舜、王邑为腹心,甄丰、甄邯主击断,平晏领机事,刘歆典文章,孙建为爪牙,丰子寻、歆子棻、涿郡崔发、南阳陈崇,皆以材能幸于莽。

按:甄邯,孔光婿。哀帝崩,莽为大司马,引邯为侍中奉车都尉。甄丰以元始元年封侯,称其宿卫三世。平晏父当以哀帝建平二年为相,晏以明经历位大司徒。孙建,按《西域·乌孙传》及《段会宗传》,会宗赐关内侯在元延二年,时孙建为都护,至是逾十年。《乌孙传》又云:"元始中,两昆弥皆弱,卑爰疐侵陵,都护孙建袭杀之。"《补注》:徐松曰:"孙建不应元始中尚在西域,或再任也。"证以此文"孙建为爪牙"之说,则建往西域乃再任,信矣。《段会宗传》:"孙建用威重显。"亦一能臣。《游侠传》:"莽居摄,名捕漕中叔,疑强弩将军孙建藏匿,泛以问建。建曰:'臣名善之,诛臣足以塞责。'莽重建,不竟问。"莽又欲以女平帝后改称黄皇室主者嫁建之子,其宠任可知。余见后。

平帝元始元年, 辛酉。(纪元)

正月,王莽为安汉公,时莽年四十六。

《莽传》:群臣盛陈莽功德,谓"周公及身在而托号于周,莽有定国安汉家之大功,宜赐号曰安汉公"。

按:自前年六月哀帝崩,至是仅半岁,汉廷群臣已颂莽比周公,岂必俟刘歆之伪群经,先篡孔子之圣统哉?此半年中,歆亦万不及遍伪群经。若谓歆先已伪之,则既历历辨如前。

若谓歆自后乃伪,当知即以今文圣统之学,已足资以为篡,心劳日拙,何苦为此?

《莽传》:莽上书言:"臣与孔光、王舜、甄丰、甄邯共定策,愿独条光等功赏。"……太后……以光为太师,……舜为太保,……丰为少傅,皆授四辅之职。……封邯为承阳侯。……以莽为太傅,干四辅之事,号曰安汉公。

按:歆、莽关系初与诸人有别,不仅资历已也,观此可信。又《后书》:"朱浮语光武:'王莽为宰衡时,甄丰旦夕入谋议,时人语曰:"夜半客,甄长伯。"及莽篡位后,丰意不平,卒以诛死。'"(《彭宠传》)则丰在当时与莽尤密。

二月,刘歆为羲和官。

《平帝纪》:二月,置羲和官,秩二千石;外史、闾师,秩六百石。班教化,禁淫祀,放郑声。

应劭曰:《周礼》:"闾师掌四郊之民,时其征赋也。"

《补注》:苏舆曰:"外史亦《周官》夏官外史,掌书外令。"

按:置羲和官,魏相已言之。据《周礼》设官始见此。自歆召为太中大夫,至此不出半岁,凭空伪撰《周官》,即已布用,疑不如此速。谓歆早已为之,则歆出中秘已久,无藉而为此。又歆非能先见,必知莽之当汉政,又何缘为此?

《歆传》:太后留歆为右曹太中大夫,迁中垒校尉,羲和,京兆尹,使治明堂、辟雍。

按:兴明堂、辟雍,歆父向已主之。《伪经考》谓莽一朝典礼皆歆学也,细按知其非真。

六月,封周公后公孙相如为褒鲁侯,孔子后孔均为褒成侯,奉其祠。追谥孔子曰褒成宣尼公。

按:据《华阳国志》卷十,此议发于杨宣君纬,时为讲学大夫，与刘歆共校书，居摄中卒。其人曾荐龚胜，亦端士也。

置少府海丞、果丞各一人，大司农部丞十三人，人部一州，劝农桑。

九月，赦天下徒。

按：莽为政重民生经济，即此一年措施观之可见。

元始二年，壬戌。（二）

夏，郡国大旱蝗，莽等献田宅者二百三十人。莽时年四十七。

《平帝纪》：夏，郡国大旱蝗，青州尤甚，民流亡。安汉公、四辅、三公、卿大夫、吏民为百姓困乏，献其田宅者二百三十人，以口赋贫民。遣使者捕蝗。民捕蝗诣吏，以石斗受钱。天下民赀不满二万，及被灾之郡不满十万，勿租税。民疾疫者，舍空邸第，为置医药。赐死者一家六尸以上葬钱五千，四尸以上三千，二尸以上二千。罢安定呼池苑以为安民县。起官寺市里，募徙贫民，县次给食。至徙所，赐田宅什器，假与犁、牛、种、食。又起五里于长安城中，宅二百区，以居贫民。

按：观此，灾情盖甚重，政府之护视安集，亦甚周矣。《莽传》谓："莽欲以虚名说太后，白：'宜衣缯练，损膳，以视天下。'因上书，愿出钱百万，献田三十顷，付大司农，助给贫民。于是公卿皆慕效。"殆即此事。史必谓其"欲以虚名说太后"者，莽篡汉祚不终，汉史秉笔，宜尔。当时慕效者，则自有所感，未必尽虚也。

秋，赐公田宅。

《补注》：苏舆曰："《莽传》云：'予前在大麓，始令天下公田口井。'即此时事。《穀梁》宣十五年《传》：'古者公田为居。'此盖放其制，使民即公田为庐舍，故云赐宅。"

今按："公田"即"井田"也。观后始建国元年诏可知。然其事在哀帝初即位时已有意创行。莽朝一切新政莫非其时学风群议所向，莽亦顺此潮流，故为一时所推戴耳。

元始三年， 癸亥。（三）

春，聘王莽女为后，诏光禄大夫刘歆等杂定婚礼。莽时年四十八。

《莽传》：莽既尊重，欲以女配帝为皇后，以固其权。奏言："皇帝即位三年，长秋宫未建，掖廷媵未充。乃者，国家之难，本从亡嗣，配取不正。请考论五经，定取礼，正十二女之义，以广继嗣。"

《伪经考》云：是时《周礼》未成，故"三夫人、九嫔、二十七世妇、八十一御妻"之说未出，故犹从今博士说。然莽之学周公自此始。后此事事效法，遂篡汉祚。歆《周官》、《尔雅》事事称周公以揣合莽意，奖翼篡事也。

按：元年置外史、闾师，官名皆见《周官》，何以知是时《周礼》未成？且"三夫人、九嫔、二十七世妇、八十一御妻"，明见《小戴·昏义》。廖平《古今学考》为两《戴记》分今古，以《昏义》入今学，盖"三夫人、九嫔、二十七世妇、八十一御妻"自《王制》"三公、九卿、二十七大夫、八十一元士"附会而来。《伪经考》必谓此乃歆之伪窜，谓"否则乃三公、九卿、二十七大夫、八十一元士之命妇"，支离荒谬，一何至此！岂有三公、九卿、二十七大夫、八十一元士之命妇，尽居天子六宫，为之内官之理？遂使外有旷夫，内有怨妇，乖离阴阳，荡析家室。今学乃孔子圣统，何复如是？至莽聘杜陵史氏女，备和人三、嫔人九、美人二十七、御人八十一，已在更始元年，是年莽、歆即皆死，尚何闲情再作伪经？康氏必谓一切皆歆伪说媚莽，绳之史实，终见龃龉。盖合者百不一，徒以其悍而肆，乃若见其说之或信也。

《莽传》又云：信乡侯佟上言："《春秋》，天子将娶于纪，则褒纪子称侯，安汉公国未称古制。"事下有司，皆白："古者天子封后父百里，尊而不臣。……佟言应礼，可许。请以新野田二万五千六百顷益封莽，满百里。"

沈钦韩《汉书疏证》云："《公羊》隐二年，纪见《经》称'子'，桓二年称'纪侯'。何休云：'称侯者，天子将娶于纪，……故封之百里。'穀梁解云：'时王所进。'按：《左氏》桓二年是杞侯，又桓六年《传》：'纪侯来朝，请王命以求成于齐，公告不能。'杜预云：'纪微弱，不能自通于天子。'然纪并无益封大国之事也。且逆王后在桓八年，而遥于二年褒后父。天子议昏，乃历七年始取，宁有是理？此魏刘芳所云：'《公羊》《穀梁》近儒小道之书。'（《魏书·礼志》四之三）特便汉人饰奸，事事吻合，宜其诵习四百年也。"

按：如沈说，当时汉廷诸臣引《公羊》曲说媚莽，传至何休，尚复依用，而独与《左氏》乖违。未知康、崔诸人对此条又如何说？宁得谓《公羊》亦歆伪羼，而歆又忘之于《左氏》乎？

夏，莽奏车服制度，吏民养生、送终、嫁娶、奴婢、田宅、器械之品。立官稷，及学官。

张竦为陈崇草奏，称莽功德。

《游侠传》：竦博学通达，以廉俭自守。居贫，无宾客，时时好事者从之质疑问事，论道经书而已。陈遵常谓竦曰："足下讽诵经书，苦身自约，而我放意自恣，浮湛俗间，官爵功名不减于子，顾不优耶？"曰："人各有性，长短自裁。……虽然，学我者易持，效子者难将。吾，常道也。"

按：竦之为人，靖深廉约，近似扬雄。其称莽功德，文甚丰美，盖非阿誉希宠者流。子云《剧秦美新》，见讥千载，竦奏亦尔。后世徒以莽篡汉身死，遂共轻笑，观并世学人之言，似有不尽然者。又奏文有"春秋晋悼用魏绛"一节，事见左襄十一年。"成王封鲁"一节，见《左》定四年。又述包胥辞赏，皆本《左氏》。竦祖敞，外兄杜邺，皆治《左氏》，故竦亦能言之也。

又按：费密《弘道书》："扬雄世传有《剧秦美新》之文，曾巩、孙复、王安石、简绍芳、胡直、焦竑皆力辨无其事。或以为谷子云之误。冯时可以《美新》为刘棻作。考扬雄，班彪父党，彪尝造其门，闻见亲切，故班固作传，称雄温厚君子，恬于势利。雄平生著书，传皆载焉。又言诸儒罪雄非圣人而称经，独无所谓《剧秦美新》者。王莽时以符命封爵甚众，而雄不侯。莽自言雄素不与事。史文如此，《美新》可不辨自彰，后儒未之深考耳。"今按：诸儒辨扬雄不作《剧秦美新》，皆无坚证，窃谓此事即实，亦不足深病子云也。

莽诛其子宇。

《莽传》：莽……白太后："前哀帝……贵外家丁、傅，……几危社稷。今帝以幼年奉大宗，……宜……戒前事。"……帝舅卫氏皆留中山，不得至京师。莽子宇，非莽隔绝卫氏，恐帝长大后见怨，……与师吴章及妇兄吕宽议，……章以为莽不可谏，而好鬼神，可为变怪以惊惧之。……宇即使宽夜持血洒莽第门，吏发觉，莽执宇送狱，饮药死。……莽因是诛灭卫氏。

班彪生。

元始四年，甲子。（四）

莽年四十九。

正月，郊祀高祖以配天，宗祀孝文以配上帝。

按：此亦见莽尚无蓄志篡汉之心。

《郊祀志》：平帝元始五年，大司马王莽奏言："王者父事天，故爵称天子。孔子曰：'人之行莫大于孝，孝莫大于严父，严父莫大于配天。'……是以周公郊祀后稷以配天，宗祀文王于明堂以配上帝。《礼记》天子祭天地及山川，岁遍。《春秋穀梁传》以十二月下辛卜，正月上辛郊。高皇帝受命，因雍四畤，起北畤而备五帝，未共天地之祀。孝文十六年，……初起渭阳五帝庙，祭泰一、地祇，以太祖高皇帝配。……孝武皇帝……元鼎四年，……始立后土祠于汾阴。……五年，……始立泰一祠于甘泉。二岁一郊，与雍更祠，亦以高祖配，不岁事天，皆未应古制。建始元年，徙甘泉泰畤、河东后土于长安南北郊。永始元年，……复甘泉、河东祠。（师古曰：当作"三年"。）绥和二年，……复长安南北郊。建平三年，……复甘泉、汾阴祠。……臣谨与太师孔光、长乐少府平晏、大司农左咸、中垒校尉刘歆、太中大夫朱阳、博士薛顺、议郎国由等六十七人议，皆曰宜如建始时丞相衡等议，复长安南北郊如故。"莽又颇改其祭礼，曰：

"《周官》天地之祀,乐有别有合。……以孟春正月上辛若丁,天子亲合祀天地于南郊,以高帝、高后配。……以日冬至使有司奉祠南郊,高帝配而望群阳;日夏至,使有司奉祭北郊,高后配而望群阴。……渭阳祠勿复修。……"奏可。后莽又奏言:"……臣前奏徙甘泉泰畤、汾阴后土,皆复于南北郊。谨案《周官》'兆五帝于四郊',山川各因其方,今五帝兆居在雍五畤,不合于古。……谨与太师光、大司徒宫、羲和歆等八十九人议,皆曰:天子父事天,母事地,今称天神曰皇天上帝泰一,兆曰泰畤,……宜令地祇称皇地后祇,兆曰广畤。……"奏可。

按:长安南北郊之议,起于匡衡,至是三十余年,凡五徙,亦汉廷一大争论。莽、歆之见,远承韦、匡复古之思,非凭空伪撰以欺世也。

又按:《郊祀志》书此事于元始五年,然考是年四月孔光卒,而议复南北郊至议地祇称号,光皆预焉。其间凡历几时,固不可知;或尚在前年,而《志》误以为五年欤?如立官稷,据《平纪》在元始三年,而《志》在五年后。且莽已于元年号安汉公,而《志》犹称大司马,亦不可据。今姑统列"郊祀高祖以配天"之后。

诏妇女非身犯法,及男子年八十以上,七岁以下,家非坐不道,诏所名捕,他皆无得系。其当验者即验问。定著令。

二月,遣太仆王恽等八人分行天下,览观风俗。

按:《恩泽侯表》:"王恽、阎迁、李翕、郝党、陈崇、谢殷、逯并、陈凤。"是八人也。

夏,加安汉公,号曰"宰衡"。

《莽传》：太保舜等奏言："《春秋》列功德之义，太上有立德，其次有立功，其次有立言。惟至德大贤，然后能之。其在人臣，则生有大赏，死为宗臣，殷之伊尹，周之周公是也。"及民上书者八千余人，咸曰："伊尹为阿衡，周公为太宰，……宜如陈崇言。"……有司请……采伊尹、周公称号，加公为"宰衡"，位上公。……三公言事，称"敢言之"。……封公子男二人为侯。……太后临前殿，亲封拜。安汉公拜前，二子拜后，如周公故事。

莽奏立明堂、辟雍。尊孝宣庙为中宗，孝元庙为高宗。

《补注》：王先谦曰："莽尊孝元，以悦太后意。"

按：汉帝重儒者，则古昔，皆自孝元始。莽政亦承孝元遗风。其尊为高宗，不得尽以悦太后为说。

又按：《翟义传》，王莽《大诰》"尊中宗、高宗之号"，与王舜、刘歆奏勿毁武帝世宗庙书所引殷王三宗太宗、中宗、高宗之次相符，皆用今文说。莽拜宰衡后，上书引《穀梁传》"天子之宰，通于四海"，当时用今文说立言施政，不可胜举，安在必先遍伪群经，篡圣统，乃得助篡而媚莽乎？

《莽传》：莽奏起明堂、辟雍、灵台，为学者筑舍万区，作市、常满仓，制度甚盛。立《乐经》，益博士员，经各五人。

《御览》五百三十四《黄图》曰：礼小学在公宫之南，太学在城南，就阳位也。去城七里。王莽为宰衡，起灵台，作长门宫。南去堤三百步，起国学于郭之西南，为博士之官寺。门北出，正于其中央为射宫，门出殿堂南向为墙，选士肄射于此。中北之外为博士舍三十区，周环之。北之东为常满仓，仓之北为会市。但列槐树数百行为队，无墙屋。诸生朔望会此市，各持其郡所出质物及经书传记、笙磬乐器，相与买卖，雍容揖让。或论议槐下。其东为太学官寺，门南出，置令、丞、吏，诘奸究，理词讼。五经博士领弟子员三百六十，六经三十博士，弟子万八百人，主事高弟侍讲各二十四人。学士同舍，行无远近皆随檐，雨不涂足，暑不暴首。

按：莽建设之魄力，制度之盛如此，毋怪汉廷儒生诚心拥戴矣。

汉廷为莽议九锡。

《莽传》：群臣奏言："昔周公奉继体之嗣，据上公之尊，然犹七年制度乃定。夫明堂、辟雍，隳废千载，莫能兴。今安汉公起于第家，辅翼陛下，四年于兹，功德烂然。公以八月载生魄庚子，奉使朝用书，临赋营筑，越若翊辛丑，诸生、庶民大和会，十万众并集，丕作二旬，大功毕成。唐虞发举，成周造业，诚无以加。宰衡位宜在诸侯王上，赐以束帛加璧，大国乘车、安车各一，骊马二驷。"诏曰："可！其议九锡之法！"

更定官名及十二州界。

《平帝纪》：元始四年，置西海郡，徙天下犯禁者处之。……分京师，置前辉光、后丞烈二郡，更公卿、大夫、八十一元士官名位次，及十二州名。分界郡国所属，罢置改易，天下多事，吏不能纪。

《莽传》：莽既致太平，北化匈奴，东致海外，南怀黄支，唯西方未有加。乃遣中郎将平宪等多持金币，诱塞外羌，使献地，愿内属。……莽奏曰："……今谨案已有东海、南海、北海郡，……请受良愿等所献地为西海郡。……汉家地广二帝、三王，凡十三州，州名及界多不应经。《尧典》十有二州，后定为九州。汉家廓地辽远，州牧行部，远者三万余里，不可为九。谨以经义正十二州名分界，以应正始。"奏可。又增法五十条，犯者徙之西海，徙者以千万数，民始怨矣。

按：《莽传》此事在五年，今据《平纪》。更官名及分州，何武、翟方进已发之。拘泥古迹，徒滋纷扰，为莽秕政之一。其慕为太平，勤远略，启边衅，亦致败之道也。《伪经考》以《尧典》十二州为古文家窜改，辨见前。

又按：莽并汉朔方入凉州为十二，扬雄作《十二州箴》，无朔方，后人以此证雄之为莽大夫。

元始五年，乙丑。（五）

莽年五十。

四月，太师孔光卒。

五月，莽加九锡。

《莽传》：吏民以莽不受新野田而上书前后四十八万七千五百七十二人，及诸侯、王公、列侯、宗室见者，皆言宜亟加赏安汉公。……诏："……九锡礼仪亟奏。"于是公卿大夫、博士、议郎、列侯等九百二人皆曰："圣帝明王招贤劝能，德盛者位高，功大者赏厚，故宗臣有九命上公之尊，则有九锡登等之宠。……谨以六艺通义，经文所见，《周官》《礼记》宜于今者，为九命之锡。"……奏可。

《伪经考》：《周官》之尊为经典，朝廷典礼以为依据，始于此。

按：平帝元年已据《周礼》建官，康说非也。

刘歆等封列侯。

《平帝纪》：诏羲和刘歆等四人治明堂、辟雍，太仆王恽等八人使行风俗，……皆封为列侯。

《补注》：王先谦曰："四人，刘歆、平晏、孔永、孙迁。"

征天下通知逸经、古记、天文、历算、钟律、小学、《史篇》、方术、《本草》及以五经、《论语》《孝经》《尔雅》教授者数千人。

《莽传》：征天下通一艺，教授十一人以上，及有《逸礼》、古《书》《毛诗》《周官》《尔雅》、天文、图谶、钟律、月令、兵法、《史篇》文字，通知其意者，皆诣公车。网罗天下异能之士，至者前后千数，皆令记说廷中，将令正乖谬，壹异说云。

按：莽自元始擅政以来，所重首在理财厚生，至是又及文献学术，其一时锐思求治之意，亦未可厚非也。

《伪经考》："此云'《乐经》《逸礼》《古书》《毛诗》《周官》《尔雅》《史篇》文字'，皆歆伪纂。其天文、图谶、钟律、月令、兵法，亦歆所伪。"又云："元始中，征天下通小学者以百数，各令记字于廷中，时王莽秉国，尊信刘歆，此百数人被征者，必皆歆之私人，奉歆伪古文奇字之学者也。刘歆工于作伪，故散于私人，假藉莽力，征召贵显之，以愚惑天下。如古文经传授之私人，及王莽奏征天下通《逸礼》《古书》《毛诗》《周官》《尔雅》、天文、图谶、钟律、月令、兵法者诣公车，至者千数，皆其故智也。"又云："莽、歆搜求佚书，绝无他学，皆歆所力争于博士者，更增《尔雅》《史篇》文字以征验之。"

按：歆在当时，名位尚非甚显。同时在朝出歆右者多矣，谓莽尊信歆，推行其伪学，若其时惟歆与莽沆瀣一气，同谋篡业，此非史实。又征通知逸经者，本与搜求遗书不同。元寿二年歆重召，至是仅五年，谓其遍伪诸学，散之千百人，令分处四方，再得莽命召之，以愚天下，天下纵易欺，何至无一人识其诈者？扬雄、桓谭之流，皆当世魁儒，目睹其事，尽不一悟，弥可怪矣。且其时如京房、翼奉、李寻以及桓谭、张竦之徒，研精天文、钟律、音声、阴阳、月令以及古文奇字者，何可胜数？康氏谓《汉书》成于歆手，则歆既以欺当时，复造为此数人之说以欺后世者耶？张衡曰："图谶虚妄，非圣人之法，刘向父子领校秘书，阅定九流，亦无谶录；成、哀之后，乃始闻之。"衡东汉大儒，所言如此。康氏谓图谶亦歆伪，真不知其说何据！

又按：《郊祀志》建始二年，以丞相匡衡等言，"候神方士使者副佐、《本草》待诏七十余人皆归家"。《游侠传》："楼护诵医经、《本草》、方术数十万言"，其事皆远在成帝时。可征当时实有《本草》书，故莽征及之，他亦可推。且此明云"征天下通一艺，教授十一人以上"，先及博士今文章句之徒，乃云"及有《逸礼》《古书》"云云，乌得谓被征者皆歆私人？《论衡·效力篇》曰："王莽之时，省五经章句皆为二十万。博士弟子郭路，夜定旧说，死于烛下。精思不任，脉绝气灭也。"此明为今文章句，与古文何涉？省定章句，后汉以下，继续为之。莽之务此，岂为篡孔统，抑以羼伪说乎？莽能羼伪说于今文，又何事别伪古文？今、古文亦何致成水火哉？

扬雄作《训纂》，时年五十七。

《艺文志》：元始中，征天下通小学者以百数，各令记字于庭中。扬雄取其有用者以作《训纂》，顺续《苍颉》。

许氏《说文·叙》云：孝平时，征沛人爰礼等百余人，令说文字未央廷中，以礼为小学元士。黄门侍郎扬雄以作《训纂篇》。

按：《艺文志》又云："汉兴，闾里书师合《苍颉》《爰历》《博学》三篇为《苍颉篇》。武帝时，司马相如作《凡将篇》。元帝时，黄门令史游作《急就篇》。成帝时，将作大匠李长作《元尚篇》。皆苍颉中正字。《凡将》则颇有出。"此皆在扬雄《训纂》前。

又按：《雄传》："刘歆子刘棻尝从雄学作奇字。"《伪经考》谓所征通小学者皆歆伪遣，又谓雄从歆学，则奇字亦出歆手，棻何忘其家丘而转学从雄？岂歆既伪造奇字欺子云，又伪令其子棻往从子云以欺天下后世者耶？歆之作伪，曲折深心如此，然雄亦何愚？棻亦何顺？而康氏只眼，独发神奸奇秘于千载之下，亦何明智乃尔哉？

又按：扬雄又有《方言》，或亦当时作。卷三引"筚路"二语，明标《左氏》。《雄传》谓雄以"箴莫善于《虞箴》"，此雄见《左氏》之证。又《宗正卿箴》引"有仍二女"，《太常箴》引"夔子不祀"，《博士箴》引"原伯鲁"，均出《左氏》。岂雄之《左氏》亦从歆学耶？

又按：《方言》前有刘歆与雄索取《方言》书，又有扬雄答书，云"为郎成帝时，至今二十七岁"，若自元延二年计之，当下迄天凤间，时雄、歆皆老，刘棻已投四裔，雄投阁幸不死，何歆忽雅兴索取此书？而雄云"列于汉籍，诚雄心所想"，岂不大谬？雄、歆往返二书，殆赝物也。

刘歆作《钟历书》。

《律历志》：汉兴，北平侯张苍首律历事，孝武帝时乐官考正。至元始中，王莽秉政，……征天下通知钟律者百余人，使羲和刘歆等典领条奏，言之最详。

按：《晋书·律历志》："王莽之际，考论音律，刘歆条奏，……班固因而志之。"又云："元始中，王莽辅政，博征通知钟律者考其音义，使羲和刘歆典领条奏，……其序论虽博，……所得与司马迁正同，班固采以为志。"《补注》：齐召南曰："《晋志》引此志直云刘歆序论，《风俗通义》引刘歆《钟律书》，当亦指此。若《隋书·牛弘传》引刘歆《钟律书》云云，今《志》所无，是则班氏所删去也。"钱塘《律吕古谊》云："《志》载律法，虽本于歆，实为前古定法。歆笃古，制作必依古法，观其不用京房六十律可知。"

又著《三统历谱》。

《歆传》：歆治明堂、辟雍，封红休侯，典儒林史卜之官，考定律历，著《三统历谱》。……及王莽篡位，歆为国师。

《律历志》：孝成世，刘向总六历，列是非，作《五纪论》。向子歆究其微眇，作《三统历》及《谱》，以说《春秋》，推法密要。

姚振宗《汉书艺文志拾补》：按杜征南《长历说》云："自古论《春秋》者，或造家术，或用黄帝诸历。此即家术之类也。或以为王莽用《三统历》，非是。"

今按：《三统历》本以说《春秋》，取名"三统"，则采《公羊》，王莽有《王光上戊历》，见下天凤六年。

又按：歆著《三统历》未详何年。歆本传载于封侯后，王莽篡位前，则与定钟律同时也。当时小学则爰礼、扬雄，钟律则刘歆，虑其他亦各有典主，计署精密，固非漫然。成绩亦有可观，即上引可知其略。

又按：《经典释文·叙录》，刘歆有《尔雅注》三卷，《古逸丛书·玉烛宝典》引其说，殆亦成于此时。

泉陵侯刘庆上书，请安汉公行天子事。

《莽传》：泉陵侯刘庆上书，言："周成王幼少，称孺子，周公居摄。今帝富于春秋，宜令安汉公行天子事，如周公。"群臣皆曰："宜如庆言。"

按：至是莽篡汉之形遂兆。其先谓之专擅则有之，谓其早志于篡，则未有以见其必然也。

冬，平帝疾。

《莽传》：莽作策，请命于泰畤，戴璧秉珪，愿以身代。藏策金縢，置于前殿，敕诸公勿敢言。

十二月，平帝崩。

颜师古曰：《汉注》云："帝春秋益壮，以母卫太后故怨不悦。莽自知益疏，篡杀之谋由是生。因到腊日上椒酒，置药酒中。故翟义移书云：'莽鸩杀孝平皇帝。'"

按：《平纪》仅言帝崩，绝不言弑。《莽传》："冬，平帝疾，十二月崩。"《翟义传》亦仅言："平帝崩，王莽居摄，义心恶之。"均不言莽弑。《元后传》亦然，言帝常年被疾，不言弑。独于翟义移书见鸩杀平帝之说，钱大昭曰："孝平为莽所鸩，不书弑者，《春秋》讳内大恶之意。"然帝诚见弑，此大事，班氏何嫌何讳，乃效《春秋》而隐之？且纵讳于《帝纪》，《莽传》《义传》尽可载，何亦讳匿之深耶？恐此自翟义讨莽之辞耳。后东方兵起，及隗嚣檄文，皆言莽鸩孝平，盖民间自有此说。班氏存疑，故不著。

又按：《后书·公孙述传》引谶记谓："孔子作《春秋》，为赤制而断十二公，明汉至平帝十二代，历数尽也。一姓不得再受命。"此亦时人以汉尽平帝不数孺子婴之证。又见莽之篡汉,借助于今文《公羊》家言三统受命之说者实大,此岂亦国师公所伪撰?

《莽传》:莽征明礼者宗伯凤等,与定天下吏六百石以上,皆服丧三年。

《补注》:何焯曰:"虽曰欺伪,然臣为君服丧三年,唯元始后议行之。"

按:莽之不顾舆情,信古敢为率如此。其得人尊信在此,其召乱致败亦在此。

太皇太后诏征宣帝玄孙,又诏安汉公莽居摄践祚。

《莽传》:时元帝世绝,而宣帝曾孙有见王五人,列侯……四十八人。莽恶其长大,……乃选玄孙中最幼……子婴,年二岁,托以为卜相最吉。是月,前辉光谢嚣奏,武功……浚井得白石,……有丹书著石,文曰:"告安汉公莽为皇帝。"符命之起自此始。莽使群公白太后。……太保舜谓太后:"事已如此,无可奈何,……又莽非敢有它,但欲称摄以重其权,填服天下耳。"太后听许,……诏……"令安汉公居摄践祚,如周公故事。……具礼仪奏。"于是群臣奏言:"……臣闻周成王幼少,……周公权而居摄。……《书》曰:'我嗣事子孙,大不克共上下,遏失前人光,在家不知命不易。天应棐谌,乃亡队命。'说曰:周公服天子之冕,南面而朝群臣,发号施令,常称王命。召公贤人,不知圣人之意,故不说也。《礼·明堂记》曰:'周公朝诸侯于明堂,天子负斧依南面而立。'谓'周公践天子位六年,朝诸侯,制礼作乐,而天下大服'也。召公不说。时武王崩,缞粗未除。由是言之,周公始摄则居天子之位,非乃六年而践祚也。《书》逸

《嘉禾篇》曰：'周公奉鬯立于阼阶，延登，赞曰："假王莅政，勤和天下。"'此周公摄政，赞者所称。成王加元服，周公则致政，《书》曰：'朕复子明辟。'周公常称王命，专行不报，故言我复子明君也。臣请安汉公居摄践阼，……南面朝群臣，……皆如天子之制。……"诏曰："可。"明年，改元曰居摄。

《伪经考》：按《尚书大传》："周公摄政，一年救乱，二年克殷，三年践奄，四年建侯卫，五年营成周，六年制礼作乐，七年致政成王。"摄其政耳，无践天子位事也。歆伪作《明堂位》，诬先圣以佐篡逆，而后人犹惑之，何哉？

按：周公践天子位，最先见于《荀子》之《儒效》。《艺文类聚》卷六引《尸子》《韩子·难二》《礼记·文王世子》《淮南·氾论训》《韩诗外传》卷三、卷七、《说苑·君道》《尊贤》均言之，岂尽歆之所伪？且其时言符命，颂功德，助篡逆者多矣，何独蔽罪于歆？辨《明堂位》为莽时伪书者，始姚际恒。其言曰："诸儒以《明堂位》尊美周公，夸饰鲁事，或云鲁人为之，或云三桓之徒为之，皆非也。春秋时去周公已远，犹为此尊大之辞，恐无谓。此篇为马融所取入记，使为周末人作，不应直待融始收之。故予以为必新莽时人为之，盖借周公以谄莽。融无识而收之耳。"此谓"新莽时人"，犹未谓必歆。然姚氏谓"春秋去周公已远，不应犹为此尊大之辞"，则新莽去春秋更远，何独借周公以行伪？姚氏信此篇为马融所取入记，则当时群臣之奏，明言"《礼·明堂记》"矣。且此篇后半盛夸鲁制，若新莽时人为之，其无谓不尤甚于春秋时人之尊大周公者耶？稍后方望溪，阴袭姚说而言益肆，曰："《明堂位》列《戴记》，先儒以为诬，旧矣；而予尤疑是篇不知何为而作也。……及读《前汉书》，然后知此莽之意，而为之者刘歆之徒耳。莽之篡，无事不托周公。其居摄也，群臣上奏称《明堂位》以定其仪，故记所称莫不与莽事相应。其称周公践天子位以治天下，朝诸侯于明堂，以莽践阼背斧依南面朝群臣也。贼臣受九锡，以为篡征，自莽始。备举鲁所受服器官，以为犹行古之道耳。其称鲁君臣未尝相弑，又以示传闻不可尽信，若将为平帝之弑设疑也。其篇首曰：'昔者周公朝诸侯于明堂之位，天子负斧依南向而立。'易'周公'以'天子'，与当日群臣所奏周公始摄则居天子之位，非乃六年然后践阼，隐相证也。或疑周公践阼，负依以召诸侯，别见《史记·鲁燕世家》，而荀卿《儒效篇》亦曰：'以枝代主。'疑《明堂记》或有所授。不知古用简册，秘府而外，藏书甚稀。《太史公书》宣、成间始少出，自向校遗书，歆卒父业，以序《七略》，东汉宗之，后世子史之传皆歆所校录也。歆既伪作《明堂记》，独不能增窜太史公、荀子之文哉！"此乃确指伪于刘歆之手。盖使他人伪之，则无说以解于群书之互证。歆校秘书，必归狱焉，乃可谓其遍伪群书也。然就如方说，《太史公书》宣、成间已少出，歆伪在后，未尝效秦之收书，歆、莽未终其业而死，汉祚中兴，天下之大，何无一人出而雠校，以明伪迹？刘向校书，远在河平时，《荀子》亦向所校。汉儒传经，大率推本《荀子》，《荀子》于汉世，显学也。岂无他本流传人间，而歆得恣其伪窜？光武中兴去此不廿年，遂无一人识其伪耶？方氏谓《记》所称莫不与莽事相应，莽本据此自文饰，安得不相应？今转据以定《记》之伪，不尤可笑之甚耶？夫《明堂记》不必为信史，亦不必出于莽、歆之伪造，姚、方混并为说，宜无当也。

《伪经考》又云：《尚书正义》一载《古文》十六篇目，……无《嘉禾篇》，唯《史记》、《书序》有之。盖歆伪为《古文书》时，尚无附莽篡位意，后则伪为经记以奖莽篡，故复增造此篇。移书太常云"十六篇"，而叙《儒林传》及窜入《史记·儒林传》则但云"得十余篇，盖《尚书》滋多于是矣"，以后有增加，故虚宕其辞。歆之肺肝如见矣。《尧典》"假于上下"，《西伯戡黎》"唯先假王"，《诗》"假哉天命"，皆训至也，正也，无训真假之义者。"假王"之僞，出于韩信。歆欲奖成莽篡，故缘此义以易古训。歆倡训诂之学以变大义如此。

按：《艺文类聚》卷六引《尸子》："昔者武王崩，成王少，周公旦假为天子七年。"《韩非子·难二》："周公旦假为天子七年，成王壮，授之以正。"此均出先秦。韩信请为"假王"前，项羽已为"假上将军"，此皆自有来历，岂歆所伪？名之曰"逸"，篇文不必全，《古文》十六篇无之，何足怪？方氏之辨曰："《书》既逸矣，云云者谁实为之？"然史公《伯夷列传》云"睹轶《诗》"，岂汉臣不能引逸《书》耶？方氏精研《太史公书》，何乃疑此？全谢山谓其但爱观《史》《汉》文章，于考据则弗及，岂不信哉！

又按：《盐铁论·未通》第十五："周公抱成王听天下，恩塞海内，泽被四表。"此亦莽、歆前人语。

居摄元年，丙寅。（六）

莽年五十一。

正月，莽祀上帝于南郊，迎春于东郊，行大射礼于明堂，养三老五更，成礼而去，置柱下五史。

三月，立宣帝玄孙婴为皇太子，号曰孺子。以王舜为太傅左辅，甄丰为太阿右拂，甄邯为太保后承，又置四少，秩皆二千石。

按：《通鉴》胡注："四少、少师、少傅、少阿、少保。"下文刘歆为少阿。

又按：许氏《说文·叙》："及亡新居摄，使大司空甄丰等校文书之部，自以为应制作，颇改定古文。"桓谭典治河之议，亦言之甄丰。是为莽典文学之任者不止歆，纵有所伪，岂得尽蔽狱于一人哉？

四月，安众侯刘崇与相张绍谋诛莽，败死。

《莽传》：绍，张竦之从兄。竦与崇族父刘嘉诣阙自归，莽赦弗罪。因为嘉作奏，……莽大说，……封嘉为师礼侯，……后又封竦为淑德侯。长安谓之语曰："欲求封，过张伯松。力战斗，不如巧为奏。"

按：《后书·卓茂传》："刘宣，字子高，安众侯崇之从弟。知王莽当篡，乃变姓名，抱经书，隐避林薮。建武初乃出，光武以宣袭封安众侯。"顾炎武《日知录》卷二十二据《前书·王子侯表》，谓"宣"或"宠"之误。其人既抱经书避莽，中兴复出，绝不闻言莽、歆羼伪事，何也？

五月，太皇太后诏莽朝见，称"假皇帝"。

十二月，封王匡等为侯，益甄邯、孙建邑。

《莽传》：莽白太后下诏曰："故太师光虽前薨，功效已列。太保舜、大司空丰、轻车将军邯、步兵将军建，皆为诱进单于筹策，又典灵台、明堂、辟雍、四郊，定制度。……功德茂著。封舜子匡为同心侯，林为说德侯，光孙寿为合意侯，丰孙匡为并力侯。益邯、建各三千户。"

按：莽、歆关系虽密，尚在此诸人后。歆子棻虽以才智见幸，不在同心、说德、合意、并力之伍。必谓莽之篡局，惟歆佐助之，是未考情实之言也。

居摄二年，丁卯。（七）

五月，更造货：错刀，一直五千；契刀，一直五百；大钱，一直五十，与五铢钱并行。

《食货志》：王莽居摄，变汉制，以周钱有子母相权，于是更造大钱，……重十二铢，文曰"大钱五十"。又造契刀、错刀。……"契刀五百"，错刀以黄金错，……"一刀直五千"。与五铢钱凡四品，并行。

《莽传》：民多盗铸者。禁列侯以下不得挟黄金，输御府受直，然卒不与直。

按：莽易币制，亦秕政之一。然初意在利民，迂阔则有之，奸诈则非也。禁列侯以下不得挟黄金，自晁错以来，贡禹之徒尽有此意。莽信古敢为，遂见诸实行。后人读晁、贡议奏，则慷慨想望；语及王莽，则蹙頞病之。积毁销骨，自古叹之矣。

九月，东郡太守翟义起兵讨莽，不克，死之。

《莽传》：翟义……移檄郡国，言莽"毒杀平帝，……欲绝汉室"，……众十余万，莽惶惧不能食。昼夜抱孺子祷告郊庙，放《大诰》作策，遣谏大夫桓谭等班于天下，谕以摄位当反政孺子之意。

《补注》：王先谦曰："莽作《大诰》，皆用今文《尚书》说。"

封桓谭为明告里附城。

《翟义传》：大夫桓谭等班行谕告，当反位孺子之意；还，封谭为明告里附城。

《补注》：周寿昌曰："据《后书·桓谭传》，谭为掌乐大夫。"

按：《莽传》，谭时为谏大夫。《后书》云："莽时为掌乐大夫。"乃新莽建国后矣。周说误。

《后书·桓谭传》：谭，字君山。父成帝时为太乐令，谭以父任为郎，好音律，善鼓琴。博学多通，遍习五经，皆诂训大义，不为章句。能文章，尤好古学。数从刘歆、扬雄辩析疑异。性嗜倡乐，意非毁俗儒，由是多见排抵。

《伪经考》：桓谭从刘歆、扬雄辩析疑异，其受古学之渊源也。桓谭与杜林皆成学于西汉，受刘歆、张竦、扬雄之学，以通博为主。崔骃、班固、张衡、马融、刘珍、蔡邕皆此一派。以其博洽，故不守章句，实则章句皆今学，为古学者攻之，故不守也。从古学多博洽，人皆信之，此古学所以盛也。

按：康氏谓"章句皆今学，从古学者多博洽，人皆信之，此古学所以盛"，是矣。然古学倪出刘歆伪造，何以博洽通儒多受其欺，惟章句之徒孤陋自守者乃始不信？岂有易欺博洽，难愚孤陋者乎？光武信谶纬，桓谭力排其非，几以见祸。若古经尽出刘歆，资莽篡汉，与谶纬何异？谭亲在莽朝，身与歆往还，岂不能洞烛其奸？光武中兴，更何忌讳，奈何笃守，绝不诋斥耶？

《伪经考》又云：谭为歆、莽之党，故主张伪古文学。凡《新论》云云，皆歆羽翼，不足据。

按：谭仕新莽，初未贵盛。既党于歆、莽，必知其诈。

后仕光武，何不揭其隐以自白？又为《新论》，助身死业败之莽、歆以欺后世，何为者？且杜林亦成学西汉，非莽、歆党矣，何亦主张古文？谭之《新论》，正足为古文非伪之证。

又按：《后书·谭传》："当王莽居摄篡弑之际，天下之士莫不竞褒称德美，作符命以求容媚，谭独自守，默然无言。"《日知录》据《翟义传》，谓："谭曾受莽封爵，史为讳之。"谭之为人，盖扬雄、张竦之流，虽仕莽而不显，史自言其不为符命耳，一时通儒硕学，立新朝者多矣，史何为讳之哉？

初始元年，戊辰。（八）

莽年五十三。

赏破翟义功，大封诸将帅凡数百人。

《莽传》：莽上奏曰：……"《礼记·王制》千七百余国。……秦为亡道，残灭诸侯。……高皇帝受命……建国数百。……今制礼作乐，实考周爵五等，地四等，有明文；殷爵三等，有其说，无其文。孔子曰：'周监于二代，郁郁乎文哉！吾从周。'臣请诸将帅当受爵邑者，爵五等，地四等。"奏可。于是封者高为侯伯，次为子男，当赐爵关内侯者更名曰附城，凡数百人。

按：莽事事复古，至欲追封建，可谓迂阔不识时变矣。然封建之制，岂得谓亦出刘歆杜撰？近儒谓《王制》今学，《周礼》古学，二者冰炭不相容。今莽奏二书同引，又何说耶？

《伪经考》：周爵五等，地四等，刘歆《周官》说也。孔子之礼，则公、侯百里，伯七十里，子、男五十里，分土唯三。《孟子》、《王制》俱同。《春秋公羊》说则伯、子、男同等，爵三等而已。

按：《公羊》《王制》已自不同，孰为真孔子之说？《周官》复异，何以见《公羊》《王制》皆孔子说，而《周官》必伪？封地四等，封爵五等，何助于莽篡，而歆必伪之？即据《王制》，或依《公羊》，何碍篡事？顾必先伪《周礼》，然后发政施令，逆人心，骇耳目，而后为快耶？莽、歆自好古，发见《周礼》，中心欣悦，谓远胜《王制》《公羊》之习见熟闻，因不惜事事依仿，迂阔则有之，奸诈则未也。

九月，莽母卒。

《莽传》：莽既灭翟义，自谓威德日盛，获天人助，遂谋即真之事矣。九月，莽母功显君死……太后诏议其服。少阿、羲和刘歆与博士诸儒七十八人皆曰："居摄之义，所以统立天功。……昔……成汤既没，……伊尹……居摄，以兴殷道。……武王既没，……周公……居摄，以成周道。……今太皇太后，则天明命，诏安汉公居摄践祚，将以成圣汉之业，与唐虞三代比隆。摄皇帝遂开秘府，会群儒，制礼作乐，卒定庶官，茂成天功。……发得《周礼》，以明因监。则天稽古，而损益焉。……此其所以保佑圣汉，安靖元元之效也。今功显君薨，《礼》：'庶子为后，为其母缌。'……摄皇帝……居摄践祚，奉汉大宗之后，……不得顾其私亲。……《周礼》曰：'王为诸侯缌缞。'……摄皇帝当为功显君缌缞，……如天子吊诸侯服，以应圣制。"莽遂行焉。

《伪经考》：凡莽措施，皆出于歆之伪《周礼》，莽盖为歆所欺者。"发得《周礼》，以明因监"，为《周礼》大行之始，故特著焉。

按：谓歆伪造古文以佐莽篡，而以《周礼》为主，此康氏之说也。然莽所欲借辞者，在周公居摄践阼一事，此诸子、今文均有之，不俟歆遍伪群经也。至于《周礼》，莽虽依以发政，于篡业非所借口，康氏亦知之，乃又谓莽亦为歆所欺，流遁强说，则歆之伪《周礼》，将特以欺莽者耶？

又按：荀悦《汉纪》云："歆以《周官》六篇为《周礼》。王莽时，歆奏以为《礼经》，置博士。"

《伪经考》：《周官》六篇，自西汉前未之见，其说与《公》《穀》《孟子》《王制》今文博士皆相反。《莽传》所谓"发得《周礼》，以明因监"，故与莽所更法立制略同。盖刘歆所伪撰也。歆欲附成莽业而为此书，其伪群经乃以证《周官》。故歆之伪学，此书为首。

按：康氏既谓歆欲附成莽业而为此书，何又谓莽受歆欺？且歆移书太常，争立《左氏春秋》《毛诗》《古文尚书》《逸礼》，尚未及《周官》；谓歆遍伪群经乃以证《周官》，不合一矣。歆争立四博士时，莽已去职，岂逆知其后之篡而预为之？谓歆欲附成莽业而伪此书，又伪群经以证之，不合二矣。《伪经考》又云："歆之精神全在《周官》，其伪作《古文尚书》《毛诗》《逸礼》《尔雅》，咸以辅翼之。"是必《周官》之成，远在《古文尚书》《毛诗》《逸礼》诸伪书前。诸书已不得一日遍伪；《周官》尤详密，非可急就。以年推之，必向尚未死，莽尚未贵，歆学尚未成，已先遍伪群经，则一切不合矣。

《伪经考》又云：王莽以伪行篡汉国，刘歆以伪经篡孔学。然歆之伪《左氏》，在成、哀之世。伪《逸礼》，伪《毛诗》，次第为之，时莽未有篡之隙也。则歆之畜志篡孔学久矣。遭逢莽篡，因点窜其伪经以迎媚之。歆既奖成莽之篡汉，莽推行歆学，又征召为歆学者千余人诣公车，立诸伪经于学官，莽又奖成歆之篡孔矣。

按：康氏亦知刘歆争立古文诸经时，王莽尚未有篡汉之兆，则谓歆造伪经，预为莽者非矣。乃转辞自遁，谓歆畜志篡孔学，又点窜伪经以媚莽，是歆一伪再伪也。然《周礼》不似媚书，因又谓莽受歆欺，则进退失据矣。且歆又能预布为其学者千余人以待莽征，白日行诈，天下绝无知，宁不可怪？康说前后横决，无一而可。彼固徒肆臆测，全无实证。然即就其臆测者论之，亦未能条贯，更不需再责实证也。

莽兄子光自杀。

《莽传》：司威陈崇奏，衍功侯光私报执金吾窦况，令杀人。……莽大怒，切责光。光母曰：“女自视孰与长孙（莽子宇）、中孙（莽子获）？”遂母子自杀。

十一月，莽奏以居摄三年为初始元年，奏可。

《莽传》：是岁广饶侯刘京等奏符命，……莽皆迎受。十一月甲子，莽上奏太后曰：“……宗室广饶侯刘京上书，言：'七月中，齐郡……有新井。'十一月壬子……冬至，巴郡石牛；戊午，雍石文，皆到于未央宫之前殿。……骑都尉崔发等视说。及前孝哀皇帝建平二年六月甲子，下诏书更为太初元将元年，案其本事，甘忠可、夏贺良谶书藏兰台。臣莽以为元将元年者，大将居摄改元之文也；于今信矣。《康诰》：'王若曰："孟侯，朕其弟，小子封。"'此周公居摄称王之文也。《春秋》，隐公不言即位，摄也。此二经，周公、孔子所定，盖为后法。……臣莽敢不承用！臣请共事神祇宗庙，奏言太皇太后，孝平皇后，皆称假皇帝。其号令天下，天下奏言事，毋言'摄'。以居摄三年为初始元年，漏刻以百二十为度，用应天命。……孺子加元服，复子明辟，如周公故事。"奏可。

《补注》：苏舆曰："引《康诰》'王若曰'云云，虽莽假借其文，盖今文说实如此，故其仿《大诰》文直作'摄皇帝若曰'。王肃伪《孔》以《大诰》之'王'为'成王'。不知《书》凡言周公述王命者，上皆言周公以别之，如《多方》《多士篇》是也。《大诰》《康诰》不然，知'王'是周公。莽故特假引二篇文也。莽称引多今文说，皆可征验。"

《伪经考》：莽之居摄名义亦由于歆。即此（"《春秋》，隐公不言即位，摄也。"）一言，歆之伪作《左氏春秋》书法以证成莽篡，彰彰明矣。《左氏》之为伪经，复有何疑？

按：《礼记·文王世子》："周公摄政践阼而治。"《说苑·尊贤》："周公摄天子位七年。"居摄之名，何必始于歆？歆请立《左氏》，尚在哀帝建平元年，岂预知十年后莽有居摄之局而先伪经文以为之地？否则歆之伪群经，可以随伪随易，惟意所之，而天下终受其欺耶？甘忠可、夏贺良皆言汉运中衰，当再受命，故莽乐引以为说。然刘歆先曾以非经义折之，乌得谓凡莽称说尽出歆？且莽之即真，亦逐步推移而至，莽在当时，亦非所逆料也。

十二月，哀章作铜匮献莽，莽自称新皇帝。

《莽传》：梓潼人哀章……见莽居摄，即作铜匮，……书言王莽为真天子。……图书皆书莽大臣八人，又取令名王兴、王盛，章因自窜姓名，凡为十一人，皆署官爵，为辅佐。闻齐井、石牛事下，即日昏时，衣黄衣，持匮至高庙，以付仆射。……戊辰，莽至高庙，拜受金匮神嬗。……下书曰："予以不德，托于皇初祖考黄帝之后，皇始祖考虞帝之苗裔，而太皇太后之末属。皇天上帝隆显大佑，成命统序，符契图文，金匮策书，神明诏告，属予以天下兆民。赤帝汉氏高皇帝之灵，承天命传国，金策之书，予甚祗畏，敢不钦受。以戊辰直定，……即真天子位，定有天下之号曰新。其改正朔，易服色，变牺牲，殊徽帜，异器制，以十二月朔癸酉为建国元年正月之朔。"

王莽始建国元年，己巳。（九）

莽年五十四。

正月，封孺子婴为定安公。

《莽传》：莽策命孺子："为定安公，户万，地方百里。……立汉祖宗之庙于其国，与周后并，行其正朔、服色。"

按：此即《公羊》存三统之义。

又按金匮，封拜辅臣。

《莽传》：以太傅、左辅王舜为太师，封安新公。大司徒平晏为太傅，就新公。少阿、羲和刘歆为国师，嘉新公。广汉梓潼哀章为国将，美新公。是为四辅，位上公。太保、后承甄邯为大司马，承新公。丕进侯王寻为大司徒，章新公。步兵将军王邑为大司空，隆新公。是为三公。太阿、右拂、大司空甄丰为更始将军，广新公。京兆王兴为卫将军，奉新公。轻车将军孙建为立国将军，成新公。京兆王盛为前将军，崇新公。是为四将，凡十一公。王兴者，故城门令史。王盛者，卖饼。莽按符命求得此姓名十余人，两人容貌应卜相，径从布衣登用，以视神焉。

全祖望《经史答问》：全藻问曰："方侍郎望溪云：'古人

言三公者多矣，未有言四辅者。言师、保者多矣，未有言疑、丞者。王莽置四辅以配三公，又为其子置师、疑、傅、承、阿、辅、保、拂之官，而刘歆窜入《文王世子》，以见其为二帝、三王之旧制，胡他书更无及此者？'然否？"（按：方说见《礼记析疑》。）答曰："以三代之前并无四辅之官，其说是也。若以为刘歆所窜入，则未然。……四辅之名，见于《尚书》之《洛诰》，而《益稷篇》之'四邻'，《史记》作'四辅'。《尚书大传》：'古者天子必有四邻，前曰疑，后曰丞，左曰辅，右曰弼。'……贾太傅《新书》引《明堂位》曰：'……道，……弼……辅，……承，……'稍与《大传》不符，而大略则同。《汉书》谷永公车之对曰：'四辅既备……'《杜邺传》谓王音曰：'周、召……并为弼、疑……'《孔丛子》曰：'疑、承、辅、弼，谓之四近'，是岂皆刘歆之所窜？故不可以王莽所常用者而竟以之罪歆也。然秦、汉以上，则固无此官。……为此说者，盖在周、秦之间，文献讹失，好事者所造作。故伏胜、贾谊皆记之。再考《甘石星经》有云：'天极星旁三星为三公，后句四星为四辅'，斯则出于伏、贾之前者，其为七国时人说，固无疑。"

按：王莽事事复古，尊信《周官》《礼记》诸书，不知此多出战国晚世，非真古也。姚立方、方望溪诸人因疑尽歆、莽之徒所伪，全氏辨之，亦所谓博而笃者矣。

策令群司。

《莽传》：莽策群司："岁星司肃，东狱太师，典致时雨，青炜登平，考景以晷。荧惑司悊，南狱太傅，典致时奥，赤炜颂平，考声以律。……"各策命以其职，如典诰之文。

按：莽事事慕古，迂阔无当，即此策文可见。然亦渊源西汉今文家言，特见诸实行，乃以召乱耳。

置九卿，二十七大夫，八十一元士。更诸官名。

定诸侯王号皆称公。四夷僭号称王者皆更为侯。

封黄帝、少昊、颛顼、帝喾、尧、舜、夏、商、周及皋陶、伊尹之后皆为公侯，使各奉其祭祀。

《伪经考》：《易·系辞》《大戴·五帝德》《帝系姓》《史记·五帝本纪》皆无少昊。惟《逸周书·尝麦解》有少昊，则为司马者。歆变乱五帝名号，故窜之于《左传》《国语》《月令》。此用歆说也。

按：古有异说，何必全出歆造？五帝之辨已见前，不复详。

立九庙。

《莽传》：莽曰："予前在摄时，建郊宫，定祧庙，立社稷，神祇报况，或光自上复于下，流为乌，或黄气熏蒸，昭燿章明，以著黄、虞之烈焉。……予伏念皇初祖考黄帝，皇始祖考虞帝，已宗祀于明堂，宜序于祖宗之亲庙。其立祖庙五，亲庙四。……郊祀黄帝以配天，黄后以配地。……姚、妫、陈、田、王氏，凡五姓，皆黄、虞苗裔，……其皆以为宗室。世世复，无有所与。"

《伪经考》：《诗》《书》《礼》《春秋》言庙礼无"祧庙"说，惟《祭法》："有二祧，享尝乃止。"《左传》昭元年："其敢爱丰氏之祧。"《周官·春官》："守祧奄八人。"又："辨庙祧之昭穆。"是即"祧庙"之说。又《周官·春官》："兆五帝于四郊，四望、四类亦如之，兆山川、邱陵、坟衍，各因其方。"是即"郊宫"之说。凡《祭法》《左传》《周官》皆歆所伪。莽用其说，故云"建郊宫，定祧庙"也。

按："定祧庙"指元始四年尊孝宣庙为中宗，孝元庙为高宗，合孝武为世宗，上符殷王三宗，又郊祀高祖以配天，宗祀孝文以配上帝，为莽定祖庙五之先声，与《祭法》"庙祧坛墠"之说并不同，乌得即谓《祭法》乃歆所伪？"建郊宫"即指复南北郊而言，二者自贡禹、韦玄成、匡衡以来争之久矣，非歆始创。《周官》《左氏》非歆伪，已辨详前。

以汉高庙为文祖庙。

《莽传》：莽曰："予之皇始祖考虞帝受嬗于唐。汉氏初祖唐帝，世有传国之象，予复亲受金策于汉高皇帝之灵。惟思褒厚前代，何有忘时？"

按：莽之好为附会如此。然"汉家尧后，有传国之运"，董仲舒、眭孟早言之，刘向亦言之，宁得谓《尚书·尧典》亦刘歆伪撰以佐莽篡耶？

罢错刀、契刀，及五铢钱，更作小钱。禁民挟铜炭。

《莽传》：莽曰："予前在大麓，至于摄假，深惟汉氏三七之阸，赤德气尽，思索广求所以辅刘延期之术，靡所不用。故作金刀之利，几以济之。……终不可强济。……皇天革汉而立新，废刘而兴王。夫'刘'之为字，卯、金、刀也。正月刚卯，金刀之利，皆不得行。……其去刚卯，莫以为佩！除刀钱，勿以为利！……"乃更作小钱，……直一，与前"大钱五十"者为二品，并行。欲防民盗铸，乃禁不得挟铜炭。

按：莽之拘忌可笑又如此。观其多拘忌，知非遍伪群经以行篡之人矣。

四月，禁买卖田宅奴婢。

《莽传》：莽曰："古者……一夫……田百亩，什一而税，则国给民富而颂声作。……秦……坏圣制，废井田，是以兼并起，贪鄙生。强者规田以千数，弱者曾无立锥之居。又置奴婢之市，与牛马同阑。……缪于'天地之性人为贵'之义。汉氏减轻田租，三十而税一，常有更赋，罢癃咸出。而豪民侵陵，分田劫假。厥名三十税一，实什税五也。……故富者……骄而为邪，贫者……穷而为奸。俱陷于辜，刑用不错。予前在大麓，始令天子公田口井，……遭反虏逆贼且止。今更名天下田曰'王田'，奴婢曰'私属'，皆不得买卖。其男口不盈八而田过一井者，分余田予九族邻里乡党。故无田，今当受田者，如制度。敢有非井田圣制……者，投诸四裔，以禁魑魅，如皇始祖考虞帝故事。"坐卖买田宅奴婢，铸钱，自诸侯卿大夫至于庶民，抵罪者不可胜数。

按：诵莽此诏，可谓霭然仁者之言。今世所唱土地国有、均产、废奴诸说，莽已及之，后世以成败论人，故不之重耳。

又按：《汉书·食货志》载董仲舒言限民名田，亦主去奴婢。仲舒今文大师，莽政远师其意也。

秋，遣五威将帅班《符命》，更印绶。

《莽传》："《符命》言井石、金匮之属。……其文尔雅依托，……大归言莽当代汉有天下云。"

又曰："新室之兴也，德祥发于汉三七九世之后。"

按："三七九世"，即谷永所谓"承八世之功业，当阳数之标季，涉三七之节纪"也。永言与甘忠可、夏贺良同为新朝借口，此汉儒言灾异之效也。

始建国二年，庚午。（一〇）

莽年五十五。

初设六筦之令。

《莽传》：初设六筦之令，命县官酤酒，卖盐铁器，铸钱。诸采取名山大泽众物者税之。又令市官收贱卖贵，赊贷予民，收息百月三。牺和置酒士，郡一人，乘传督酒利。禁民不得挟弩铠，徙西海。

按：六筦者，一盐，二酒，三铁，四名山大泽，五钱布铜冶，六五均赊贷，谓此皆应归国家管治。事详《食货志》。谓："国师公刘歆言周有泉府之官，收不雠，与欲得，即《易》所谓'理财正辞，禁民为非'者也。莽乃下诏曰：'夫《周礼》有赊贷，《乐语》有五均，传记各有斡焉。今开赊贷，张五均，设诸斡者，所以齐众庶，抑并兼也。'"师古曰："《周礼》泉府之职。邓展曰：'《乐语》《乐元语》，河间献王所传，道五均事。'"《补注》：沈钦韩曰："《乐语》《白虎通》引之。案《周书·大聚解》：'市有五均，早暮如一，送行逆来，振乏救穷。'《乐语》又本于《周书》也。"今按：六筦之政，大体武帝时已先行。惟武帝意在增国库，王莽确为抑兼并，后世以成败论事，故若莽政一无足取耳。又莽政必一一推本古训，此乃援据《周礼》与《乐语》，较之汉武时，益为振振有辞矣。若谓《周礼》乃刘歆本莽政伪造，是倒置也。且伪一《周礼》已足，何为又别伪一《乐语》乎？

《食货志》又谓：莽于长安及五都（洛阳、邯郸、临淄、宛、成都）立五均官。……皆为五均司市师。工商能采金银铜连锡登龟取贝者，皆自占司市钱府。……又以《周官》税民，凡田不耕为不殖，出三夫之税。城郭中宅不树艺者，为不毛，出三夫之市。民浮游无事，出夫布一匹。不能出布者，冗作县官衣食之。诸取众物鸟兽鱼鳖百虫于山林水泽及畜牧者，嫔妇桑蚕织纴纺绩补缝，工匠医巫祝卜，及它方技商贩贾人坐肆列里区谒舍，皆各自占所为于其在所之县官，除其本，计其利，十一分之而以其一为贡。敢不自占，自占不以实者，尽没入所采取，而作县官一岁。

按："自占"犹今云"呈报"。其制略似武帝时之"算缗"，而性质颇不同。盖五均所征乃一切地税。凡采矿、畜牧、坐肆列里区谒舍，工商之就地生利者，五均皆得征其贡。其自耕稼以外之据地为利者，胥五均主之。田不耕，宅不树艺，民浮游无事，此虽不生利，亦不能无占地。征其税，乃寓禁于征之意。旧注，臣瓒曰："天子取诸侯之土以立五均，则市无二价，四民常均。"故知五均有税地义。古人惟以农为正业，他则目为奸利。又以为凡生利者必有赖于地，故于田租正税外，又以五均征一切地税也。莽复师《周书·大聚解》"市有五均，早暮如一，送行逆来，振乏救穷"之意，使"五谷布帛丝绵之物，周及民用而不雠者，均官……考检厥实，用其本贾取之，毋令折钱。万物昂贵过平一钱，则以平贾卖与民。其贾低贱减平者，听民自相与市，以防贵庾者。民欲祭祀丧纪而无用者，钱府以所入工商之贡但赊之，……民或乏绝，欲贷以治产业者，均授之，除其费，计所得受息，毋过岁什一。"此又似武帝时之均输，而性质亦不同。盖五均所司，在即征工商之贡税，而为工商谋便益，如定物价，收滞货，平买卖皆是。其有赊贷，意在振乏救穷，与征田不耕，宅不树艺，民浮游无事者，其立法用意，正相反而相成。重利盘剥，亦兼并一大事，今赊贷由官营治，则子钱家无所牟利，而官家母金，即以征工商之所得税充之。此五均一制之大概也。

羲和鲁匡言："名山大泽、盐、铁、钱、布帛、五均赊贷，斡在县官。惟酒酤独未斡。……请法古令官作酒。以二千五百石为一均，率开一卢以卖。雠五十酿为准。……计其利而什分之，以其七入官，其三及醋酨（酢浆）灰炭，给工器薪樵之费。"

按：此犹今之烟酒公卖也。汉武时亦已施行。新朝政制，自有来历，不待刘歆之遍伪群经。其注意本重民生，而流弊亦不免。

羲和置命士，督五均六斡，郡有数人，皆用富贾，……乘传求利，交错天下，因与郡县通奸，多张空簿，府藏不实，百姓俞病。

按：此亦政制改革，一时所宜有。要其意则未可厚讥也。又莽此诸政，均起于汉武，而新朝君臣，多推本《周官》。方望溪《周官辨伪》则谓《周官》多有莽、歆窜入。其言曰："莽诵六艺以文奸言，而浚民之政皆托于《周官》。其未篡也，既以公田口井布令，故既篡下书，不能遽变十一之说，而谓汉法名三十税一，实十税五，则其意居可知矣。故歆承其意而增窜间师之文，以示《周官》之田赋本不止于什一也。莽立山泽六筦，榷酒铸器税众物以穷工商，故歆增窜《廛人》之文，以示《周官》征布之目即如是其多也。莽好厌胜，妖妄愚诬，为天下讪笑，故歆增窜《方相》《壶涿》《硩蔟》《庭氏》之文，以示圣人之法固如是其多怪变也。"方氏于莽诏所谓"厥名三十税一，实什税五"者，全不解其意旨，而谓"其意居可知"，真可怪笑。六筦之制，皆有深意，非方所知。至《方相》《壶涿》《䄍蔟》《庭氏》之文，皆不合于方氏之所谓"圣人"者，而尽以为歆之所窜，此尤迂痴不足辨。其后康氏远承方氏之绪，而所见较深，要其立论渊源，实自方启之。细读方氏《周官辨伪》，可知其说之无根。

《伪经考》：《荀子·王制篇》："山林泽梁以时禁发而不税。"《孟子》言："泽梁无禁。"《王制》："关讥而不征，林麓、川泽以时入而不禁。"此孔子所述文王之仁政也。歆以《周官》托于周公，而《闾师》云："任衡以山事，贡其物；任虞以泽事，贡其物。"莽制，"诸采取名山、大泽众物者税之"，用歆《周官》说也。然《左传》昭公二十年："晏子曰：'山林之木，衡鹿守之；泽之萑蒲，舟鲛守之；薮之薪蒸，虞候守之；海之盐蜃，祈望守之'，以为齐政之衰。晏子尚以为政衰，则周公不为可知。莽盖从歆以兴天下，亦以歆而亡天下者也。又《周官·司市》云："凡治市之货贿、六畜、珍异，亡者使有，利者使阜，害者使亡，靡者使微。"又《廛人》："凡珍货之滞于民用者，以其贾买之，物揭而书之，以待不时而买者。"即所谓"令市官收贱卖贵"也。《泉府》又云："凡赊者祭祀无过旬日，丧纪无过三月。凡民之贷者与其有司辨而授之，以国服为之息。凡国事之财用取具焉。"即所谓"赊贷与予民收息百月三"也。此皆莽用《周官》制，民怨畔之。唐第五琦、皇甫镈行酒酤、盐铁、铸钱而民又怨之，王安石行青苗法而民又怨之。歆此法也，亡三国矣。

按：康氏举列莽政本《周官》，不足即证《周官》由歆伪造。《周官》非周公书,而莽、歆误信为利民之道在是。且莽此诸政,汉武时均已有之。汉武虽意在增国库,而抑兼并,裁末业,则贾、晁、董生皆言之。为汉武聚敛诸臣,亦隐借董生诸儒之论为自便。新莽之政,亦主抑兼并,裁末业,渊源晁、董。特以羞法汉武,遂专据《周官》。今谓刘歆凭空伪造《周官》以欺莽,而莽亦凭空信《周官》以召亡,此皆不明史实之言也。

又按:辨《周官》为刘歆伪造以媚新莽者,其说起于宋,恶王荆公依《周官》行新法而云然。不谓清儒自姚、方以迄康氏,遂大肆其焰也。

匈奴寇边郡。

《莽传》:匈奴单于求故玺,莽不与,遂寇边郡。

十二月,遣立国将军孙建等凡十二将,十道并出,伐匈奴。

《莽传》:募天下囚徒丁男,甲卒三十万人,转众郡委输五大夫衣裘、兵器、粮食,长吏送,自负海江淮至北边,使者驰传督趣,以军兴法从事,天下骚动。

按:莽拘牵虚文,轻启边祸,亦致败之一端。

造宝货五品。

《莽传》:莽以钱币讫不行,复下书曰:"宝货皆重,则小用不给;皆轻,则僦载烦费。轻重大小,各有差品,则用便而民乐。"于是造宝货五品。……百姓不从,但行小、大钱二品而已。盗铸钱者不可禁,乃重其法。一家铸钱,五家坐之,没入为奴婢。

《食货志》:莽更作金、银、龟、贝、钱、布之品,名曰"宝货"。……钱货六品,……银货二品,……龟宝四品，……贝货五品，……布货十品。凡宝货五物，六名，二十八品。……百姓愦乱，其货不行。民私以五铢钱市买。莽患之，下诏："敢非井田挟五铢钱者，……投诸四裔。……"于是农商失业，食货俱废。民涕泣于市道。……莽知民愁，乃但行小钱直一，与大钱五十，二品并行，龟、贝、布属且寝。

按：莽徒慕古制，不通政理。其行龟、贝、布货，惟以扰民。然自贡禹以来，存此想者非一人，莽特强志敢为耳。

收捕甄丰子寻、刘歆子棻、棻弟泳、王邑弟奇，及歆门人丁隆等。丰自杀，死者数百人。

《莽传》：初，甄丰、刘歆、王舜为莽腹心，倡导在位，褒扬功德。"安汉""宰衡"之号，……皆丰等所共谋。而丰、舜、歆亦受其赐，并富贵矣，非复欲令莽居摄也。居摄之萌，出于泉陵侯刘庆、前辉光谢嚣、长安令田终术。莽羽翼已成，意欲称摄，丰等承顺其意，莽辄复封舜、歆两子及丰孙。丰等爵位已盛，心意既满，又实畏汉宗室、天下豪杰。而疏远欲进者并作符命，莽遂据以即真。舜、歆内惧而已。丰素刚强，莽觉其不悦，故徙……丰，托符命文，为更始将军，与卖饼儿王盛同列。丰父子默默。时子寻……即作符命，言新室当分陕，立二伯，以丰为右伯，太傅平晏为左伯，如周、召故事。莽即从之，拜丰为右伯。……寻复作符命，言故汉氏平帝后黄皇室主为寻之妻。莽以诈立，心疑大臣怨谤，欲震威以惧下。因是发怒，……收捕寻。寻亡，丰自杀。寻……岁余捕得，辞连国师公歆子……棻、棻弟……泳、大司空邑弟……奇，及歆门人……丁隆等，牵引公卿党亲列侯以下，死者数百人。

按：此乃新朝君臣始终实录。莽、歆关系如此，康氏诸人闭眼若无睹，岂以《汉书》真乃歆物，则《莽传》亦歆为之以自逃后世之责，而掩其伪者耶？

扬雄校书天禄阁，畏罪自投阁下，几死，诏勿问。雄时年六十四。

《雄传》：王莽时，刘歆、甄丰皆为上公。莽既以符命自立，即位之后欲绝其原。……而丰子寻、歆子棻复献之，莽诛丰父子，投棻四裔。……时雄校书天禄阁上，……恐不能自免，从阁上自投下，几死。莽……曰："雄素不与事，何故在此？"……问其故，乃刘棻尝从雄学作奇字，雄不知情。有诏勿问。雄以病免，复召为大夫。

按：扬雄校书天禄阁，未知已几年。自此上推至绥和二年，刘歆典五经，亦校书天禄阁，前后仅十六年。歆果遍伪诸经，增窜群籍，子云不宜无知。今子云诸书多言古文，康氏谓乃受学于歆，为歆所欺，皆强为之说也。

又按：《后书·苏竟传》：竟，字伯况。平帝世，以明《易》为博士讲《书》祭酒。善图纬，能通百家之言。王莽时，与刘歆等共典校书。光武时，竟与歆兄子龚书，劝其降汉，谓："昔以摩研编削之才，与国师公从事出入，校定秘书"云云，其人正士，年七十，卒于家，作《记诲篇》及文章传世。时光武已中兴，可无忌讳，然竟绝无一言及歆伪造群经事。其修书劝龚，极论天文十二次诸说，亦无一语斥为歆伪托也。

始建国三年，辛未。（一一）

莽年五十六。

王舜卒。

莽为太子置师友各四人，秩以大夫。

《莽传》：以故大司徒马宫为师疑，故少府宗伯凤为傅丞，博士袁圣为阿辅，京兆尹王嘉为保拂；是谓四师。故尚书令唐林为胥附，博士李充为犇走，谏大夫赵襄为先后，中郎将廉丹为御侮；是为四友。

又置师友祭酒及侍中、谏议、六经祭酒各一人，凡九祭酒，秩上卿。

《莽传》：琅邪左咸为讲《春秋》、颍川满昌为讲《诗》、长安国由为讲《易》、平阳唐昌为讲《书》、沛郡陈咸为讲《礼》、崔发为讲《乐》祭酒。

《补注》：钱大昕曰："《公卿表》：'建平元年左咸为大司农，三年为左冯翊，元寿三年复由复土将军为大鸿胪，元始五年又为大鸿胪'，盖四至九卿。"

按：《王嘉传》："嘉荐儒者公孙光、满昌及能吏萧咸、薛修等，皆故二千石有名称，天子纳而用之。"时建平三年嘉代平当为丞相后。《马援传》注引《东观汉记》："受《齐诗》，师事颍川满昌。"即此人。《儒林传》："满昌受《诗》学于匡衡。"又《后书·陈宠传》："陈咸，成、哀间以律令为尚书。平帝时，王莽辅政，多改汉制，咸心非之。及莽因吕宽事诛不附己者何武、鲍宣等，咸乞骸骨去职。莽篡位，召咸以为掌寇大夫，谢病不肯应。时三子参、丰、钦皆在位，乃悉令解官，父子归乡里。后莽复征咸，遂称病笃。"此所谓"沛郡陈咸"即此人，不肯应征，岂即指讲《礼》祭酒言耶？又《崔骃传》："崔发以佞巧幸于莽，位至大司空。母师氏，通经学、百家之言，莽宠以殊礼，赐号义成夫人。

发弟篆，王莽时为郡文学，以明经征诣公车。太保甄丰举为步兵校尉，篆辞焉。后以为建新大尹。（莽改千乘郡曰建新，守曰大尹）。不得已单车到官，遂称疾焉。"建武初，著《周易林》六十四篇，即今所传《焦氏易林》也。（近人余嘉锡《四库提要辨证》论此颇详。）亦引用《左氏》语。

又《孔僖传》："自安国以下，世传《古文尚书》《毛诗》。曾祖父子建，少游长安，与崔篆友善。篆仕王莽为建新大尹，劝子建仕。对曰：'吾有布衣之心，子有衮冕之志，各从所好，不亦善乎？'"此治古文学而不愿仕莽者。

又《艺文志》记王莽讲学大夫与此颇异，兹为列表如下：

（一）《易》

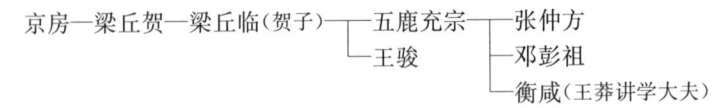

京房—梁丘贺—梁丘临（贺子）┬五鹿充宗┬张仲方
　　　　　　　　　　　　　　└王骏　　├邓彭祖
　　　　　　　　　　　　　　　　　　　└衡咸（王莽讲学大夫）

《莽传》讲《易》大夫为长安国由，又有讲《易》祭酒戴参为宣始将军，见天凤元年。

（二）《书》

欧阳高—欧阳地余（高孙）—欧阳政（地余少子）（王莽讲学大夫）

《莽传》讲《书》为平阳唐昌，又有《尚书》大夫赵并，使劳北边，言屯田事，见始建国三年。

（三）《诗》

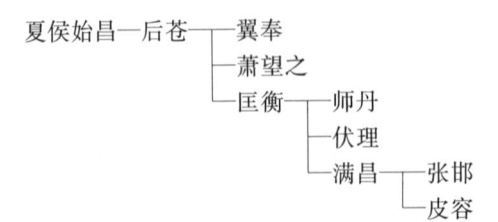

夏侯始昌—后苍┬翼奉
　　　　　　　├萧望之
　　　　　　　├匡衡┬师丹
　　　　　　　│　　├伏理
　　　　　　　│　　└满昌┬张邯
　　　　　　　│　　　　　└皮容

《莽传》讲《诗》为琅邪满昌。

（四）《诗》（《毛诗》）

毛公（河间献王博士）—贯长卿—解延年—徐敖—陈侠（王莽讲学大夫）

（五）《春秋》（《公羊》）

胡母生—┬—褚大
　　　　├—嬴公—┬—孟卿
　　　　├—段仲　├—眭孟—┬—严彭祖
　　　　└—吕步舒　　　　└—颜安乐（孟姊子）—泠丰—┬—马宫
　　　　　　　　　　　　　　　　　　　　　　　　　　└—左咸

《莽传》讲《春秋》为琅邪左咸。

（六）《春秋》（《穀梁》）

江博士（瑕丘江公）—胡常—萧秉（王莽讲学大夫）

（七）《春秋》（《左氏》）

贾谊—贯公（河间献王博士）—贯长卿（贯公子）—张禹（非成帝师张禹）—尹更始—┬—尹咸
　　　　　　　　　　　　　　　　　　　　　　　　　　　　　　　　　　　　├—翟方进
　　　　　　　　　　　　　　　　　　　　　　　　　　　　　　　　　　　　└—胡常—贾护—陈钦（以《左氏》授王莽）

（八）《礼》

《莽传》有讲《礼》大夫孔秉，见始建国四年。

按：上表，新朝经师多今文传法。刘歆争立古文诸经，为广道术，非篡圣统，彰灼可见矣。

莽迎龚胜为太子师友祭酒，胜不食而死，年七十九。

河决魏郡，泛清河以东数郡。

《沟洫志》：王莽时，征能治河者以百数，其大略异者：长水校尉平陵关并，（颜师古曰：桓谭《新论》云："并字子阳，材智通达。"）……大司马史长安张戎，（颜师古曰：《新论》云："字仲功，习溉灌事。"）……御史临淮韩牧，（颜师古曰：《新论》云："字子台，善水事。"）……大司空掾王横，（颜师古曰：横字平中，琅邪人；见《儒林传》。）（按：《儒林传》作"王璜"，能传《费易》，又传《古文尚书》。）……沛郡桓谭为司空掾，典其议。为甄丰言："凡此数者，必有一是。宜详考验，皆可豫见。计定然后举事，费不过数亿万，亦可以事诸浮食无产业民。……上继禹功，下治民疾。"王莽时，但崇空语，无施行者。

按：荀悦《汉纪》系此事于今年，与《莽传》合，今依之。前曾征通知小学者，爰礼主之，通钟律者，刘歆主之，此复踵其事。天凤六年又博募有奇技术可以攻匈奴者，事亦相类。

始建国四年， 壬申。（一二）

莽年五十七。

大司马甄邯卒。孔永为大司马。

以洛阳为东都，常安为西都。

《莽传》：莽至明堂，授诸侯茅土。下书曰："予以不德，袭于圣祖，为万国主。思安黎元，在于建侯，分州正域，以美风俗。追监前代，……惟在《尧典》，十有二州，卫有五服。《诗》国十五，抵遍九州岛。……《禹贡》……九州无并、幽，《周礼·司马》无徐、梁。帝王相改，各有云为。……昔周二后受命，故有东都、西都之居。予之受命，盖亦如之。其以洛阳为……东都，常安为……西都。……州从《禹贡》为九，爵从周氏有五。诸侯之员千有八百，附城之数亦如之。以俟有功。……今已受茅土者，公侯以下凡七百九十六人，附城千五百五十一人。"（此据《通鉴》易文。）以图簿未定，未授国邑，且令受奉都内，月钱数千。诸侯皆困乏，至有佣作者。

按：莽拘古纷更，最为致败之端。前本《尧典》定十二州，此又本《禹贡》定九州，所谓"九年于兹，乃今定矣"。

其拘泥可笑如此。若谓莽、歆伪造一切古典以肆改作，则岂先造《尧典》，又后造《禹贡》耶？

令民得买卖田及奴婢。

《莽传》：中郎区博谏莽曰："井田虽圣王法，其废久矣。……秦顺民之心，……灭庐井而置阡陌。……讫今海内未厌其敝。今欲违民心，追复千载绝迹，……无百年之渐，弗能行也。天下初定，万民新附，诚未可施行。"莽知民怨，乃下书曰："诸名食王田，皆得卖之，勿拘以法。犯私买卖庶人者，且一切勿治。"

下书言巡狩。

《莽传》：貉人犯边，东北与西南夷皆乱。莽志方盛，以为四夷不足吞灭，专念稽古之事。复下书……以此年二月……东巡狩，具礼仪调度。嗣以文母太后体不安，止。

始建国五年，癸酉。（一三）

莽年五十八。

大司马孔永乞骸骨，以逯并为大司马。

按：元始四年遣王恽等八人行天下，观风俗，并亦在内。翟义反，并以将作大匠蒙乡侯为横野将军，屯武关。（见《翟义传》）始建国三年，遣著武将军逯并等填名都。（见《莽传》）为左队大夫。（莽以颍川为左队郡）素好士。（见《后书·郅恽传》）今年为大司马。天凤元年三月策免。

焉耆畔，杀都护但钦。

《莽传》：西域诸国以莽积失恩信，焉耆先畔，杀都护但钦。

除挟铜炭法。

《莽传》：以犯者多。

天凤元年，甲戌。（一四）

莽年五十九。

三月，策免大司马逯并，以利苗男苗䜣为大司马。

七月，置卒正、连率、大尹，又置州牧、郡监。（"郡"，本作"部"，依王念孙说，据《汉纪》改。）

《莽传》：莽以《周官》《王制》之文，置卒正、连率、大尹，职如太守。

《通鉴》胡《注》：《王制》："三十国为卒，卒有正。十国为连，连有率。"

又：置州牧、郡监二十五人，……皆世其官。……分长安城旁六乡，置帅各一人。分三辅为六尉郡；河东、河内、弘农、河南、颍川、南阳为六队郡。……更名河南大尹曰保忠信卿。益河南属县满三十。置六郊州长各一人。人主五县。

《补注》：周寿昌曰："此莽仿《周官》之制略为沿革。六队，即六遂也。"又何焯曰："州长准《周官》，与前州牧准《虞书》者不同。"

又：他官名悉改。大郡至分为五。……合百二十有五郡，……县二千二百有三。……惟城，……惟宁，……惟翰，……惟屏，……惟垣，……惟藩，各以其方为称，总为万国焉。其后，岁复变更，一郡至五易名，而还复其故。吏民不能纪，每下诏书，辄系其故名。……其号令变易，皆此类。

按：此亦莽拘古纷更之一端。《王制》《周礼》，廖平以来，谓此二书，一为"今文"，一为"古文"，绝不相通。然莽朝改制，并依二书，知晚近今文家言，多张皇过甚之辞也。

复行金、银、龟、贝之货，罢大、小钱，改作货布。

《食货志》：天凤元年，复申下金、银、龟、贝之货，颇增减其贾直，而罢大、小钱。改作货布，……其文右曰"货"，左曰"布"，重二十五铢，直货泉二十五。货泉……重五铢，文右曰"货"，左曰"泉"，枚直一，与货布二品并行。又以大钱行久，罢之，恐民挟不止，乃令民且独行大钱，与新货泉俱枚直一并行。尽六年，毋得复挟大钱矣。每一易钱，民用破业，而大陷刑。

按：《莽传》"罢大小钱更行货布"在地皇元年，即自此"尽六年毋得复挟大钱"时也。《通鉴》载此事亦在今年。又：莽作三万六千岁历，以六岁一改元，故以天凤六年后改地皇元年。此亦以六年为限，由莽自以当土德也。

天凤二年，乙亥。（一五）

莽年六十。

大司马苗䜣左迁，以陈茂为大司马。

陈钦自杀。

按：《莽传》："始建国二年十二月，更名匈奴单于曰"降奴服于"。遣孙建等十道并出。时陈钦为厌难将军，出云中。四年二月，莽以钦言（今传误作"歆"，《匈奴传》作"钦"。）斩孝单于咸子登。天凤元年，钦免。至是咸立为单于，来和亲，求其子登尸。莽乃收钦，以他罪系狱，遂自杀。"《后书·陈元传》："元父钦，习《左氏春秋》，事黎阳贾护，与刘歆同时而别自名家。王莽从钦受《左氏》学，以钦为厌难将军。

元少传父业，为之训诂；以父任为郎。建武初，元与桓谭、杜林、郑兴俱为学者所宗。"曾与范升争立《左氏》。升曾为莽大司空王邑议曹史。钦与刘歆同时，而其《左氏》别自名家，此又《左氏》非出歆伪一证。（许慎《五经异义》有奉德侯陈钦《春秋说》。）又按：《儒林传》："张禹（非成帝师张禹。）以《左氏》授尹更始，更始传子咸及翟方进、胡常，常授黎阳贾护季君。哀帝时，待诏为郎，授苍梧陈钦子佚，以《左氏》授王莽，至将军。而刘歆从尹咸及翟方进受。由是言《左氏》者本之贾护、刘歆。"又《后书·郑兴传》："兴少学《公羊春秋》，晚善《左氏传》，遂积精深思，通达其旨，同学者皆师之。天凤中，将门人从刘歆讲正大义。歆美兴才，使撰条例、章句、传诂，及校《三统历》。"又云："兴好古学，尤明《左氏》《周官》，长于历数。自杜林、桓谭、卫宏之属，莫不斟酌焉。世言《左氏》者多祖兴，而贾逵自传其父业，故有郑、贾之学。"今考郑兴虽从歆受《左氏》，然先已通达，非本出于歆。《东观记》曰："兴从博士金子严为《左氏春秋》。"未审金子严所本为歆抑贾护、陈钦也。

又《后书·贾逵传》："逵父徽，从刘歆受《左氏春秋》，兼习《国语》《周官》。又受《古文尚书》于涂恽，学《毛诗》于谢曼卿。作《左氏条例》二十一篇。逵悉传父业。弱冠，能诵《左氏传》及五经本文，以大《夏侯尚书》教授。虽为古学，兼通五家《穀梁》之说。"贾徽亲受业于歆，又遍习古文诸经，为古学一大师；其子以《夏侯尚书》教，又兼通《穀梁》，足征当时古文家欲广道术，非与今文分门户，盗圣统矣。

又《后书·孔奋传》："奋少从刘歆受《春秋左氏传》。歆称之，谓门人曰：'吾已从君鱼（奋字）受道矣。'遭王莽乱，与母、弟避兵河西。弟奇博通经典，作《春秋左氏删》。奋晚有子嘉，作《左氏说》。"《伪经考》："孔奋为光孙，歆欲立《左氏》，光不肯助，安有其孙反从而受之之事？歆每欲自附于孔氏，而不计其可否，安国、僖、奋皆其类也。"康氏此辨，全无理据。岂《东汉书》亦歆所预伪，孔奇之《春秋左氏删》、孔嘉《左氏说》，尽歆居中秘先为伪撰者耶？刘向信《穀梁》，歆信《左氏》，安见孔光之孙必不从歆受《左氏》乎？又贾公彦《序周礼废兴》引《马融传》："歆末年乃知《周官》周公致太平之迹，迹具在斯。奈遭天下仓卒，兵革并起，疾疫丧荒，弟子死丧，徒有里人河南缑氏杜子春尚在。永平之初，年且九十，家于南山，能通其读，颇识其说。郑众、贾逵往受业焉。"据此，子春生年当元、成之间，光武中兴，子春年五十余也。郑兴既从歆受《周官》，其子众又受之子春，则子春亦歆门高第矣。

王咸、伏黯使匈奴。

《莽传》：莽选儒生能颛对者，济南王咸为大使，五威将琅邪伏黯等为帅，使送登尸。……咸到单于廷，陈莽威德，……应敌纵横，单于不能诎。……入塞，咸病死。封……伏黯等皆为子。

按：《鲍宣传》："哀帝时，宣下狱，博士弟子济南王咸举幡太学下，曰：'欲救鲍司隶者会此下。'诸生会者数千人。朝日，遮丞相孔光自言，丞相车不得行。又守阙上书，上遂抵宣罪减死一等，髡钳。"即此王咸也。

又《后书·伏恭传》："伏湛弟黯以明《齐诗》，改定章句，作《解说》九篇。"

盗贼起五原、代郡,岁余乃定。

《莽传》:莽意以为制定则天下自平,故锐思于地理,制礼,作乐,讲合六经之说。公卿旦入暮出,论议连年不决。不暇省狱讼。……县宰缺者数年,守兼。……中郎将、绣衣执法在郡国,……传相举奏。又十一公士,分布劝农桑,班时令,……交错道路。……莽自见前颛权以得汉政,故务自揽众事。有司受成苟免。……又好变改制度,政令烦多。……前后相乘,愦眊不渫。莽常御灯火至明,犹不能胜。尚书因是为奸,寝事。上书待报者,连年不得去。拘系郡县者,逢赦而后出。卫卒不交代三岁。边兵二十余万人仰衣食。……五原、代郡尤被其毒,起为盗贼,数千人为辈,转入旁郡。……岁余乃定。

天凤三年, 丙子。(一六)

莽年六十一。

五月,始赋吏禄。

《莽传》:莽下吏禄制度,曰:"予遭阳九之阨,……国用不足,民人骚动,自公卿以下,一月之禄,十缌布二匹,或帛一匹。予每念之,……今阨会已度,府帑虽未能充,略颇稍给。其以六月……始赋吏禄皆如制度。"四辅公卿大夫士,下至舆僚,凡十五等。僚禄一岁六十六斛,……上至四辅……为万斛。莽又曰:"岁丰穰则充其礼,有灾害则有所损,与百姓同忧喜也。其用上计时通计天下,……即有灾害,以什率多少损膳。……十一公、六司、六卿以下,各分州、郡、国、邑保其灾害,亦以十率多少损禄。"其制度烦碎如此。课计不可理,吏终不得禄,各因官职为奸,受取赇赂，以自共给。

七月，大司马陈茂以日食免，严尤为大司马。

十月，翟义党王孙庆捕得，解剖以验生理。

《莽传》：翟义党王孙庆捕得，莽使太医、尚方与巧屠共刳剥之，量度五藏，以竹筳导其脉，知所终始，云可以治病。

按：此近世医术解剖之滥觞也。莽之精思敢为，不顾非议，率如此。

天凤四年，丁丑。（一七）

莽年六十二。

封师友祭酒唐林为建德侯；故谏议祭酒纪逡为封德侯；位皆特进，见礼如三公。

《儒林传》：许商受大《夏侯尚书》，善为算，著《五行论历》。号其门人唐林子高为德行，平陵吴章伟君为言语，重泉王吉少音为政事，齐炔钦幼卿为文学。王莽时，林、吉为九卿，自表上师冢，大夫、博士、郎吏为许氏学者，各从门人会，车数百两，儒者荣之。钦、章皆为博士，徒众尤盛。章为王莽所诛。

又《鲍宣传》："自成帝至王莽时，清名之士，琅邪又有纪逡王思，齐则薛方子容。太原则郇越臣仲、郇相稚宾。沛郡则唐林子高、唐尊伯高，皆以明经饬行显名于世。纪逡、两唐皆仕王莽，封侯贵重，历公卿位。唐林数上疏谏正，有忠直节。"《论衡·超奇篇》亦谓："谷永之陈说，唐林之宣言，刘向之切议。"

又《儒林传》：张无故受小《夏侯尚书》，授沛唐尊，王莽太傅。

按：新朝儒臣亦多贤者，不仅扬子云等数人。又两唐皆治今文《尚书》，均见尊礼，莽、歆固非以古文易今文。

六月，更授诸侯茅土于明堂。

《莽传》：莽好空言，慕古法，多封爵人。性实遴啬，托以地理未定，故且先赋茅土，用慰喜封者。

复明六筦之令。

《食货志》，莽知民苦之，复下诏曰："夫盐，食肴之将。酒，百药之长，嘉会之好。铁，田农之本。名山大泽，饶衍之藏。五均赊贷，百姓所取平，仰以给澹。钱布铜冶，通行有无，备民用也。此六者，非编户齐民所能家作，必仰于市，虽贵数倍，不得不买。豪民富贾，即要贫弱。先圣知其然也。故斡之。"

按：此诏申述设六筦之意甚显。《食货志》并叙在前，以为始建国二年事，细核当属此年，今依《通鉴》。

《莽传》：每一筦下，为设科条防禁，犯者罪至死。吏民抵罪者寖众。……纳言冯常以六筦谏，莽大怒，免常官。

调有奴者。

《莽传》：又一切调上公以下诸有奴婢者，率一口出钱三千六百。

绿林盗起。

天凤五年，戊寅。（一八）

莽年六十三。

收诸军吏及边吏大夫以上奸利致富者家产。

《莽传》：天下吏以不得奉禄，并为奸利。郡尹县宰，家累千金。莽下诏："详考始建国二年胡虏猾夏以来，诸军吏及缘边吏大夫以上为奸利增产致富者，收其家所有财产五分之四，以助边急。"公府士驰传天下，考覆贪饕，开吏告其将，奴婢告其主，冀以禁奸，而奸愈甚。

扬雄卒，年七十一。

《雄传》：年七十一，天凤五年卒。

又：钜鹿侯芭常从雄居，受其《太玄》《法言》。刘歆亦尝观之。……雄卒，侯芭为起坟，丧之三年。时大司空王邑、纳言严尤闻雄死，谓桓谭曰："子尝称扬雄书，岂能传于后世乎？"谭曰："必传。"

按：王邑、严尤皆新朝贤臣，亦儒雅士，故论及雄书传否。

又按：雄作《太玄》准《易》，作《法言》准《论语》，此犹王莽之学《大诰》《金縢》，皆一时学风然也。

天凤六年，己卯。（一九）

莽年六十四。

作三万六千岁历。

按：此莽令太史所推，六岁一改元，明年称地皇元年；历又称《王光上戊历》。

大司马严尤免，以董忠为大司马。

大司空议曹史范升奏记王邑。（《通鉴》）

按：《后书·范升传》："升九岁通《论语》《孝经》。及长，习《梁丘易》《老子》，教授后生。王莽大司空王邑辟为议曹史。又建武四年，尚书令韩歆上疏欲为《费氏易》《左氏春秋》立博士。诏下其议。升奏曰：'臣闻主不稽古，无以承天；臣不述旧，无以奉君。……近有司请置《京氏易》

博士，……《京氏》既立，《费氏》怨望，《左氏春秋》复以比类，亦希置立。《京》《费》已行，次复《高氏》。《春秋》之家，又有《驺》《夹》。如令《左氏》《费氏》得置博士，《高氏》《驺》《夹》，五经奇异，并复求立。……将恐陛下必有厌倦之听。……《费》《左》二学，无有本师，而多反异，先帝前世，有疑于此。……今陛下草创天下，纪纲未定，虽设学官，无有子弟。《诗》《书》不讲，礼乐不修，奏立《左》《费》，非政急务。'时难者以太史公多引《左氏》，升又上太史公违戾五经，谬孔子言，及《左氏春秋》不可录三十一事。"今按：升仕新朝，亲与刘歆同世。歆果遍伪群经，岂能一手掩天下目？升何无知？观其疏争《左》《费》二家不可立，绝无一辞半语及于歆伪，又并不分今古派别，惟谓其学无本师，先帝所未立，恐后多援例争立者，非急务而已。安有如晚近诸儒言今古文之张皇者耶？论史者不征当世之实迹，而顾信千载后之臆测，何哉？《伪经考》云："此等说出，刘歆之徒乃得以党同妒真借口，而人主亦渐疑之。盖不得歆作伪之根原，故并迁怒《史记》，亦其短也。"是康氏亦知之，蔽于成见，遂悍而不返耳。

地皇元年， 庚辰。（二〇）

莽年六十五。

九月，起九庙于长安。

《莽传》：望气为数者多言有土功象。莽又见四方盗贼多，欲视为自安。遂起九庙于长安城南。司徒王寻、大司空王邑，及侍中常侍执法杜林等数十人将作。崔发、张邯说莽："宜崇其制度，宣视海内。"莽乃博征天下工匠诸图画，以望法度算。穷极百工之巧，功费数百巨万。

按：《后书·杜林传》："林，邺子，初为郡吏。王莽败，盗贼起，林与弟成及同郡范逡、孟冀等俱客河西。"今按《莽传》，则林为新朝侍中矣。当时名儒达才仕莽者甚众，今举《后书》可考者，如：

李宪：王莽时为庐江属令。（职如都尉。）莽末，为偏将军，庐江连率。莽败，宪自立为天子，败死。

彭宠：少为郡吏，地皇中，为大司空士。后仕光武，叛诛。

隗嚣：少仕州郡，王莽国师刘歆引为士。歆死，嚣归乡里。《莽传》谓："遣七公干士隗嚣等七十二人，分下赦令晓谕；嚣等既出，因逃亡。"事在王邑败昆阳，刘歆自杀前，与《后书》异。

公孙述：哀帝时，以父任为郎。后补清水长；太守以其能，使兼摄五县。天凤中，为导江卒正。（莽改蜀郡曰导江，太守曰卒正。）

李守：李通父，初事刘歆，好星历谶记，为王莽宗卿师。（平帝五年，莽摄政，郡国置宗师以主宗室，盖特尊之，故曰宗卿师也。）通亦为五威将军从事，出补巫丞。后与光武兄弟起事。

冯异：好读书，通《左氏春秋》《孙子兵法》。汉兵起，异以郡掾监五县与父城长苗萌共城守，为王莽拒汉。间出行属县，为汉兵所执，遂降汉。又按：寇恂亦学《左氏春秋》。

岑彭：王莽时，守本县（南阳）长。又为前队大夫甄阜战斗甚力。阜死，彭亡归宛，与前队贰严说共城守。数月，城中粮尽，人相食，乃降。

耿况：耿弇父。以明经为郎。与王莽从弟伋共学《老子》于安丘先生，后为朔调连率。(莽改上穀郡曰朔调，守曰连率。)

李忠：元始中，以父任为郎，以好礼修整称。王莽时，为新博属长。(莽改信都国曰新博，都尉曰属长。)光武时为豫章太守，称儒吏。

邳肜：初为王莽和成卒正。(王莽分巨鹿为和成郡。)

耿艾：耿纯父，王莽济平尹。(莽改定陶曰济平。)纯学于长安，除为纳言士。(莽法古置纳言之官，即尚书也。)

景丹：少学长安。王莽时举四科(德行、言语、政事、文学。)丹以言语为固德侯相。迁朔调连率副贰。(副贰，属令也。)

窦融：王莽居摄中，为强弩将军(王俊)司马。东击翟义，以功封建武男。

马况、马余、马员：马援兄，并有才能，王莽时皆为二千石。(况，河南太守。余，中垒校尉。员，增山连率。)

马援、原涉：王莽末，莽从弟卫将军林辟援及同郡原涉为掾，荐于莽。莽以涉为镇戎大尹，(莽改天水为镇戎。)援为新成大尹。(汉中为新成。)

卓茂：元帝时，学于长安，事博士江生。习《诗》《礼》及历算，究极师法，称为通儒。辟丞相府史，事孔光。后以儒术举为侍郎，给事黄门，迁密令。王莽秉政，置大司农六部丞劝课农桑，迁茂为京都尉。及莽居摄，以病免归郡，与同县孔休、陈留蔡勋、安众刘宣、楚国龚胜、上党鲍宣六人同志不仕，名重当时。

伏湛：九世祖胜，所谓济南伏生也。父理，当世名儒，以《诗》授成帝，为高密太傅，别自名学。(《前书·儒林传》："伏理，字游君，受《诗》匡衡；由是《齐诗》有匡、伏之学也。")湛少传父业，教授数百人。成帝时以父任为博士弟子，五迁，至王莽时为绣衣执法。（王莽改御史曰执法。）迁后队属正。（王莽改河内为后队。）光武时官至大司徒，封侯。

侯霸：成帝时为太子舍人。师事九江太守房元，治《穀梁春秋》，为元都讲。王莽初，五威司命陈崇举霸德行，迁随宰。（王莽改县令、长曰宰。）再迁为执法刺奸。（《莽传》："置执法左右刺奸，选能吏侯霸等分督六尉、六队，如汉刺史。"其事在天凤元年。）后为淮平大尹。（莽改临淮郡为淮平。）建武时，代伏湛为大司徒，封侯。

宋弘：哀、平间作侍中，王莽时为共工。（莽改少府曰共工。）建武时为大司空，封侯；荐桓谭于朝。

张湛：矜严好礼，三辅以为仪表。成、哀间为二千石，王莽时历太守都尉。建武时为大司徒。

冯衍：莽遣更始将军廉丹讨山东，辟衍为掾。

苏竟：见前。

郭伋：哀、平间辟大司空府，三迁为渔阳都尉，王莽时为上穀大尹。（莽改太守为大尹。）迁并州牧。建武时官至太中大夫。

张纯：哀、平间为侍中，王莽时至列卿。建武时，代杜林为大司空。二十六年论禘、祫，引元始五年春祫祭为说。又案七经谶、明堂图、河间《古辟雍记》、孝武太山明堂制度，及平帝时议，欲具奏之，与博士桓荣议同。

范升：见前。

陈钦：见前。

丁綝：鸿父。王莽末，守颍阳尉。建武时拜河南太守，封侯。

张宗：王莽时为县阳泉乡佐。（乡佐主佐乡收税赋。）后汉官至琅邪相。

刘平：王莽时为郡吏，守菑丘长，政教大行。后汉官至宗正。

赵孝：父普，王莽时为田禾将军。（屯田北边。）任孝为郎。后汉官至长乐卫尉。

徐宣：防祖父，为讲学大夫，以《易》教授王莽。

欧阳歙：欧阳生传伏生《尚书》，至歙八世，皆为博士。歙王莽时为长社宰。

卫飒：家贫好学，随师无粮，佣以自给。王莽时仕郡，历州宰。

王隆：王莽时以父任为郎，能文章，所著诗、赋、铭、书凡二十六篇。

史岑：王莽末，沛国史岑子孝亦以文章显，莽以为谒者，著《颂》《诔》《复神》《说疾》凡四篇。《史通·正史篇》："《史记》所书，年止汉武，太初以后，阙而不录。其后刘向，向子歆，及诸好事者，若冯商、卫衡、扬雄、史岑、梁审、肆仁、晋冯、段肃、金丹、冯衍、韦融、萧奋、刘恂等相次撰续，迄于哀、平间，犹名《史记》。"今按：此十五人并在班史前。班史，彪、固、大家父子兄妹三人相续，又得马融、马续诸人，遂成今书。《伪经考》谓班史出歆手，岂不妄甚！

又按：冯商所续《太史公》七篇，在《艺文志》。师古曰："《七略》云：'商治《易》，事五鹿充宗，后事刘向，后与孟柳俱待诏，颇序列传，未卒，病死。'"又《艺文志》有待诏冯商赋九篇。晋冯、段肃见《后书·班固传》

《奏记说·东平王苍》，盖与其父叔皮同辈行者。卫衡，桓谭《新论》、王充《论衡超奇》《对作篇》、应劭《风俗通氏姓篇》，皆作"阳城衡"，字子张，蜀人，为王莽讲《乐》祭酒。观此，新朝网罗贤才，固非不力，而儒生学士，亦并无万世一姓之见，后人于刘歆、扬雄独过为贬抑，非持平之论也。

更铸钱法。

《食货志》：莽以私铸钱死，及非沮宝货投四裔，犯法者多，不可胜行，乃更轻其法。私铸作泉布者，与妻子没入为官奴婢，吏及比伍知而不举告，与同罪。非沮宝货，民罚作一岁，吏免官。犯者愈众，及五人相坐，皆没入，郡国槛车铁锁，传送长安，愁苦死者什六七。

按：《莽传》及《通鉴》皆载在此年，今依之。

太傅平晏死，以唐尊为太傅。

《莽传》：尊曰："国虚民贫，咎在奢泰。"乃身短衣小袖，乘牝马柴车，藉槀，瓦器，又以历遗公卿。出见男女不异路者，尊自下车，以象刑赭幡污染其衣。莽闻而说之，下诏申敕公卿，思与厥齐。

按：此新朝君臣拘迂之化。

下江兵起。

收郅恽系狱。

《后书·郅恽传》：恽理《韩诗》《严氏春秋》，明天文历数。王莽时，寇贼群发，恽仰占玄象，叹……曰："方今镇、岁、荧惑并在汉分翼、轸之域，去而复来，必再受命。"……时左队大夫逯并，素好士。说之。……署为吏，不谒，……西至长安，上书王莽曰："……上天垂戒，欲悟陛下，令就臣位，……陛下……取之以天，还之以天，可谓知命矣。……"莽大怒，即收系诏狱。……以恽据经谶，难即害之，使黄门近臣胁恽，令自告狂病。……恽瞋目詈曰："所陈皆天文圣意，非狂人所能造。"遂系须冬，会赦得出。

按：《通鉴》载此事在今年，今依之。《汉书·儒林传》，严彭祖受《公羊》于眭孟，孟固以泰山大石僵柳之异，言汉有传国运伏诛；而盖宽饶引《韩氏易传》言五帝传贤，下吏自刭者也。《韩诗》与《易》同出一师，郅恽治《韩诗》《公羊》，故遂远承眭、盖往议，直陈运数禅让之论焉。其曰："汉历久长，孔为赤制。"则《公羊》"孔子《春秋》为汉制法"之说也。莽借经谶自文以得天下，难以罪恽，竟得免死，视眭、盖远幸矣。凡此之类，岂亦歆之伪造？又恽言及分野，知分野非歆伪。

地皇二年，辛巳。（二一）

莽年六十六。

正月，莽妻死，子临自杀。

《莽传》：莽妻以莽数杀其子，涕泣失明。莽令太子临居中养焉。……后贬为统义阳王，出在外第，忧恐。会莽妻病困，临予书曰："上于子孙至严，前长孙、中孙年俱三十而死，今臣临复适三十，……不知死命所在。"莽……见其书，大怒，……赐临药，临……自刺死。

按：莽性严而执，三子皆见杀，其不近人情可知。凡其为政，亦多以严性执意、不近人情致败。

秋，关东大饥蝗。

《莽传》：民犯铸钱，伍人相坐，没入为官奴婢。其男子槛车，儿女子步，以铁锁琅当其颈，传诣钟官，以十万数。到者易其夫妇，愁苦死者什六七。

方苞《周官辨伪》二：《媒氏》仲春之月，令会男女，奔者不禁。……《管子》合独之政，乃取鳏寡而官配之。若会焉而听其自奔，则虽乱国污吏，能布此为宪令乎？盖莽之法，私铸者伍坐，没入为官奴婢，传诣钟官者以十万数，至则易其夫妇，民人骇痛，故歆增窜《媒氏》之文，以示《周官》之法，官会男女而听其相奔，则以罪没而易其夫妇犹未为甚也。

按：《周官》之书，有绳以后世之事而绝不可通者，如此所引《媒氏》会男女，及《方相》《硩蔟》《庭氏》诸职，转见是古人真相，明其书实有据，非尽凭空杜撰，又决非出汉后也。方氏绳以后世之见，怪其不可通，因疑为歆之伪窜。凡莽秕政颣行，歆必一一羼其似于《周官》焉。然则又非以《周官》佐莽篡，竟以《周官》饰莽非矣。诸家辨歆伪者，率前后横决，不成条理，特以言多邀人信，岂得为定谳哉？且歆既伪为《周官》，布行天下，据以发政改制，又岂得随时妄窜？史所谓"易其夫妇"者，未必当时法令夫妇必相易，特诣狱者多，不能各获其耦，而史家甚言之，岂有勒为政令之理？拘儒自抱万世一姓之见，视莽、歆为非人，极恶大罪，将乌从得其政制之真哉？

又按：方氏《周官集注》论此事云："世人多以此病《周官》，然圣人曲成万物而使不纳于邪，义即在此。单丁女户，无主婚者，或因怨旷以致淫逸，或相争夺以成狱讼，岂若天子之吏以王命会之而听其奔，为正大而无弊乎？"据《年谱》，《周官集注》成于五十三岁，《文目编年》，《周官辨伪》

人未详文目，仅云多在五十以后。惟《辨伪》开首即云："近或为之说曰：是乃圣人之所以止佚淫而消斗也。每见氓庶之家，嫠者改适，猜衅丛生，变诈百出，由是而成狱讼者十四三焉，岂若天子之吏以时会之而听其相从于有司之前，可以称年材，使各得其分愿哉？"此即《集注》之说。盖方氏自引而自驳之也。其他如《地官·载师》《廛人》《夏》《秋》二官，《方相》《壶涿》《硩蔟》《庭氏》，皆有以为之说。尤于《硩蔟氏》深叹之，曰："然则圣人设官以驱夭鸟，岂可谓不急之务哉？"尝考方氏三十五岁丙子作《读周官》文，时方深信《周官》乃三王致治之迹，其规模可见者独有是书；世变虽殊，其经纶天下之大体卒不可易。是时所见盖与莽、歆同类；其为《集注》，即本此意。逮后为《辨伪》，乃致疑于歆之伪窜。《郑堂读书记》谓其"与明金德温（瑶）《周礼述注》、本朝万充宗（斯大）《周官辨非》，皆若亲得周公旧本，一一互校而知者。"厥后又作《周官析疑》畅发厥旨，何其与十余年前著《周官集注》之心大相剌谬？至方氏疑《戴礼》，持论颇似姚立方。方氏晚年或有闻于姚氏之说而发此疑。"新学伪经"之论，则又自方氏启之也。

左迁鲁匡为五原卒正。

《莽传》：是岁，南郡秦丰众且万人，平原女子迟昭平……亦数千人。……莽召问群臣禽贼方略，……故左将军公孙禄征来与议。禄曰："太史令宗宣，典星历，候气变，以凶为吉，乱天文，误朝廷。太傅平化侯（唐尊）饰虚伪以偷名位，'贼夫人之子'。国师嘉新公（刘歆）颠倒五经，令学士疑惑。明学男张邯、地理侯孙阳造井田，使民弃土业。牺和鲁匡设六筦，以穷工商。说符侯崔发阿谀取容，令下情不上通。宜诛此数子，以慰天下。……"莽……颇采其言，左迁鲁匡为五原卒正，以百姓怨非故。六筦非匡所独造，莽厌众意而出之。

按：《儒林传》："匡衡《齐诗》授琅邪师丹、伏理游君、颍川满昌。满昌授九江张邯、琅邪皮容，皆至大官，徒众尤盛。"伏理为伏湛父，满昌、伏湛、张邯、皮容皆仕新朝，是《齐诗》固盛行也。莽、歆议礼，亦多沿匡衡。歆虽争立《毛诗》博士，并不抑《齐诗》可知。鲁匡见《后书·鲁恭传》，称其"有权数，号曰智囊"。《前书·食货志》，酒筦之议创自匡，其余诸筦则殆刘歆诸儒共成之。唐尊、崔发已见前。宗宣无考。

地皇三年，壬午。（二二）

莽年六十七。

二月，霸桥灾。

《莽传》：莽下书曰："夫三皇象春，五帝象夏，三王象秋，五伯象冬。……"

《伪经考》：按今学无"三皇"名，惟《春秋繁露·三代改制质文篇》云："……三王……五帝……九皇……"《吕刑》有"皇帝"，……《左传》僖二十五年："今之王，古之帝也。"《史记·五帝本纪》以黄帝、颛顼、帝喾、唐尧、虞舜为五帝，实依《大戴礼·五帝德》《帝系姓》及《世本》，盖孔门相传之说。……歆缘《易·系辞》有伏羲、神农事，伪《周官》伪造"外史掌三皇、五帝之书"。《左传》文十八年、昭十七年、二十九年、定四年窜入少皞，《汉书·律历志》载歆《世经》，以太昊帝、炎帝、黄帝、少昊帝、颛顼帝、帝喾、唐帝、虞帝为次，暗寓三皇、五帝之叙，而《月令》孟春"……帝太皞"，孟夏"……帝炎帝"，中央"……帝黄帝"，孟秋"……帝少皞"，孟冬"……帝颛顼"，与《世经》相应。《左传》《月令》《律历志》大行，于是三皇之说兴，少昊之事出，五帝之号变。……夫史迁多采《左氏》，如《左氏》实有问官郯子之事，太史公何得若罔闻知，首创本纪，便已遗脱一朝哉？其为歆之伪窜，证佐确凿矣。《五帝本纪》于《舜纪》引《左传》"少皞氏有不才子"，亦歆所窜入者欤？歆务翻今文之说，又窜附《国语·晋语》，以炎帝、黄帝为少典之子，……以《列子·汤问》有女娲氏、……共工，……因于《祭法》《国语》《鲁语》缘饰《共工》，……《明堂位》加女娲氏，……以崇佐验。于是述其学者缘饰纬书，凿空增附，……诞妄不可穷诘，盖亦皆承歆之附会为之。

按：三皇、五帝固非信史，然谓五帝有少皞，及五帝前有三皇，皆歆伪窜，则大不然。少皞之辨已详于前。三皇之说，《吕氏·孝行览》《用众》《贵公》，《庄子》外篇《天运》已屡言之，扬子云《甘泉赋》："同符三皇，录功五帝。"又《羽猎赋》："历五帝之寥廓，涉三皇之登闳。"时子云初来京都，《周礼》未出，岂已从学于歆耶？将《甘泉》《羽猎》复有歆所伪窜耶？今文家言亦非尽信，异于今文，非尽歆伪。康氏一往之论，胥可以是折之。

弛山泽禁。

《莽传》：莽多遣大夫谒者分教民煮草木为酪，酪不可食，重为烦费。莽下书曰："惟民困乏，虽溥开诸仓以赈赡之，犹恐未足。其且开天下山泽之防，诸能采取山泽之物而顺月令者，其恣听之，勿令出税。……如令豪吏猾民辜而攉之，小民勿蒙，非予意也。"

按：莽为政初意，未尝不欲利民，而固执拘泥，不达民情，转以为害。及其悔之，亦时有更张。《莽传》又云："莽知天下溃畔，乃议遣风俗大夫司国宪等分行天下，除井田奴婢山泽六筦之禁，即位以来诏令不便于民者皆收还之。待见未发，会光武兄弟起兵。"则莽亦颇悟其非矣。

王匡、廉丹讨赤眉，廉丹战死。

《莽传》：赤眉别校董宪等众数万人在梁郡，王匡……引兵独进，丹随之，合战成昌。兵败，匡走，丹使吏持其印韨符节付匡，曰："小儿可走，吾不可。"遂止，战死。校尉汝云、王隆等二十余人，别斗，闻之，皆曰："廉公已死，吾谁为生？"驰犇贼，皆战死。

按：新朝之覆，为之殉者颇不乏人，而廉丹为最先。丹孙范，名行著东汉，师事博士薛汉，坐楚事诛，故人门生莫敢哭视，范独往收之。显宗大怒召问，范对："大父丹为王莽大司马。"上乃曰："怪范能若此！"因释之。是丹犹见敬于后汉诸帝矣。

刘縯及弟秀起兵舂陵。

地皇四年，癸未。（二三）

莽年六十八。

二月，新市、平林诸将共立更始将军刘玄为皇帝。

《莽传》：莽闻之，愈恐，欲外视自安，乃染其须发，进所征天下淑女杜陵史氏女为皇后，……备和、嫔、美、御。和人三，位视公；嫔人九，视卿；美人二十七，视大夫；御人八十一，视元士，凡百二十人。

按：《伪经考》谓此皆歆伪说媚莽，已辨在前。

王寻、王邑兵败于昆阳，寻见杀。

七月，刘歆自杀。

《莽传》：卫将军王涉（王根子）素养道士西门君惠，……好天文谶记，为涉言："星孛扫宫室，刘氏当复兴，国师公姓名是也。"涉信其言，以语大司马董忠，数俱至国师殿中庐，道语星宿，国师不应。后涉特往，对歆涕泣，言："诚欲与公共安宗族，奈何不信？"……歆怨莽杀其三子，又畏大祸至，遂与涉、忠谋，欲发，歆曰："当待太白星出，乃可。"后事泄，忠被杀，刘歆、王涉皆自杀。

以王邑为大司马，张邯为大司徒，崔发为大司空，司中寿容苗䜣为国师，唐林为卫将军。

南乡兵攻武关，西拔湖。

《莽传》：莽忧不知所出，崔发言："《周礼》及《春秋左氏》，国有大灾，则哭以厌之。……宜告天以求救。"莽自知败，乃率群臣至南郊，陈其符命本末，仰天……大哭，气尽，伏而叩头。……诸生小民会旦夕哭，为设飧粥。甚悲哀……者除为郎，至五千余人。

师古曰：《周礼》春官之属，女巫氏之职曰："凡邦之大灾，歌哭而请。"哭者所以告哀也。《春秋左氏传》宣十二年："楚子围郑，郑人大临，守陴者皆哭。"故发引之以为言。

按：此固迂愚可笑，岂刘歆之徒伪造《周礼》《左氏》以欺天下而媚莽，至是又转以自欺耶！

隗嚣起陇西。

《后书·嚣传》：嚣檄告郡国曰："故新都侯王莽，……鸩杀孝平皇帝，篡夺其位。（按：此亦时人不数孺子婴一证。）矫托天命，伪作符书。……诡乱天术，援引史传。昔秦始皇毁坏谥法，……欲至万世，而莽下三万六千岁之历。……是其逆天之大罪也。（按：此仍不主万世一统之见。）分裂郡国，断截地络。田为王田，卖买不得，规𢷎山泽，夺民本业。造起九庙，穷极土作。……此其逆地之大罪也。尊任贱贼，信用奸佞，诛戮忠正，……妄族众庶。……政令日变，官名月易，货币岁改，吏民昏乱，不知所从。……设为六筦，……刻剥百姓。……民坐挟铜炭，没入钟官，徒隶殷积，数十万人。……北攻强胡，南扰劲越，西侵羌戎，东摘濊貊，使四境之外，并入为害。……此其逆人之大罪也。……"

按：嚣檄列举莽罪，至详尽。嚣素有名，好经书，亲事国师刘歆，若歆遍伪群经，嚣亦宜知，岂于歆别怀厚德，不忍暴著其隐耶？否则伪作符书，明已言之，而仅云"援引史传"，不斥其伪，何耶？

十月，戊申朔，外兵入长安。

《莽传》：兵从宣平城门入，……张邯行城门，见杀。……莽避火宣室前殿。……绀袀服，带玺韨，持虞帝匕首。天文郎按栻于前，日时加某，莽旋席随斗柄而坐，曰："天生德于予，汉兵其如予何！"

三日庚戌，莽见杀。

《莽传》：三日……晨，……莽就车，之渐台。……王邑昼夜战，罢极；士死伤略尽。驰入宫，间关至渐台。见其子侍中睦解衣冠欲逃，邑叱之令还，父子共守莽。……众兵围数百重。……王邑父子、蕞恽、王巡战死。莽入室，……王揖、赵博、苗䜣、唐尊、王盛……等皆死台上。商人杜吴杀莽。……军人分裂莽身，……争相杀者数十人。

按：《群书治要》引桓谭《新论》言及莽败有云："王翁之过绝世人，有三焉。其智足以饰非夺是，辨能穷诘说士，威则震惧群下。又数阴中不快己者，故群臣莫能抗答其论，莫敢干犯匡谏，卒以致亡败，其不知大体之祸也。……王翁始秉国政，自以通明贤圣，而谓群下才智莫能出其上，是故举措兴事，辄欲自信任，不肯与诸明习者通共，……是以稀获其功效。……王翁嘉慕前圣之治，而简薄汉家法令，故多所变更，欲事事效古，美先圣制度，而不知己之不能行其事。释近趋远，所尚非务，故以高义退致废乱。……王翁前欲北伐匈奴，及后东击青、徐众郡赤眉之徒，皆不择良将，而但以世姓，及信谨文吏，或遣亲属子孙，素所爱好，咸无权智将帅之用，猥使据军持众；是以军合则损，士众散走。咎在不择将，将与主俱不知大体者也。"谭亲仕莽朝，其论可据，故备录之。

莽将李圣、孔仁、杜普、沈意、贾萌皆死。

《莽传》：莽扬州牧李圣、司命孔仁，兵败山东；圣格死。仁将其众降，已而叹曰："吾闻食人食者死其事。"拔剑自刺死。及曹部监杜普、陈定大尹沈意、九江连率贾萌，皆守郡不降，为汉兵所诛。

张竦卒。

《游侠传》：及王莽败，二人（张竦、张遵）俱客于池阳。竦为贼兵所杀。更始至长安，大臣荐遵为大司马护军，与归德侯刘飒俱使匈奴。

按：《莽传》，莽死在十月，更始到长安在明年二月，竦死在更始至长安前；则在十月后，二月前也。李奇曰："竦知有贼，当去，会反支日，不去，因为贼所杀。"桓谭以为"通人之蔽"。《王制正义》云："俗禁，若前汉张竦行避反支。"竦之避反支，与刘歆待太白星出同一迂愚。此等人，泥古信有之，伪古欺世则不类。

两汉博士家法考

（民国三十二年）

晚清言两汉经学，每好分别今古家法，张皇过甚，流衍多失。余著《近三百年学术史》及《刘向歆年谱》，多所驳正。而推本穷源，犹有未遑。海宁王氏《观堂集林》卷七诸篇，分析今文古文甚精密矣，然于汉代师说家法之渊源流变，尚未有透宗之见。其为《汉魏博士考》，捃摭綦详，而发明殊鲜。往者于北平诸大学讲秦汉史，于此粗有论撰，迄未刊布。兹先缀辑，聊成单篇，备治斯学者之研讨焉。

一　博士渊源

《史记·循吏传》："公仪休，鲁博士，以高第为鲁相。""博士"之称始见此。《汉书·贾山传》："山祖父袪，故魏王时博士弟子也。"沈钦韩疑"弟子"二字为衍文，然亦无证。要之，战国鲁、魏皆有博士，公仪休当鲁缪公时，贾袪应在后。鲁缪尊养曾申、子思之徒，魏文侯则师事子夏而友田子方、段干木。儒术之盛自鲁、魏，是则博士建官本于儒术也。《说苑·尊贤篇》称"博士淳于髡"，《五经异义》谓"战国时，齐置博士之官"是也。然他书皆称"稷下先生"，不称"博士"，二者盖异名同实。故汉祖拜叔孙通为博士，而号"稷嗣君"，此谓其嗣风于稷下。郑康成《书赞》，亦谓"我先师棘下生孔安国"，"棘下"即"稷下"也。安国为汉廷博士，而郑君称之为"稷下生"（"生"即"先生"），故知博士与"稷下先生"异名同实，晚汉犹未堕此义。史称稷下先生多至七十人，而秦、汉博士额亦七十。孔子弟子七十人，当时诸侯尊慕孔子，故养贤设官亦以七十为准。然则博士设官原于儒术，更益信矣。惟鲁、魏之制不能详说；齐之稷下，固已不限于儒业。《史记·田齐世家》谓"稷下先生不治而议论"，《汉书·百官表》谓"博士，秦官，掌通古今"，夫"掌通古今"，即"不治而议论"也。则秦之博士即本战国，亦居可知。又褚先生《补龟策传》，宋有博士卫平，在宋元君时，故沈约《宋书·百官志》谓"六国时往往有博士"，洵不虚矣。（按：本节所论，详见拙著《先秦诸子系年》第四十八、第七十五、第一百十八诸篇。）

二　秦博士议政与焚书

《汉书·百官公卿表》："博士，秦官，掌通古今。"《续志》："博士，掌教弟子，国有疑事，掌承问对。""通古今""承问对"，此即"不治而议论"也。"教弟子"，此亦稷下已有之。如荀卿年十五，游学于齐，即为稷下弟子也。稷下有弟子，故其师称"先生"。是则贾袪为魏王"博士弟子"，亦未必不信。秦博士掌承问对，如群臣上尊号，称"谨与博士议"。（二十六年）始皇渡湘江，逢大风，问博士，曰："湘君何神？"（二十八年）梦与海神战，如人状，问占梦博士。（三十七年）及陈胜起，二世召博士诸儒生问之。皆是也。博士既承问对，则易涉于议政。秦博士议政最著者，莫如其议封建。始皇三十四年，置酒咸阳宫，博士七十人前为寿，仆射周青臣进颂曰："陛下神灵，平定海内，以诸侯为郡县，自上古不及。"始皇悦，博士淳于越进曰："臣闻殷、周之王千余岁，封子弟功臣自为枝辅。今陛下有海内，而子弟为匹夫，卒有田常、六卿之臣，何以相救？事不师古而能长久者，非所闻也。今青臣又面谀，非忠臣。"始皇下其议，而焚书大波轩然起。丞相李斯奏曰："五帝不相复，三代不相袭，各以治。非其相反，时变异也。今陛下创大业，建万世之功，固非愚儒所知。且越言三代事，何足法？古者天下散乱，莫之能一，是以诸侯并作，语皆道古以害今，饰虚言以乱实，人善其所私学，以非上之所建立。今皇帝并有天下，别黑白而定一尊。私学而相与非法教，人闻令下则各以其学议之。入则心非，出则巷议。夸主以为名，异取以为高，率群下以造谤。如此弗禁，则主势降乎上，党与成乎下。禁之便。"此为当时李斯建议焚书之理论。至焚书办法，李斯亦有拟定，曰：臣请：

一、史官非秦记皆烧之。
二、非博士官所职，天下敢有藏《诗》《书》、百家语者，悉诣守、尉杂烧之。

据是知当时书籍实分三类：

一曰史官书，除秦记外全烧。
二曰《诗》《书》、百家语，非博士官所职全烧。
三曰秦史及秦廷博士官书，犹存。

今据此以推论先秦学官与典籍之情况，则有可得而言者。大抵先秦学官有二：一曰史官，一曰博士官。史官自商、周以来已有之，此乃贵族封建宗法时代王官之旧传，博士官则自战国始有，盖相应于平民社会自由学术之兴起。诸子百家既盛，乃始有博士官之创建。博士官与史官分立，即古者"王官学"与后世"百家言"对峙一象征也。《汉书·艺文志》以六艺与诸子分类，六艺即古学，其先掌于史官，（此义章学诚《文史》《校雠》两《通义》已言之。）诸子则今学，所谓"家人言"是也。战国博士立官源本儒术，然《汉志》儒家固俨然为九流百家之冠冕，列诸子不列六艺，则明属家言（即新兴之平民学），非官学（即传统之王官学）矣。《诗》《书》为六艺统宗，虽于古属之王官，然自王官之学流而为百家，《诗》《书》亦已传播于民间，故儒、墨皆道《诗》《书》，于是《诗》《书》遂不为王官所专有，然百家之言亦不以《诗》《书》为限。此即在儒术而已然矣。此古者官学与典籍之大体，必明于此，而后可以明了秦廷焚书之真相也。

李斯除请焚书外，尚拟办法数项：

一、敢偶语《诗》《书》弃市。
二、以古非今者族，吏见知不举者与同罪。
三、令下三十日不烧，黥为城旦。
四、所不去者医药、卜筮、种树之书。
五、若欲有学法令，以吏为师。

此则秦廷禁令，并不以焚书为首要。令下三十日不烧，仅得黥罪。而最要者为以古非今，其罪至于灭族。次则偶语《诗》《书》，罪亦弃市。良以此案由于诸儒之师古而议上，偶语《诗》《书》，虽未及议政，然彼既情笃古籍，即不免有以古非今之嫌。故偶语《诗》《书》，明令弃市，而谈论涉及百家，则并不列禁令焉。故秦廷此次焚书，其首要者为六国之史记，（以及三代旧史为史官传统职掌者。）以其多讥刺及秦，且多涉及政治也。其次为《诗》《书》，即古代官书（此本亦史官所掌，故章学诚谓"六经皆史"也。）之流传民间者，以其每为师古议政者所凭藉也。再次乃及百家语，似是牵连及之，并不重视。而禁令中焚书一事，亦仅居第三最次之列。第一禁议论当代政治，第二禁研究古代文籍，第三始禁家藏书本。其所谓"诣守、尉杂烧"，是未严切搜检也。民间之私藏，以情事推之，不仅难免，实宜多有。自此以下，至陈涉起兵，不过五年，故谓秦廷焚书，而民间书籍绝少留存，决非事实。惟《诗》《书》古文，流传本狭，而秦廷禁令，特所注重，则其遏绝，当较晚出百家语为甚。故自西汉以来，均谓秦焚书不及诸子，（王充《论衡·书解》《佚文》《正说》诸篇，赵岐《孟子题辞》，王肃《家语后序》《续汉·天文志》，刘勰《文心雕龙·诸子篇》，逢行珪注《鬻子叙》等。）又谓秦焚书而《诗》《书》古文遂绝，（《史记六国·表序》《太史公自序》，扬雄《剧秦美新》，及《论衡》上举诸篇。）盖非无据而言也。

三　坑　儒

坑儒事起焚书后一年，缘有侯、卢两生，为始皇求仙药，谓始皇贪于权势，未可为求，亡去。始皇大怒，曰："吾前收天下书，不中用者尽去之，悉召文学方术士甚众，欲以兴太平；方士欲以炼求奇药。今闻韩众去不报，徐市等费以巨万计，终不得药，徒奸利相告日闻。卢生等吾尊赐之甚厚，今乃诽谤我。诸生在咸阳者，吾使人廉问，或为妖言，以乱黔首。"于是使御史悉案问诸生。诸生传相告引。乃自除犯禁者四百六十余人，皆坑之咸阳，使天下知之以惩。后益发谪徙边。据此则诸生见坑，厥为两罪：

一曰诽谤上。
一曰妖言以乱黔首。

所谓"自除犯禁者"，即"诽谤上"及"妖言乱黔首"之禁，决非谓"兴太平"及"炼求奇药"为犯禁也。妖言诽上之禁，即去年李斯奏请焚书所谓"以古非今""偶语《诗》《书》"之类矣。（《说苑》卷二十载卢生批评始皇语可参读。）故曰"使天下知之以惩"，正使皆惩于诽上与妖言，决不惩其望星气、炼奇药、为方术，及以文学兴太平也。后世谓秦廷所坑尽术士，殊非其真。

且秦廷焚书，其重实不在焚书，而别有在。其坑儒，重亦不在坑儒，而别有在。何以言之？夫一时所坑，仅咸阳诸生四百六十余人耳。然其意在使天下惩之不敢为妖言诽上。而一时未能尽惩，后乃并发谪徙边。所谪亦皆妖言诽上之诸生也。坑者四百六十余人，谪者不知凡几。以秦之贪于刑罚，决不止四五百人可知。且亦不限于咸阳，政令所及，当遍全国。长子扶苏谏曰："诸子皆诵法孔子，今上皆重法绳之，恐天下不安。"可见所谪非尽属方士，所谓"诵法孔子"者，大率还以"偶语《诗》《书》""以古非今"两途为多也。

四　论秦博士与《诗》《书》六艺之关系

秦廷焚书之真相既白，而后后世对于此事之种种误解曲说，乃可一一摧破。其尤要者，厥为博士与六艺之关系。古代学术分野，莫大于王官与家言之别。鲍白令之有言："五帝官天下，三王家天下。""官"言其公，"家"言其私。百家言者，不属于王官而属于私家，易辞言之，即春秋以下平民社会新兴之自由学术也。王官学掌于"史"，百家言主于诸子，诸子百家之势盛而上浮，乃与王官之史割席而分尊焉，于是有所谓"博士"。故博士者，乃以家言上抗官学而渐自跻于官学之尊之一职也。《诗》《书》六艺初掌于王官，而家学之兴实本焉。百家莫先儒、墨，儒、墨著书皆原本《诗》《书》，故《诗》《书》者，乃王官故籍下流民间而渐自混于家言之间者。故《诗》《书》既与官史有别，（如孔子《春秋》不同于鲁《春秋》；儒门《诗》《书》既经孔子修订，亦必与官史旧本有出入也。）亦复与新兴百家言不同。（《诗》《书》乃旧典，百家言乃新著，且百家亦不尽据《诗》《书》。）《诗》《书》之下流，正可与博士之上浮，交错相映，而说明春秋、战国间王官之学与百家私言之盛衰交替过接之姿态焉。后世不明于此，乃谓博士官专掌六艺，此无证臆说也。鲁、魏博士，以及齐之稷下，皆不闻专掌六艺，秦博士掌通古今，若专掌六艺，是知古不知今，近于陆沉矣。博士即家学之上映，若专掌六艺，又何以自别于王官之史哉？惟其博士不专掌六艺，故秦廷有占梦博士，有为《仙真人诗》之博士。至汉初文帝时，亦尚有诸子传记博士。今谓博士专掌六艺，是误以武帝后事说秦、汉初年也。然博士不专掌六艺，亦非不掌六艺，此如百家非专据《诗》《书》，亦非全不据《诗》《书》也。秦博士自有掌六艺者，如伏生以治《尚书》而为博士是也。秦廷焚书，其原起于博士之议政，其所禁在于私学之是古而非今，则博士之掌古典籍者必为秦之所禁。故秦时焚书，伏生逃归藏其《尚书》于壁中。然则又何得谓秦焚书后仍有博士，故六艺不残缺乎？夫博士额七十人，初不一职，正犹百家初不一途。伏生治《尚书》为秦博士，此当在始皇三十四年前，及焚书议起，偶语《诗》《书》有禁，岂伏生尚得以《尚书》学而为秦博士哉？然则秦廷焚书以前，必多通五经六艺之博士，如淳于越、伏生皆是也。秦廷焚书以后，博士官虽未废，而通六艺《诗》《书》之博士，则必尽在罢斥之列矣。

五　自秦焚书后至汉文景时代之博士

博士之制，自秦焚书后未尝废。《史》称始皇三十五年侯生、卢生相与谋，谓"博士虽七十人，特备员"，是其时博士员额未减也。（二世问陈胜事，召博士诸生三十余人，盖未全至。）《汉书·艺文志》，儒家《羊子》四篇，班注："百章，（"百"疑"名"字之讹。）故秦博士。"又名家《黄公》四篇，班注："名疵，为秦博士，作歌诗，在秦时歌诗中。"又始皇三十六年，使博士为《仙真诗人》。京房称秦时赵高用事，有正先非刺高而死。孟康曰："姓正，名先，秦博士也。"（《汉书·京房传》）此皆秦博士姓名可考者；其人似多在焚书后。（《说苑·至公篇》："始皇召群臣而议，博士七十人未对，鲍白令之对"云云，《说苑》述其事再言"令之"，知"鲍白"乃复姓，盖系"鲍丘"字讹。

《新语·资质篇》言"鲍丘子之德行非不高于李斯、赵高"是也。"鲍丘"又作"包丘",《盐铁论·毁学篇》言"李斯与包丘子俱事荀卿"是也。然则此"包丘""鲍丘",盖即汉初传《诗》之浮丘伯矣。此吾友蒙文通说。浮丘伯当与淳于越、伏生之徒同主以古非今而失职者。其为博士则应在焚书前。)及汉兴而叔孙通为博士,然其时学术未盛,博士之详不可考。《孔子世家》:"鲋弟子襄尝为孝惠皇帝博士,迁为长沙太守。"此惠帝时博士之仅见者。历高后至孝文,而学者益出;其时书亦渐多。刘歆《移太常博士》云"汉兴,至孝文皇帝,天下众书,往往颇出,皆诸子传说,犹广立学官,为置博士"是也。《前书·楚元王传》:"文帝时,闻申公为《诗》精,以为博士。"《儒林传》:"韩婴,文帝时为博士。"又云:"伏生教济南张生,张生为博士。"不知在文帝抑景帝时。赵岐《孟子题辞》云:"孝文欲广游学之路,《论语》《孝经》《孟子》《尔雅》皆置博士。"同刘歆说。孝景时博士可考者:辕固,齐人,以治《诗》为博士。胡母生,齐人;董仲舒,广川人,均以治《公羊春秋》为博士。然此所载皆出《儒林传》,特本其后博士限于五经而推溯言之。非谓文、景两朝博士,限于儒生经师也。其他尚可考见者,如鲁人公孙臣,以言"五德终始"召拜博士,在文帝时。贾谊年二十余,以颇通诸子百家之书,亦召为博士。晁错学申商刑名于轵张恢生所,文帝时亦为博士。辕固生与黄生争论于景帝前,黄生无所考见,疑亦博士也。《汉旧仪》:"文帝时,博士七十余人,朝服玄端章甫冠,为待诏博士。"是其时博士员数,仍仿秦旧,亦七十余人。文、景两朝共逾四十年,先后为博士者应逾百数。当时儒术未盛,经师犹乏,博士决不限于五经传记,断可想矣。司马迁谓:"文帝本好刑名之言，及至孝景不任儒者，而窦太后又好黄老之术，故诸博士具官待问，未有进者。"今按：张叔孝文时以治刑名，得侍太子。晁错上书言皇太子应深知术数，文帝善之，拜太子家令。"术数"即"刑名"也。史迁谓"文帝本好刑名"，良为不诬。然其时博士既不限于儒生，则诸博士之具官待问未有进，不得全以文、景之不好儒说之。盖其时汉廷自萧、曹以下，皆以兵革汗马功封侯为相。汉约非有功不得侯，又非侯不为相。故宰相一职，遂为功臣阶级所独擅。彼辈皆质多文少。即张良以下，陆贾、娄敬诸文人，尚不得大用，何论新起之士？故贾谊卒抑郁以死，晁错进言，遽自见杀。此皆宁得以文、景不好儒说之？

六　汉武一朝之崇儒更化

汉代儒术之盛，与夫博士之限于儒生经师，其事始武帝，而其议则创自董仲舒。《史》称仲舒举贤良对策，请"诸不在六艺之科，孔子之术者，皆绝其道，勿使并进"。又曰："推明孔氏，抑黜百家，其议皆自仲舒发之。"此谓尊儒崇孔议始仲舒也。而考建元元年，丞相卫绾奏："所举贤良，或治申、韩、苏、张之言，乱国政，请皆罢。"奏可。此为武帝即位辟头第一声。其一朝措施，即已于此露其朕兆，定其准的矣。时武帝年十七也。卫绾为人醇谨无他长，以敦厚见赏于文、景两帝。何以少主初政，突发此惊人之议？且其事不著于绾之本传，惟于《武纪》见之。又其年六月，绾即以不任职罢免。（据《百官公卿表》）可知此议发动，实不在绾。盖是年举贤良，仲舒预焉。罢申、韩云云，其议实发自仲舒。即所谓"诸不在六艺之科、孔子之术者，皆绝其道，勿使并进"也。惟仲舒对策之年，昔人尚多异议。《汉书·武纪》载于元光元年，与公孙弘并列。《通鉴》则据《史记》"武帝即位，为江都相"之文，载于建元元年。盖《通鉴》所定实是。《本传》："仲舒对策，推明孔氏，抑黜百家。立学校之官，州郡举茂才孝廉，皆自仲舒发之。"今按：举孝廉在元光元年十一月，若对策在下五月，不得云"自仲舒发"，一也。（《通鉴考异》说）又《武纪》建元六年，辽东高庙灾，高园便殿火。《五行志》"仲舒对曰"云云，《本传》在废为中大夫时，居家推说其意。是贤良对策不得反在元光元年，二也。（沈钦韩说）史公学于董生，记事必确。史传云："今上即位，为江都相。"是为相在建元元年，对策即于其时审矣。辽东高庙灾，仲舒且为下狱。若其事在对策前，则名尚未显，主父偃何自嫉之？《史》《汉》并云仲舒自是"不敢复言灾异"，而对策推灾异甚切。武帝册中又有"敬闻高谊"语。若曾受拘系，不合为此言。《刘向传》又言："仲舒坐私为灾异书，下吏，复为太中大夫，胶西相。"不云下吏后对策为江都相。又其较然无疑者，三也。（苏舆说）又仲舒对策详论《春秋》谓一为元之说，益知其在建元元年，四也。（王楙《野客丛书》说，苏引。）又按：《公孙弘传》："武帝初即位，弘年六十，以贤良征，为博士。"考弘卒元狩二年，年八十，上推二十年，正值建元之岁，公孙与董并举，《武纪》并不误，特误谓在元光耳，五也。（此及门钱生树棠说）惟策中有"今临政而愿治七十余岁矣"一语。自汉初至建元三年始七十岁，则建元元年不得云"七十余岁"，（齐召南说）此若可疑，然此处实有衍文。原文当云："古人有言：'临渊羡鱼，不如退而结网，临政愿治，不如退而更化。'"浅人妄加数字耳。(苏舆说)策中又云："夜郎、康居，殊方万里，说德归谊。"通夜郎在建元六年王恢击东粤后。而张骞道康居，远在其后十余年，无从先有"归谊"事。然则仲舒对策，不仅"临政愿治"一语，非当时之真矣。

抑犹有进者，推隆儒术，复古更化，此不仅仲舒策中言之，即武帝诏册，辞旨昭彰，固已有隆儒更化之意矣。仲舒所对，特与朝旨忻合，非果由仲舒始开是意也。时朝廷大臣，如丞相卫绾之徒，皆椎朴非学士。武帝以十七龄少主，初即位，制诏贤良，已卓然有复古更化之意，此必有其所由来。考《史记·儒林传》："兰陵王臧，受《诗》申公，事孝景帝为太子少傅，免去。今上即位，臧乃上书宿卫上，累迁，一岁中为郎中令。"郎中令掌宿卫宫殿门户，职属亲近。文帝初入未央宫，拜张武为郎中令是也。是王臧尝傅武帝，特见亲信。帝之好儒术，渊源当在此。制诏文字，亦当出王臧之徒。是年又用赵绾为御史大夫，绾与臧同学，其拔用殆亦出臧意。《史记·儒林传》言："武帝即位，赵绾、王臧之属明儒学，而上亦向之，于是招方正贤良文学之士。"则武帝一朝崇儒之端，其事实起于王、赵也。王、赵既用事，即议立明堂，安车蒲轮，征其师鲁申公。时丞相为窦婴，乃窦太后诸侄。帝既有意更张，疑若变易先帝之所立，事盖为太后所不喜。帝之用窦婴，则引以缓太后意。明年，冬十月，赵绾请无奏事东宫，窦太后大怒，绾及王臧皆下狱自杀，窦婴亦免。武帝遂罢明堂事，申公亦病免归，是为武帝用儒一顿挫。然其后三年(建元五年)，武帝终置五经博士，而儒术终独盛。

七　武帝时代之五经博士

《汉书·儒林传赞》："武帝立五经博士，《书》惟有欧阳，《礼》后，《易》杨，《春秋》公羊而已。"王应麟《困学纪闻》："后汉翟酺曰：'文帝始置一经博士。'考之汉史，文帝时，申公、韩婴皆以《诗》为博士。（所谓"鲁诗""韩诗"。）五经列于学官者，惟《诗》而已。景帝以辕固生为博士，（所谓"齐诗"。）而余经未立。武帝建元五年春，初置五经博士。《儒林传赞》称举其四，盖《诗》已立于文帝时。"今按：胡母生、董仲舒皆治《公羊春秋》，于景帝时为博士。则武帝所增只三经，非四经也。而称置五经博士者，据《百官表》："博士，秦官，掌通古今。员多至数十人。武帝初置五经博士。"盖申公之传其前为博士，乃以"通古今"，非以其"专经"。其时则诸子百家皆得为博士。至武帝专隆儒术，乃特称"五经博士"。而其他不以五经为博士者，遂见罢黜；后世因名之曰"诸子传记博士"。其先皆以通古今，则不别五经与诸子传记也。故以专经为博士自武帝始。《儒林传赞》独举四经者，后此四经皆有增设，至宣帝时，增员至十二人。独《诗》惟三家，一犹文、景之旧，博士不增，故亦不及。（王莽立《毛诗》博士，汉人不以为典要。）非谓武帝时增此四经也。故自武帝建元五年，而后博士之性质与前迥异。翟酺谓"文帝始置一经博士"者，当文帝时博士专经仅于一《诗》，此转可证文帝时博士不限于经术，固不得谓武帝乃继文帝之一经而增成五经也。其后十二年（元朔五年），又为博士置弟子员，其议始于公孙弘。其先博士自有弟子，如叔孙通拜博士，为汉定朝仪，与其弟子百余人为绵蕞野外习之是也。然此特弟子自从其师，与朝制无关。公孙弘之议，为博士官置弟子五十人，复其身。由太常择补。（此选士。）郡国有好文学，亦得举诣太常，受业如弟子。（此选吏。）一岁辄课；能通一艺以上，补文学掌故缺。（秩在百石下。儿宽以文学掌故补文学卒史，秩百石，可证。）高弟可以为郎中。盖自是而博士弟子始获国家之优复，又列为仕途正式之出身，此亦与前不同，故史称"自是而学者益众"。此亦朝廷奖兴儒术之一端也。

八　武帝时代经学转盛之原因

今考秦人焚书，王官史记以外，特严于《诗》《书》。迄兹未百年，经术转盛，《诗》《书》六艺独设博士。其间亦有故。汉之初兴，未脱创痍。与民休息，则黄老之说为胜。及于文、景，社会富庶，生气转苏。久痿者不忘起，何况壮士？与言休息，谁复乐之？而一时法度未立，纲纪未张。社会既蠢蠢欲动，不得不一切裁之以法。文帝以庶子外王，入主中朝，时外戚吕氏虽败，而内则先帝之功臣，外则同宗之诸王，皆不欲为就范。文帝外取黄老阴柔，内主申韩刑名。其因应措施，皆有深思。及于景帝，既平七国之变，而高庙以来功臣亦尽。中朝威权一统，执申韩刑名之术，可以驱策天下，惟我所向。然申韩刑名，正为朝廷纲纪未立而设。若政治已上轨道，全国共遵法度，则申韩之学，亦复无所施。其时物力既盈，纲纪亦立，渐达太平盛世之境。而黄老申韩，其学皆起战国晚世。其议卑近，主于应衰乱。惟经术儒生高谈唐虞三代，礼乐教化，独为盛世所憧憬。自衰世言之，则见为迂阔远于事情。衰象既去，元气渐复，则如人之病起，舍药剂而嗜膏粱，亦固其宜也。后人谓惟儒术利于专制，故为汉武所推尊，岂得当时之真相哉！

且称《诗》《书》，道尧舜，法先王，此战国初期学派儒、墨皆然。不专于儒也。文帝时有《孟子》博士。(《河间·献王传》，载"河间得书，皆古文先秦旧书。《周官》《尚书》《礼》《礼记》《孟子》《老子》之属"。特举《孟子》《老子》者，《孟子》文帝时立博士，《老子》尤为时重。《艺文志》有《老子·邻氏经传》四篇、《傅氏经说》三十七篇、《徐氏经说》六篇。当时殆亦立博士，故有传、说，如后六艺诸经尽有传、说也。然则班氏《河间》一传，正见其据当时传闻。若由刘歆以下伪造，何缘于《周官》《尚书》下忽及《孟子》《老子》哉？)至武帝时亦废。若谓尊儒，何以复废《孟子》？其后刘向父子编造《七略》，六艺与儒家分流。儒为诸子之一，不得上侪于六艺。然则汉武立五经博士，若就当时语说之，谓其尊六艺则然，谓其尊儒则未尽然也。即仲舒对策，亦谓："百家殊方，指意不同。臣愚以谓诸不在六艺之科，孔子之术者，皆绝其道。"则仲舒之尊孔子，亦为其传六艺，不为其开儒术。故《汉志》于六艺一略，末附《论语》《孝经》、小学三目，此亦以孔子附六艺，不以孔子冠儒家也。此在当时，判划秩然，特六艺多传于儒生，故后人遂混而勿辨耳。

故汉人之尊六艺，并不以其为儒家而尊。其尊六艺尚有故。《儒林传》："窦太后好《老子》书。召问博士辕固生。固曰：'此家人言耳。'太后大怒曰：'安所得司空城旦书乎！'乃使固入圈击彘。景帝知固直言无罪，而为太后怒，乃假固利兵。彘应手而倒，固得无死。"今考"家人"者，如《田太公世家》："齐侯废为家人。""家人"即"庶人"也。家人言，即谓平民私家之言。秦博士鲍白令之对始皇曰："五帝官天下，三王家天下。""官""家"对文，官言其公，家言其私。家人言即对王官之学而说，犹云民间私家言耳。扬子云《博士箴》亦云："《诗》《书》是泯，家言是守。"以"《诗》《书》""家言"对文，正犹《七略》《艺文志》以王官六艺之学与九流十家对列也。司马迁有云："厥协六经异传，整齐百家杂语。"班彪因之，曰："采经摭传，分散百家之事。"而刘知几《史通》则谓："鸠集国史，采访家人。"（《六家篇》）又曰："殷周已往，采彼家人。"（《采撰篇》）则家人言即百家言，更无疑义。《史通》又曰："谯周以迁书周、秦以上，或采家人诸子，不专据正经。"（《外篇·古今正史》）此尤家人言即诸子书，与六艺正经对列之明证。崔浩引袁生语："《老子》所谓家人筐箧中物，不可扬于王庭。"钟繇以《左氏》为"太官"而《公羊》为"卖饼家"，此皆尊官学，蔑家言，与辕固意相似。辕固自以治《诗》《书》，乃古者王官之学，而轻鄙《老子》，谓其乃晚出家言，窦太后怒之，曰："安所得司空城旦书。"秦法，令下三十日不烧，黥为城旦，汉以司空主罪人，贾谊云"输诸司空"是也。《诗》《书》为秦法所禁，故云何从得此犯禁书矣。然则扬子云所谓"《诗》《书》是泯，家言是守"，王仲任所谓"秦人焚书不及诸子"，岂不信而有证乎？故秦人焚古代官书而仍立晚世家言为博士，所以尊新王一朝之统，此荀卿所谓"法后王"，不得遽目之为排抑儒生也。汉武罢斥百家，表章六艺，夫而后博士所掌，重为古者王官之旧，所以隆稽古考文之美，此荀卿所谓"法先王"；然《孟子》博士遂见废黜，亦不得遽谓之即是尊崇儒术也。盖当时之尊六艺，乃以其为古之王官书而尊，非以其为晚出之儒书而尊，故班氏《儒林传》谓："六学者，王教之典籍，先圣所以明天道，正人伦，致至治之成法。"汉儒尊孔子为素王，亦以自附于六艺，而独出于百家。此必明于古代学术分野，《汉志》六艺与诸子分列之意，而后可以语此。昧此而轻言秦皇、汉武间博士一官职掌转变之所以然，必无从而得真矣。

九　《史记》中之古文

《汉志》六艺与诸子分部，官学与家言对列，此乃古代学术大分野，其义已如上述；继此而《史记》之所谓"古文"者，其际限亦可得而定。盖《史记》之所谓"古文"，正指六艺，凡所以示异于后起之家言也。《五帝本纪赞》："百家言黄帝，其文不雅驯，荐绅先生难言之。"又曰："总之不离古文者近是。"此史公开宗明义，标明其书取裁别择，一本六艺官书，经、传、记、说，则一也。目之曰古文者，以别于后起之百家言。故曰："学者载籍极博，犹考信于六艺。"（《伯夷列传》）又曰："余读《春秋》古文，乃知中国之虞与荆蛮句吴兄弟也。"（《吴太伯世家》）此以冠诸世家、列传之首，为一书眉目，史公大书特书，凡所以尊六艺而信古文，古文即六艺也。其曰"《春秋》古文"，自指《左传》，此缘史公亦认《左传》为六艺，经之与传一也。史公特称之曰"《春秋》古文"，乃以别于后起百家言之非古文者而特异之。在史公时，五经博士家法未起，后世所谓今文、古文之藩篱未筑，史公并不指《左传》为古文以示异于《公羊》之为今文，如后世经生之见，决矣。后人不深晓，乃误以《史记》言古文，亦一如后世之所谓"今文、古文"者，是又何异于根据汉武有五经博士而谓秦博士专掌经籍耶？然当史公时，百家披猖，经术未盛，故史公特重言之，曰"年十岁，则诵古文"，在史公之意，凡《诗》《书》六艺，皆古文也。岂亦如东京以下，独指《古文尚书》《毛诗》《周官》《左氏》数籍者而谓之古文哉？夫不诵古文，则又焉知荆蛮之句吴之与中国之虞之为兄弟？不睹六籍，乌知上古？故不治古文，则不得谓"成学"。史公又言之，曰："为成学治古文者要删。"（《十二诸侯年表序》）则史公之所谓古文，其义岂不居可见乎？史公制《三代世表》又曰："余读谍记，黄帝以来皆有年数，稽历谱谍，终始五德之传，古文咸不同，乖异，夫子之弗论次其年月，岂虚哉！于是以《五帝系谍》《尚书》，集世纪黄帝以来讫共和为《世表》。"此史公谓凡谱谍终始五德之传言黄帝以来年数，皆与古文不同，又自见乖异，故宁法孔子，亦不论次其年月也。此正犹谓"百家言黄帝，其文不雅驯，荐绅先生难言之"，所谓"谍谱终始之传"者，皆后起百家言，非古文，不得与《尚书》及孔子所传《帝德》《帝系》相提而并论也。此史公之意昭彰甚显。其为《七十二弟子列传》，又曰："《弟子籍》出孔氏古文，近是。"夫六籍传于孔子，故凡其书出孔氏者，史公皆尊之曰"古文"而谓其"近是"，如《五帝本纪赞》所谓"孔子所传《宰予问五帝德》《帝系姓》"及此处《弟子籍》之类皆是也。故《诗》《书》六艺既古文，而凡书之出孔氏之传者，史公亦谓之古文而近是，此史公之特尊孔子，故曰"圣人作而万物睹，伯夷、叔齐得夫子而名益彰"者也。然则以后世经生之见专谓《古文尚书》

《毛诗》《周官》《左氏》为古文者固失之，即谓凡先秦旧籍在秦火以前者皆得称古文，如班氏《河间献王传》之例，亦殊非史公意也。《史记》常以《诗》《书》古文连言，皆当如此说。古文即《诗》《书》，即六艺也。（《史记·儒林传》："孔氏有古文《尚书》，而安国以今文读之，因以起其家"，惟此处"古文"乃指古文字言。《汉书》特为增一字，曰"孔氏有古文《尚书》，而安国以今文字读之，因以起其家"是也。然尚未指如后世之所谓"古文学"。至《后书》乃曰："孔安国传《古文尚书》，授都尉朝，朝授胶东庸谭，为《尚书》古文学，未得立。"至是乃有"古文学"之称；然亦仅谓《尚书》古文学，非可摆脱《尚书》范围，而谓诸经共自有一古文学也。辨详后。）

一〇 宣元以下博士之增设与家法兴起

汉自宣、元以后，儒术日盛，朝廷博士，遂多增设。《儒林传赞》云：

自武帝立五经博士，……初《书》惟有欧阳，《礼》后，《易》杨，（沈钦韩云："《易》杨"为"《易》田"之讹。）《春秋》公羊而已。至孝宣世，复立大、小《夏侯尚书》，大、小《戴礼》，《施》《孟》《梁丘易》《穀梁春秋》。至元帝世，复立《京氏易》。平帝时，又立《左氏春秋》《毛诗》、逸《礼》、古文《尚书》，所以网罗遗佚，兼而存之，是在其中矣。

考孝宣增立博士，在甘露三年。《宣纪》甘露三年：

诏诸儒讲五经同异，太子太傅萧望之等平奏其议，上亲称制临决焉，乃立《梁邱易》、大小《夏侯尚书》、《穀梁春秋》博士。

此所谓"石渠议奏"也。时与议者，据《儒林传》有：

《易》家博士沛施雠（从田王孙受业），黄门郎东莱梁丘临（贺子。受业于施雠）。《书》家博士千乘欧阳地余（高孙），博士济南林尊（欧阳高弟子），译官令齐周堪（事夏侯胜），博士扶风张山拊（事夏侯建），谒者陈留假仓（张山拊弟子）。《诗》家淮阳中尉鲁韦玄成（父贤，受《诗》于瑕丘江公及许生），博士山阳张长安（事博士王式），沛薛广德（亦事王式）。《礼》家梁戴圣（后苍弟子），太子舍人沛闻人通汉（亦后苍弟子）。《公羊》家博士严彭祖（事眭孟），侍郎申挽，伊推，宋显，许广。《穀梁》家议郎汝南尹更始（事蔡千秋），待诏刘向，梁周庆，丁姓，中郎王亥（《后汉·贾逵传》注作"王彦"）。

可考者凡二十二人。其议奏之见于《艺文志》者，有《书》四十二篇，《礼》三十八篇，《春秋》三十九篇，《论语》十八篇，《五经杂议》十八篇。凡一百五十五篇。（《易》《诗》二经无议奏，疑因《易》家与议者惟施氏，《诗》家惟《鲁诗》，并事王式，故无异同之对。殆散入《杂议》中。又石渠议今并无传，惟杜佑《通典》稍存其一二。）今考汉武立五经博士，一经初似不限于一人。如欧阳地余为欧阳高孙，林尊师事欧阳高，同为博士议石渠，则《欧阳尚书》同时有两博士也。又如博士张山拊，事小夏侯建。其与议石渠时，先已为博士。然汉廷增立大、小《夏侯》博士在石渠议后，则山拊为博士时，犹未称《小夏侯尚书》博士，虑亦不当称《欧阳尚书》博士。所以称《欧阳尚书》者，乃以示异于大、小《夏侯》。今既无大、小《夏侯》，说《尚书》者仅于一家，则特为《尚书》博士耳。即欧阳地余、林尊亦然。又如张长安、薛广德皆事王式，皆为博士议石渠，王式治《鲁诗》，是张、薛二人同时以《鲁诗》为博士也。又王式征为博士时，有江公亦为博士，世为《鲁诗》宗，心嫉式，则江公、王式亦同时以《鲁诗》为博士。《史记·儒林传》："申公弟子为博士十余人，孔安国至临淮太守，周霸胶西内史，夏宽城阳内史，砀鲁赐东海太守，兰陵缪生长沙内史，徐偃胶西中尉，邹人阙门庆忌胶东内史。"所举凡七人，其他则缺。此七人必有同时为博士者。《史》又言："其言《诗》虽殊，多本于申公。"则诸人治《诗》虽同本申公而亦自有殊也。又《儒林传》石渠议后，《穀梁》学大盛，周庆、丁姓皆为博士，似亦同时为博士者。则一经博士不限一人，似在石渠议后犹然也。《后书·范升传》："建武二年，迁博士，上疏让曰：'臣与博士梁恭，山阳太守吕羌，俱修《梁邱易》。二臣年并耆艾，经学深明，臣不以时退，与恭并立，深知羌学，又不能达；愿推博士以避恭、羌。'帝不许。"是一经博士不限一人，虽至东京犹然也。

五经博士，初不限于一家一人，既如上述。而其为博士者，初亦不限于专治一经。如韦贤并通《礼》《尚书》，以《诗》教授，征为博士。（《本传》）又韦贤治《诗》，事博士大江公及许生；（《儒林传》）而瑕丘江公受《穀梁春秋》及《诗》于鲁申公。韩婴为博士，传《诗》，然亦以《易》授人。后苍事夏侯始昌，始昌通五经，苍亦通《诗》《礼》，为博士。董仲舒以治《春秋》，孝景时为博士，然仲舒见称通五经。又梁相褚大通五经，为博士时，儿宽为弟子。(见《儿宽传》)此皆博士初不专治一经之证也。

夫既不以一家一博士为限，而博士又不限于专治一经，则知所谓"某经博士"之称，必属后起。其先博士掌通古今，员多至数十人(七十人)，经学、诸子百家、诗歌、艺术、杂伎皆有之，固未尝以某经博士为号。及武帝置五经博士，特罢黜以百家传记为博士者，而博士之选，专以通五经为主。初亦未有某经博士之号也。如后苍通《诗》《礼》为博士，而于《诗》《礼》皆有著述。《艺文志》：

《诗》，《齐后氏故》二十卷，《齐后氏传》三十九卷，《礼》，《曲台后苍》九篇(又《孝经》，《后氏说》一篇)。

又其《诗》《礼》皆有传人。《萧望之传》："望之治《齐诗》，事同县(疑当作"同郡")后苍且十年，以令诣太常受业；复事同学博士白奇。"又《翼奉传》："奉治《齐诗》，与萧望之、匡衡同师。"此后苍《齐诗》之传也。其《礼》学授之沛闻人通汉子方，梁戴德、胜，沛庆普；此后苍《曲台礼》之传也。然则谓后苍通《诗》《礼》为博士者，其在当时，当称"《齐诗》博士"欤？抑"《礼》博士"欤？固难说矣。

又考《儒林传》：

汉兴，鲁高堂生传《士礼》十七篇，而鲁徐生善为颂(同"容")。孝文时，徐生以颂为礼官大夫。(沈钦韩云："博士、大夫，皆礼官也。"连徐生故称礼官大夫，非真有此官。)传子至孙延、襄。襄，其资性善为颂，不能通经。延颇能，未善也。襄亦以颂为大夫，至广陵内史。延及徐氏弟子公户满意、桓生（即刘歆所谓"鲁国桓公"）、单次，皆为礼官大夫。而瑕丘萧奋以《礼》至淮阳太守。诸言《礼》为颂者由徐氏。孟卿，东海人也，事萧奋，以授后苍、鲁闾丘卿，苍说《礼》数万言，号曰《后氏曲台记》。

则后苍以前，治《礼》者多善为容而不通经，其人率为大夫，不为博士。大夫与博士同为礼官，同属太常，而自有别。又晁错、匡衡皆为太常掌故，《索隐》引《汉旧仪》云：

太常博士弟子，试射策中甲科补郎中，乙科补掌故。

《儒林传》又谓：

治礼掌故，以文学礼义为官，迁留滞。

治礼亦礼官之类，是博士以外，尚有大夫、掌故诸目。而汉廷自后苍以前，治礼者仅有大夫，无博士。即以后苍言，其为博士已在孝宣时。（《百官公卿表》："孝宣本始二年博士后苍为少府。"距武帝卒已十五年；距始立五经博士，则六十四年也。）而《儒林传》详后苍事于《齐诗》之系。是谓后苍通《礼》，而以《齐诗》为博士，犹如江公虽通《穀梁》而以《鲁诗》为博士也。则自后苍以前，无以《礼经》为博士者。孝武时虽云立五经博士，而《礼经》顾阙。故知其时所谓五经博士，乃一总名，以别于前之博士。前博士掌通古今不限五经，此则限以五经为博士也。而博士员数，不限于五。有一经数博士者，如《鲁诗》，申公弟子为博士者十余人；有虽列五经而并无博士者，如《礼》；有一博士而兼通数经者，如上举申公、董仲舒、瑕丘江公、韩婴、褚大皆是也。又如《史记·儒林传》：

丞相御史言，谨与博士平等议。（武帝元朔五年。）

《史记·三王世家》：

博士臣将行等。（元狩六年。）

《汉书·武帝纪》：

元鼎三年夏大水，秋九月，诏遣博士中等巡行。

《史记·酷吏传》：

匈奴求和亲，群臣议上前，博士狄山曰："和亲便。"（山为博士在张汤为御史大夫时；汤以元狩三年为御史大夫，元鼎二年自杀。）

《汉书·霍光传》：

臣敞等谨与博士臣霸（孔霸），臣隽舍，臣德，臣虞舍，臣射，臣苍（后苍）议。（昭帝元平元年。）

以上所举，皆不详其业之授受，不知为何经博士。殆自汉武以来，博士员数尚颇盛，虽无往者七十之数，然并不分经各立，限五经立五博士，或总五经诸家各立一博士也。

又武帝元朔五年，公孙弘请为博士官，置弟子五十人，谓：

> 一岁皆辄课，能通一艺以上，补文学掌故缺。

然则博士弟子亦不限通一艺矣。故知汉初以来，虽承秦人焚书之后，能通一经之士已不多遘，然初未有专经之限。惟自博士官既置弟子，则博士教授亦自渐趋分经专门之途，此则断可知尔。

今考汉博士经学，分经分家而言"师法"，其事实起于昭、宣之后。据《儒林传》：

> 由是《易》有施、孟、梁丘之学。

其事在田王孙后，田王孙为汉武时博士，其先《易》未分也。刘歆移书太常："往者博士，易则施、孟，孝宣广立《梁邱易》。"似施、孟分家已在石渠议前。惟《汉书·儒林传赞》："初《易》惟有杨（系"田"字讹），孝宣世复立施、孟、梁丘。"以诸《易》分家尽归孝宣后，最为得之。石渠议奏《易》家出席者独施雠，其时诸《易》家法尚未分，则《施易》即《田易》也。仅有《田易》，则仅当称"《易》博士"，决不称"《田易》博士"矣。

> 由是施家有张（禹）、彭（宣）之学，孟家有翟（牧）、

白（光）之学，梁丘有士孙（张）、邓（彭祖）、衡（咸）之学。

是《易》三家各有分派，其事更在后。

由是《易》有京氏之学。

京房师焦延寿，延寿尝从孟喜问《易》。房以延寿《易》即孟氏学，而翟牧、白生不肯认。而《京氏易》立博士，尚在京房后。

由是《易》有高氏学。

高、费皆未尝立学官。费直传王璜，高相传毋将永，费、高二人同时，皆当在成帝后。是《易》学分家尽属后起之证也。

由是《尚书》世有欧阳氏学。

欧阳氏世传《尚书》，其成家应在欧阳地余后，即宣帝以后矣。《经典释文叙录》谓："欧阳氏世传业，至曾孙高作《尚书·章句》，为欧阳氏学。"今案：《汉书·艺文志》："《尚书·欧阳经》三十卷，《欧阳章句》三十一卷，《欧阳说义》一篇。"仅著"《欧阳章句》"，未确指其作者。《释文叙录》殆本《后书·儒林传》"儿宽授欧阳生之子，世世相传，至曾孙欧阳高，为《尚书》欧阳氏学"而言。夫谓有欧阳氏学，即谓有章句也。然按诸《前书》，仅曰"世世相传，至曾孙高子阳为博士"，未言其名学也。分家名学，事属后起，殆不于欧阳高时已有之。则《后书》实误，而《释文叙录》为失据矣。王观堂引许氏《说文》引欧阳乔说，谓古"乔""高"通用，证《欧阳章句》成于高手，此亦非是。纵谓乔即是高，安见高说不载于《说义》，而必谓《章句》出高手乎？丁宽作《易说》三万言，训故举大谊而已，而后世谓之《小章句》。然则纵谓欧阳高有章句，疑亦训诂举大谊，而后人自被以章句之名。非即《汉志》三十一卷之《章句》。章句成学，其起固当较此稍晚也。又云："欧阳、大、小夏侯氏学，皆出于儿宽。"是儿宽以前，《尚书》不分派之证也。

由是欧阳有平（当）、陈（翁生）之学。

平、陈皆林尊弟子，林尊与地余同时。

由是《尚书》有大、小夏侯之学。

大夏侯胜受《尚书》于夏侯始昌，又事简卿，简卿乃儿宽门人，胜传从兄子建，则《尚书》大、小夏侯分家，亦在儿宽后。

由是大夏侯有孔（霸）、许（商）之学。小夏侯有郑（宽中）、张（无故）、秦（恭）、假（仓）、李（寻）氏之学。

此尤在后也。是《尚书》分家属后起之证也。

由是《鲁诗》有韦氏学。

韦贤治诗，事瑕丘江公及许生，传子玄成。玄成及兄子赏，以《诗》授哀帝，乃称韦氏学，此《诗》韦氏学晚起也。

　　由是《鲁诗》有张（长安）、唐（长宾）、褚（少孙）氏之学。

三人皆王式弟子。王式为博士在宣帝时，三人皆为博士，遂分派别。

　　由是张家有许（晏）氏学。

其起更在后。此《鲁诗》分派尽晚起之证也。

　　由是《齐诗》有翼（奉）、匡（衡）、师（丹）、伏（理）之学。

翼、匡皆后苍弟子。师、伏则又匡之弟子矣。此《齐诗》分派更晚起之证也。

　　由是《韩诗》有王（吉）、食（子公）、长孙（顺）之学。

王吉、食子公为博士，在宣帝时。长孙顺受《诗》于王吉，皆晚起。此《韩诗》分派亦晚起之证也。

　　窃疑《诗》分齐、鲁、韩三家，其说亦后起，故司马迁为《史记》，尚无《齐诗》《鲁诗》《韩诗》之名。惟曰：

> 自是之后，齐言《诗》，皆本辕固生，诸齐人以《诗》显贵，皆固之弟子。

又曰：

> 韩生……其言颇与齐、鲁间殊，然其归一也。而燕、赵间言诗者由韩生。

至班氏《汉书》则确谓之《鲁诗》《齐诗》《韩诗》焉。是三家《诗》之派分，亦属后起。申公、辕固生、韩生皆曾为博士，皆以《诗》教授，申公、辕生皆在文帝时。其时博士不限于经生，以通经为博士者，亦不限于专治一经，更无所谓师法家派，故知当时必尚无申公为《鲁诗》，辕固生为《齐诗》，韩生为《韩诗》之别也。此《诗经》分派晚起之说也。石渠议奏不及《诗》，是《诗》分三家，疑且在石渠后矣。（刘歆《移书》《汉书宣纪》，及《儒林传赞》，列举诸经家数先后异同，均不及《诗》，非《诗》之分家最早，乃《诗》之争议最少耳。）

> 由是《礼》有大戴（德）、小戴（胜）、庆（普）氏之学。

三人皆后苍弟子，则《礼》学分派，亦起宣帝时。

> 由是大戴有徐（良）氏，小戴有桥（仁）、杨（荣）氏之学。

尤在后。此《礼》学分派后起之证也。

由是《公羊春秋》有颜（安乐）、严（彭祖）之学。

二人俱事眭孟，眭孟事嬴公，嬴公事董仲舒。知《公羊》分派，亦起宣帝时。

由是颜家有泠（丰）、任（公）之学，复有筦（路）、冥（都）之学。

泠、任已后起，筦、冥益晚出。此《公羊》分派晚起之证也。

由是《穀梁春秋》有尹（更始）、胡（常）、申章（昌）、房（凤）氏之学。

此亦在宣帝后。此《穀梁》分派晚起之证也。

凡《儒林传》所载"由是某经有某家之学"者，其事皆晚出，具如上举。可证其先诸家说经虽有异同，未分派别，不成家数也。刘歆云："至孝武皇帝，然后邹、鲁、梁、赵颇有《诗》《礼》《春秋》先师，皆起于建元之间。当此之时，一人不能独尽其经，或为《雅》，或为《颂》，相合而成。《泰誓》后得，博士集而读之。"则其时之不容有派别家数审矣。然又云当时经师不必专治一经者，其时说经犹疏略，故或谓不能独尽一经，或谓兼通五经也。

自汉武置五经博士，说经为利禄之途，于是说经者日众。说经者日众，而经说益详密，而经之异说亦益歧。经之异说益歧，乃不得不谋整齐以归一是。于是有宣帝石渠会诸儒论五经异同之举。其不能归一是者，乃于一经分数家，各立博士。其意实欲永为定制，使此后说经者限于此诸家，勿再生歧也。故曰：

诏诸儒讲五经同异，太子太傅萧望之等平奏其议，上亲称制临决焉。乃立《梁丘易》、大、小《夏侯尚书》、《穀梁春秋》博士。

使大臣平奏其异同，而汉帝称制临决，此即整齐归于一是，永不欲再有异说之意也。乃立《梁丘易》、大、小《夏侯尚书》《穀梁春秋》者，凡此诸异说，虽与当时朝廷博士说经不同，而亦自可存，故许其与博士说并存，亦立为博士。夫然后说经者，有汉帝称制特许之异说。如施博士说《易》以外有梁邱说，欧阳博士说《书》以外有大、小夏侯说，公羊家说《春秋》以外有穀梁说是也。当穀梁未兴以前，汉人言《春秋》即指公羊，因公羊以外《春秋》无别家。例此为推，未有大、小夏侯，《欧阳尚书》只称《尚书》，无须别号欧阳。《施易》只称《易》，不必别目《施易》。然则汉博士经说分家，起于石渠议奏之后，其事至显矣。

然诸经说虽有歧异，为差不甚悬。其间惟公羊、穀梁两家说《春秋》，则差别较大。石渠之议，本自平《公》《穀》是非而起。《儒林传》载其事甚详，谓：

瑕丘江公受《穀梁春秋》及《诗》于鲁申公，传子至孙，为博士。武帝时，江公与董仲舒并。仲舒通五经，能持论，善属文，江公呐于口。上使与仲舒议，不如仲舒。而丞相公孙弘本为《公羊》学，比辑其议，卒用董生。于是上因尊《公羊》家，诏太子受《公羊春秋》。由是《公羊》大兴。太子既通，复私问《穀梁》而善之，其后浸微。惟鲁荣广王孙、皓星公二人受焉。广尽能传其《诗》《春秋》，高材敏捷，与《公羊》大师眭孟等论，数困之。故好学者颇复受《穀梁》，沛蔡千秋少君、梁周庆幼君、丁姓子孙，皆从广受。千秋又事皓星公，为学最笃。宣帝即位，闻卫太子好《穀梁春秋》，以问丞相韦贤、长信少府夏侯胜，及侍中乐陵侯史高，皆鲁人也。言穀梁子本鲁学，公羊氏乃齐学也，宜兴《穀梁》。时千秋为郎，召见，与《公羊》家并说，上善《穀梁》说，擢千秋为谏大夫给事中。后有过，左迁平陵令。复求能为《穀梁》者，莫及千秋。上愍其学且绝，乃以千秋为郎中户将，选郎十人从受。汝南尹更始翁君，本自事千秋，能说矣，会千秋病死。征江公孙为博士。刘向以故谏大夫通达，待诏，受《穀梁》，欲令助之。江博士复死，乃征周庆、丁姓待诏保宫，使卒授十人。自元康中始讲，至甘露元年，积十余岁，皆明习，乃召五经名儒，太子太傅萧望之等，大议殿中，平《公羊》《穀梁》同异，各以经处是非。时《公羊》博士严彭祖、侍郎申挽、伊推、宋显，《穀梁》议郎尹更始、待诏刘向、周庆、丁姓并论。《公羊》家多不见从，愿请内侍郎许广，使者亦并内《穀梁》家中郎王亥各五人，议三十余事。望之等十一人，各以经谊对，多从《穀梁》。由是《穀梁》之学大盛，庆、姓皆为博士。

据此而观，则石渠议奏，其动机全在平处《公》《穀》异同也。而当时廷臣论《公》《穀》异同，颇涉于齐学、鲁学之辨。此亦当时经学一分野，不可以不论。

一一　齐学与鲁学

考《穀梁》始传自鲁申公，瑕丘江公受之，兼通《鲁诗》与《穀梁》。是《穀梁》本与《鲁诗》相通也。《汉书·儒林传》称申公：

> 独以《诗经》为训以教，无传，疑者则阙不传。(《史记·儒林传》重一"疑"字，惟毛本不重，与《汉书》文同。)

盖申公只有训故，不别为传。"无传"对上"为训"为文，"阙不传"对上"以教"为文。汉儒传经各守义法，故、训、传、说体裁不同。故、训疏通文义，传、说征引事实。申公"独以《诗》经为训无传"，谓申公只作《诗》故，不别作《诗》传也。云"独"者，以别齐、韩《诗》有故复有传。此则鲁学谨严之风然也。其弟子王臧、赵绾言之武帝，召申公。至，见天子。问治乱之事。曰："为治不在多言，顾力行何如耳。"则申公为人如其学，亦纯谨一流。虽弟子受业者百余人，为博士者十余人，然于朝廷大政殊不得志。《史记·封禅书》：

> 上为封禅祠器示群儒，群儒或曰"不与古同"。徐偃又曰："太常诸生行礼，不如鲁善。"周霸属图封禅事。于是上绌偃、霸，而尽罢诸儒不用。

偃、霸皆申公弟子，亦谨守旧闻，不事阿合，遂以见斥，则仍是申公纯谨遗风矣。武帝以封禅事问儿宽，宽逆探上意为对，遂称旨得亲幸，拜御史大夫。宽，千乘人，治《尚书》，事欧阳生。又受业孔安国。其人有政治才，盖齐学恢宏之风也。齐学言《尚书》自伏生，其传为晁错，亦擅权用事。伏生《尚书大传》，特重《洪范》五行，则为后儒言五行灾异之祖。齐学言诗自辕固生，韩婴燕人，亦治诗，燕、齐学风较近似。故班氏论之曰：

汉兴，鲁申公为《诗》训故，而齐辕固、燕韩生皆为之传。或取《春秋》，采杂说，咸非其本义。与不得已，鲁最为近之。（《艺文志》）

是齐学恢奇驳杂，与鲁学纯谨不同之验也。夏侯胜族父始昌，通五经，以《齐诗》《尚书》教授。明于阴阳，先言柏梁台灾日，至期日果然。胜从受《尚书》及《洪范五行传》，谏昌邑王天久阴不雨，臣下有谋上者。其学亦擅阴阳灾异，不失恢奇齐风。董仲舒对策引《尚书·太誓》"白鱼赤乌"之论，以灾异言《公羊》，亦与齐学相通。江公受《鲁诗》《穀梁》于申公，然呐于口，议不如仲舒。则大抵治鲁学者，皆纯谨笃守师说，不能驰骋见奇，趋时求合，故当见抑矣。至于治《易》者，施、孟、梁丘皆出于田何；何，齐人也，故诸家亦好言阴阳灾变，推之人事。惟费氏《易》较不言阴阳，较为纯谨。故汉之经学，自申公《鲁诗》《穀梁》而外，惟高堂生传《礼》亦鲁学。其他如伏生《尚书》，如齐、韩《诗》，如《公羊春秋》，及诸家言《易》，大抵皆出齐学，莫勿以阴阳灾异推论时事，所谓"通经致用"是也。汉人通经本以致用，所谓"以儒术缘饰吏治"，而其议论则率本于阴阳及《春秋》。阴阳据天意，《春秋》本人事，一尊天以争，一引古以争。非此不足以折服人主而自伸其说，非此亦不足以居高位而自安。故夏侯胜言之，曰："士病不明经术，经术苟明，其取青紫，如俛拾地芥耳。学经不明，不如归耕。"汉制，丞相、太尉皆金印紫绶，御史大夫银印青绶，此三府官之极崇者。士通经术，为三公如俯拾地芥，此乃汉宣以后儒术日隆之象，岂不以通经术，能推之吏治，上有以钳帝王之口，下有以折卿大夫之舌，而确乎有其所持守乎？则天意之阴阳，与人事之褒贬，率于经术得之也。《穀梁》自瑕丘江公以下，迄于甘露石渠之议，为时亦数十年，其所以勉自赴于致用之途以上邀天子之欢心者，其事亦略可推。故至于石渠一会而终亦得立博士，与《公羊》并峙。今观其书于周天子特致尊崇。如隐七年："冬，天王使凡伯来聘，戎伐凡伯于楚丘以归。"《左氏》《公羊》皆以"戎"为戎狄，而《穀梁》独以"戎"为卫国，谓卫讨天子之使，故贬称"戎"。隐九年："春，天王使南季来聘。"《左氏》《公羊》皆无传，《穀梁》独谓聘诸侯非正。此《穀梁》特以创说尊王，盖亦以媚汉帝而取显。则《公》《穀》异同之争，仍是汉儒通经致用风气。而《穀梁》之为学，亦复与《鲁诗》专谨于训诂者异矣。虑其所谓"自元康中始讲，至甘露积十余岁"者，必有非尽于往日申公所传之旧说也。

一二　家法与章句

且进而一论"家法"之所以为家法者。直捷言之，则"家法"即"章句"也。汉儒经传有章句，其事亦晚起，盖在昭、宣以下。以《易》言,汉儒言《易》本田何。何授王同、周王孙、丁宽、服生四人,皆著《易传》。史称丁宽"作《易说》三万言,训故举大谊而已"。其他三家,盖亦类是。丁宽再传为施雠、孟喜、梁邱贺。《儒林传》云:

由是《易》有施、孟、梁邱之学。

《艺文志·易》家:

《章句》,施、孟、梁丘氏各二篇。

以前说《易》无章句,有章句即有家学矣。《易》有施、孟、梁邱三家《章句》,故云有三家之学。费、高两家治《易》,皆无章句。两家亦未尝立于学官。为博士立学官,成家学者,乃著章句以授弟子。费、高不立博士,未尝置学官,而时人亦以博士学官之例,称为《易》费氏、高氏学,此变例也。(《前书·儒林传》仅言"由是《易》有高氏学",《后书》始言有"费氏学"。)五经博士置自武帝,而博士分家起于宣帝。则诸经章句之完成,亦当在宣帝之后矣。

再以《书》言,有《欧阳章句》三十一卷,大、小《夏侯章句》各二十九卷。盖朝廷有欧阳、大小夏侯博士,故有三家《章句》也。考《夏侯建传》:

建师事胜,及欧阳高,左右采获。又从五经诸儒问与《尚书》相出入者,牵引以次《章句》,具文饰说。胜非之,曰:"建所谓章句小儒,破碎大道。"建亦非胜为学疏略,难以应敌。建卒自颛门名经。为议郎博士。

据此，则小夏侯建次《尚书章句》时，大《夏侯尚书》尚无章句也。大《夏侯尚书》无章句，则《欧阳尚书》宜亦无章句。若欧阳高先已有三十一卷之《章句》，则夏侯建不至左右采获，具文饰说，如此之难，而胜亦不以此非之。然胜之言曰："建所谓章句小儒，破碎大道。"则章句说经，似在其时已有朕兆，而特未盛。或欧阳氏一家先有之，惟《欧阳章句》之成家名学，则必仍在小夏侯之后也。《尚书》三家《章句》起于小夏侯。当时大夏侯虽非之，而待后三家各有《章句》，则均追随小夏侯一家而然耳。建之次《章句》，意欲求说经之密，以资"应敌"。应敌者，如石渠议奏，讲五经异同，若不分章逐句为说，但训故举大谊，则易为论敌所乘也。故章句必"具文"，具文者，备具原文而一一说之。遇有不可说处，则不免于"饰说"矣。如蜀人赵宾，好小数书，后为《易》，饰《易》文，以为"'箕子明夷'，阴阳气无'箕子'。箕子者，万物方荄兹也"。此亦具文饰说。"箕子"与阴阳气无关，说之不能通，又不肯略去不说，必具文，则陷于饰说也。求为具文饰说，乃不得不左右采获，备问五经，取其相出入者牵引以为说矣。小夏侯传张山拊；山拊传李寻、郑宽中、张无故、秦恭、假仓诸人。无故善修章句，守小夏侯说文。恭增师法至百万言。《桓谭新论》云：

秦延君说"曰若稽古"至二万言。（《御览·学部》引）

《文心雕龙》云：

秦延君注《尧典》十余万字。

此尤小《夏侯章句》之末流矣。古文《尚书》未立于学官，因亦无章句。

其次如《诗》。《汉书·儒林传》：

申公独以《诗》经为训故以教，无传，疑者则阙不传。
（《史记·儒林传》重一"疑"字。）

申公传《诗》仅为训故，通其故字故言，其不可通者则阙之，此犹丁宽说《易》训故举大谊也。故知训故为汉儒治经初兴之学，仅举大谊，不免疏略。章句则其学晚起，具文为说，而成支离。此二者之大较也。王式亦治《鲁诗》，来师事者，问经数篇，式谢曰："闻之于师具是矣。自润色之。"不肯复授。是王式仍守申公以来阙疑弗传之旨，故所言简略，不肯具文饰说也。其弟子：

唐生（长宾）、褚生（少孙）应博士弟子选，诣博士。试诵说，有法。疑者丘盖不言。诸博士惊问何师，对曰事式。

是唐、褚亦能守王式师法，遇疑不能明者则阙不说。而诸博士乃惊问何师，是当时博士学风，已渐以具文饰说相尚，故得唐、褚之对而惊矣。班氏谓：

汉兴，鲁申公为《诗》训故，而齐辕固、燕韩生皆为之传。或取《春秋》，采杂说，咸非其本义。与不得已，鲁最为近之。

盖训故通其大义，传则比傅事实。申公说《诗》家法最纯谨，班氏所祖，不为无故。然韩婴作《内外传》数万言，今《外传》犹在。（或疑《内传》即在《外传》中。）其书亦举大谊，不循章逐句为说，则传与训故，其体相去犹不远，犹是汉初经师家法也。今考洪适《隶释·汉武荣碑》云：

> 荣字含和，治《鲁诗韦君章句》。

是《鲁诗》韦氏有《章句》矣。《儒林传》云：

> 由是《鲁诗》有韦氏学。

今《韦氏章句》虽不著于史，而见于后汉之《武荣碑》，则韦氏有《章句》可信也。又《儒林传》：

> 由是张家有许（晏）氏学。

《陈留风俗传》：（《御览》四百九十六引）

> 许晏受《鲁诗》于琅琊王扶，改学曰《许氏章句》。

则《鲁诗》许氏学亦有《章句》也。然《许氏章句》亦不著于史。则当时诸家章句，为今《汉书·儒林传》《艺文志》所佚而不载者多矣。此证《鲁诗》末流亦有《章句》也。

《鲁诗》且有《章句》，齐、韩《诗》可推。《后汉书·马援传》：

援少有大志，尝受《齐诗》，意不能守《章句》。

此《齐诗》在西汉时有《章句》之证。又《儒林传》：

（伏）湛弟黯，明《齐诗》，改定《章句》。湛兄子恭传黯学，减省黯《章句》为二十万言。

今按：伏理以《诗》授成帝，在西汉时。《儒林传》谓"由是《齐诗》有翼、匡、师、伏之学"是也。伏湛为理子。即伏氏一家，可推《齐诗章句》之繁。又《儒林传》：

薛汉世习《韩诗》，父子以《章句》著名。汉少传父业，建武初为博士。

则《薛氏章句》传自西汉，此又《韩诗》有《章句》之证矣。

其次如《春秋》，《艺文志》有：

《公羊章句》三十八篇，《穀梁章句》三十三篇。

是《公》《穀》两家均有《章句》也。范宁《穀梁传叙》云："《穀梁》传者近十家。"《疏》引尹更始、唐固、糜信诸人。沈钦韩曰：

尹更始则汉时始为《章句》也。《释文叙录》，尹更始《穀梁章句》十五卷。

今按：《儒林传》："由是《穀梁春秋》有尹、胡、申、房氏之学。"亦尹更始有《章句》之证也。《穀梁章句》始于尹更始，则亦起宣帝石渠议奏时。《公羊章句》亦可例推。贾谊为《左氏传》训故，则亦举大谊，不具文为说。《刘歆传》：

初，《左氏传》多古字古言，传者传训故而已。及歆治《左氏》，引传文以解经，转相发明，由是章句义理备焉。

是歆欲争立《左氏》博士，而《左氏》亦效《公》《穀》有《章句》也。（惟此"章句"尚有辨，详见后。）

《艺文志》云："《礼》以明体，明者著见，故无训。"是汉初治《礼》，并无训故。其后既立《礼经》博士，则《礼》亦宜有《章句》矣。王充《论衡·效力篇》云："王莽之时，省《五经章句》，皆为二十万。博士弟子郭路，夜定旧说，死于烛下。"是知五经皆有《章句》，《章句》之繁，每经尽在二十万言上矣。班氏慨论之曰：

古之学者耕且养，三年而通一艺，存其大体，玩经文而已。是故用日少而畜德多，三十而五经立也。后世经传既已乖离，博学者又不思多闻阙疑之义，而务碎义逃难，便辞巧说，破坏形体。说五字之文至于二三万言，后进弥以驰逐。故幼童而守一艺，白首而后能言。安其所习，毁所不见，终以自蔽，此学者之大患也。（《艺文志》）

"多闻阙疑"，此即申公传《鲁诗》之家法也。"碎义逃难"者，"逃难"即夏侯建所谓"应敌"矣。"破坏形体"，如赵宾说《易》"箕子"为"荄兹"。"便辞巧说"，则因欲具文而饰说也。其事皆说经尚章句之敝。其源则由于博士之专经讲授与设科射策。班氏又言之曰：

自武帝立五经博士，开弟子员，设科射策，劝以官禄，讫于元始，百有余年，传业者浸盛，支叶蕃滋，一经说至百余万言，大师众至千余人，盖禄利之路然也。（《儒林传赞》）

此语尽之矣。盖治经而言灾异，虽与言礼制不同，要尚不失于通经致用之义。惟自治经而为章句，则文字蚀其神智，精神专骛饰说，而通经益不足以致用。此亦汉儒学风一大转变也。

一三　刘歆争立古文诸经与东汉十四博士

宣帝时既已增立诸经博士，至哀帝元年而又有刘歆请建《左氏春秋》《毛诗》《逸礼》《古文尚书》一案。后人率目歆所争立者为"古文经"，而谓宣帝以来所立诸博士经为"今文"，经学有今古文界划全本于此，而夷考当时情实，则颇不然。歆之移书让太常博士曰：

鲁恭王坏孔子宅，欲以为宫，而得古文于坏壁中，《逸礼》有三十九，书十六篇，天汉之后，孔安国献之。遭巫蛊仓猝之难，未及施行。及《左氏春秋》，丘明所修，皆古文旧书，多者二十余通，藏于秘府，伏而未发。

又曰：

> 此数家之事，皆先帝所亲论，今上所考视，其为古文旧书，皆有征验。

又曰：

> 礼失求之于野，古文不犹愈于野乎？

此歆力言三者之为古文旧书，盖明其与朝廷所立博士诸经同类，此歆争立诸经之最大理由也。是知当时尚以《诗》《书》六艺为"古文"，取与百家后出书相异。其在诸经中，虽各分家法，师说纷歧，章句错出，然决无统目朝廷博士诸经为"今文"者。若当时汉廷博士诸经，全如后世云云，目之为"今文"，而刘歆争立三书，顾曰"其为古文旧书，皆有征验"，岂不南辕而北辙哉？歆之责斥汉廷诸博士者则曰：

> 往者缀学之士，不思废绝之阙，苟因陋就寡，分文析字，烦言碎辞，学者罢老且不能究其一艺。信口说而背传记，是末师而非往古。

此皆讥切章句之学也。凡所谓"分文析字，烦言碎辞，末师口说"者，皆指诸经章句言。章句之业既盛，遂使学者罢老不能究一艺，此即班孟坚所谓"幼童而守一艺，白首而后能言"也。在歆意，何尝指《公》《穀》为末师口说，谓其不当立学官哉？自歆言之，《公》《穀》《左氏》，其为《春秋》

一经之传则一也。孔壁《尚书》之与伏生《尚书》，其为往古旧书亦一也。乌尝以己所争立者为"古文"，而排诋先所立者为"今文"乎？盖其时博士经学本无今文、古文之争，歆之争立诸经，亦犹如石渠议奏时之争立《穀梁春秋》，故成帝曰："歆意欲广道术"也。歆之言曰："往者博士《书》有欧阳，《春秋》公羊，《易》则施、孟，然孝宣皇帝犹复广立《穀梁春秋》《梁丘易》，大、小《夏侯尚书》"，此歆之争立三书，即援据石渠之议为说也。惟石渠本意，在于定异同，立限断，本不期经说之愈出而愈纷，则亦无怪于当时博士之"专己守残，党同门而妒道真"耳。

及平帝时，《古文尚书》《毛诗》《逸礼》《左氏春秋》皆置博士，又《周官》于王莽时亦置博士（见《艺文志》）；然至光武中兴，则此诸经复废，其时立官者凡十四博士，《易》有施、孟、梁丘、京氏，《尚书》欧阳、大、小夏侯，《诗》齐、鲁、韩，《礼》大、小戴，《春秋》严、颜，其他如《庆氏礼》《左氏》《穀梁春秋》，皆立而旋罢。而《左氏》与《公羊》之争独盛。光武时，尚书令韩歆上疏欲为《费氏易》《左氏春秋》立博士，范升争之曰：

陛下愍学微缺，劳心经艺，情存博闻，故异端竞进。近有司请置《京氏易》博士，群下执事，莫能据正。《京氏》既立，《费氏》怨望。《左氏春秋》复以比类，亦希置立。《京》《费》已行，次复《高氏》，《春秋》之家又有《驺》《夹》。如令《左氏》《费氏》得置博士，《高氏》《驺》《夹》，五经奇异，并复求立，各有所执，乖戾分争。从之则失道，不从则失人，将恐陛下必有厌倦之听。

此后诸经竟不得立。盖博士设官既为利禄之途，朝廷苟不加以限断，则经说新异，势必日出而无穷，范升之争非为无见，固不得全以党同门，妒道真责之。而据范升说，则当东汉初叶，诸经间亦仅有立官与不立官之分，仍未有所谓今文与古文之界划也。稍后贾逵又争立《左氏》，其言曰：

> 三代异物，损益随时，故先帝博观异家，各有所采。《易》有施、孟，复立梁丘，《尚书》欧阳，复有大、小夏侯。今三传之异，亦犹是也。

则贾逵亦明谓《公羊》之异《左》《穀》，一如《欧阳尚书》之与大、小《夏侯》，施、孟《易》之与《梁丘》，立官有先后，经说有异同，当时并不指十四博士自成一系，谓之"今文"，其他诸经则为"古文"，如后世所云云也。而争端所在，前汉则为《公》《穀》，后汉则为《左氏》《公羊》，亦并不遍及诸经。凡后世遍及诸经，而为之分立今古文界划者，皆张皇过甚之谈也。

一四　今学与古学

东汉经学，仍无今文、古文之分，具如上说，然其时固有"今学""古学"之辨，此乃东汉经学界一大分野，亦不可不知也。《儒林·孔僖传》：

> 孔僖，鲁国人。自安国以下，世传《古文尚书》《毛诗》（此疑"《鲁诗》"字讹）。二子，长彦、季彦。长彦好章句学，

季彦守其家业。

《连丛子》曰：

长彦颇随时为今学，季彦壹其家业，孔大夫昱谓季彦曰："今朝廷以下，四海之内，皆为章句内学；而君独治古义。治古义，则不能不非章句；非章句内学，则危身之道也。"

由是言之，治章句者为"今学"，此即博士立官各家有师说之学也。其时光武方好图谶，故官学博士亦不得不言图谶，图谶与章句本非一业，而在东汉初叶则同为随时干禄所需，故合称之曰"章句内学"，其不治章句者则为"古义"，"古义"即"古学"也。

今学之要征，厥在其有章句，章句之烦，此自新莽前已然。而颓波所趋，迄于东汉，未见其已。如桓荣受朱普学，《章句》四十万言，浮辞繁长，多过其实。荣减为二十三万言；其子郁复删省，定成十二万言。初《牟氏章句》浮辞繁多，有四十五万余言，张奂减为九万言。此皆《欧阳尚书》也。樊儵删定《严氏春秋章句》，犹多繁辞，张霸又减定为二十万言，此《公羊》也。伏恭父黯《章句》繁多，恭乃省改浮辞，定为二十万言，此《齐诗》也。当时章句之烦有如此。凡有章句则名学成家矣。曹褒父充治《庆氏礼》，作《章句辩难》，于是遂有庆氏学；（《曹褒传》）张霸删《樊氏章句》，名张氏学；（《张霸传》）桥玄七世祖仁，从同郡戴圣学，著《礼记章句》四十九篇，号曰桥君学。（《桥玄传》）樊英著《易章句》，世名樊氏学；（《樊英传》）皆是也。

有"章句"则有"师法",凡当时所谓遵师法者,其实即守某家章句也。《徐防传》:

防以五经久远,圣意难明,宜为章句,以悟后学,上疏曰:"臣闻《诗》《书》礼乐,定自孔子;发明章句,始于子夏。(此等无根陋谈,出于学人之口,可见其时章句之盛行矣。)汉承乱秦,经典废绝,本文略存,或无章句。孔圣既远,微旨将绝,故立博士十有四家。伏见太学试博士弟子,皆以意说,不修家法。私相容隐,开生奸路,不依章句,妄生穿凿,以遵师为非义,意说为得理。臣以为博士及甲乙策试,宜从其家章句,开五十难以试之,解释多者为上第,引文明者为高说。若不依先师,义有相伐,皆正以为非。"诏书下公卿,皆从防言。

事在和帝永元十四年。昔夏侯建为便应敌,故具文饰说以次章句;今徐防为防塞奸私,故主一本家法以为进退,可见章句家法皆以取便于禄利。凡所谓成学名家,师法相传者,其意不过如此。此在当时,虽亦极一时之盛,顾后世乃绝无传焉。(汉人章句至今存者,惟赵岐《孟子章指》一书而已。)俗儒所趋,通儒所鄙,今学之终不免于见鄙为俗学,岂不以此耶?

其时且不仅试弟子必以家法也,即为博士亦必守家法。《儒林·张玄传》:

玄少习《颜氏春秋》,兼通数家法,有难者,辄为张数家之说,令择从所安。诸儒皆服其多通。会《颜氏》博士缺,玄试策第一，拜为博士。居数月，诸生上言，玄兼说《严氏》《冥氏》，不宜专为《颜氏》博士，光武且令还署而卒。

盖有章句家法，则为师者易以教，为弟子者亦易以学，又何为不惮烦而必兼通数家之说哉？《论衡·程材篇》所谓"世俗学问者，不肯竟经明学，深知古今，急欲成一家章句，义理略具"是也。博士弟子一年辄课，毋怪其不愿兼通。而光武亦至于不得不徇诸生之请，令玄还署，则章句俗学之盛，岂难想见？在当时则美而尊之曰"师法"。若师法洵可尊，则《欧阳尚书》之后，何来复有大、小《夏侯》？《公羊》有董氏矣，亦何来复有严、颜？刘歆讥之曰"末师"，良非过也。

其有不乐守章句师法者，当时称之曰"古学"。古学必尚兼通，《桓谭传》称谭：

博学多通，遍习多经，皆诂训大义，不为章句，能文章，尤好古学。憙非毁俗儒。

举此一例，可概其余。故好古学者，常治训诂，不为章句，如谢曼卿为《毛诗训》；卫宏为《诗序》，及从学杜林，又为《尚书》作《训旨》；袁宏《纪》称马融"学不师受，皆为之训诂"；此皆古学也。然则东京所谓"古学"者，其实乃西汉初期经师之遗风，其视宣帝以后，乃若有古今之分；此仅在其治经之为章句与训诂，不谓其所治经文之有古今也。

《前书·刘歆传》："歆校秘书，见古文《春秋左氏传》，大好之。略从丞相史尹咸及丞相翟方进受，质问大义。初《左氏传》多古字古言，学者传训故而已，及歆治《左氏》，引传文以解经，转相发明，由是章句义理备焉。"《后书·郑兴传》："兴晚善《左氏传》，天凤中，将门人从刘歆讲正大义，歆美兴才，使撰条例、章句、传诂。"是刘歆、郑兴若已为《左氏》作章句矣。然考《郑众传》："众从父兴受《左氏春秋》，作《春秋难记条例》。"（《隋经籍志》有郑众《春秋左氏传条例》九卷。）又《贾逵传》："逵父徽从刘歆受《左氏春秋》，兼习《国语》，作《左氏条例》二十一篇。逵悉传父业，尤明《左氏》《国语》，为之《解诂》五十一篇。"韦昭《国语解序》云："郑大司农为《国语》训注，解疑释滞，昭晢可观，至于细碎，有所阙略；侍中贾君，敷而衍之，其所发明，大义略举，为已了矣。"贾逵又作《周官解诂》，史称"逵所著经传义诂及论难百余万言"，然并不言其为章句。是则至贾逵时，《左氏》尚未有章句，彰彰明矣。《马融传》亦曰："融尝欲训《左氏春秋》，及见贾逵、郑众注，乃曰：'贾君精而不博，郑君博而不精。既精既博，吾何加焉！'但著《三传异同说》。"是马季长所见郑、贾两家之于《左氏》，亦仅有训注，无章句也。即季长于《左氏》，亦仅欲为之作训，未尝云欲为之作章句。岂有远在刘歆、郑兴之世而《左氏》先已有章句之理？章句具文饰说，必远起于训诂举大义之后。又其时治古学者，相率鄙章句而不为，故知史称"章句义理备焉"，又曰"撰条例、章句、传诂"，此必别有说。或即指引传解经为章句，此则仍与条例相近似，盖决非今学之所谓"章句"也。

一五　白虎观议奏与今古学争议

东汉经师为学，分野既别，风趣相异，而争议亦时起，其最著者为白虎观之议奏。东汉之有白虎议奏，犹西汉之有石渠议奏也。其议起于杨终。终言：

宣帝博征群儒，论定五经于石渠阁。方今天下少事，学者得成其业，而章句之徒破坏大体，宜如石渠故事，永为后世则。

于是诏诸儒会白虎观，议五经异同，帝亲称旨临决焉。是杨终之议，为章句今学破坏大体而发也。帝诏曰：

汉承暴秦，褒显儒术，建立五经，为置博士。其后学者精进，虽曰承师，亦别名家。孝宣皇帝以为去圣久远，学不厌博，故遂立大、小《夏侯尚书》，后又立《京氏易》。至建武中，复置《颜氏》《严氏春秋》，大、小《戴礼》博士。此皆所以扶进微学，尊广道艺也。中元元年诏书，五经章句烦多，议欲减省，至永平元年，长水校尉樊鯈奏言，先帝大业，当以时施行，欲使诸儒共正经义。于戏，其勉之哉！

是朝意亦同杨终，有厌于当时章句之烦多，而思有以匡正矣。诏言"虽曰承师，亦别名家"，尤为指出当时师说与家法之真相。苟治经必遵师说，则何致各自名家？凡各自名家者，即征其不尽遵师说矣。是则师法之与家学，岂不为相矛盾之两事乎？汉宣石渠之议，正为当时经说之纷歧，今白虎之议，正亦复尔。白虎议在章帝建初四年，一时名儒如丁鸿、楼望、成封、桓郁、班固、贾逵皆预焉。丁、桓皆治《欧阳尚书》，楼望治《严氏春秋》，（成封无考。）殆皆今学名儒；班、贾则古学巨魁也。在朝廷之意，颇祖古学，而流风难于骤易，故章帝建初八年又有诏曰：

五经剖判，去圣弥远，章句遗辞，乖疑难正，恐先师微言将遂废绝，非所以重稽古，求道真也。其令群儒选高才生，受学《左氏》《穀梁春秋》《古文尚书》《毛诗》，以扶微学，广异义焉。（按：袁宏《后汉纪》引此诏文微不同，曰："五经剖判，去圣弥远，章句传说，难以正义，恐先师道丧，微言遂绝，非所以稽古求道也。其令诸儒学《古文尚书》《毛诗》《穀梁》《左氏传》，以扶明学教，网罗圣旨。"）

此所谓"先师"者，盖指宣、元以前，家法未兴，章句未盛，即刘歆所谓"至孝武皇帝，然后邹、鲁、梁、赵颇有《诗》《礼》《春秋》先师，皆起于建元之间"者是也。博士章句成于"末师"，故治古学者必追本于"先师"焉。石渠之议为先师、末师藩界之所由判。而章帝之意祖古学，则由其感染于贾逵。《后书·逵传》："肃宗立，降意儒术，特好《古文尚书》《左氏传》。建初元年，诏逵入讲北宫白虎观、南宫云台。帝善逵说"云云，是章帝自善其师说，正犹如武帝之师王臧而向意儒术也。

昔宣帝议石渠，本欲抑经说之多歧，然石渠议后，而经说之多歧滋益甚。今章帝议白虎，为嫌章句之烦黩，而白虎议后，章句俗学，积习如故，亦未见有以摧陷而廓清之。然要之其势向衰，有不能自久之态，此则可征之于和帝时徐防之疏。防请试博士弟子，一依师说家法，已有"不依章句，妄生穿凿，以遵师为非义，意说为得理"之叹，此证家法章句之将坠矣。稍后又有樊准上疏极论，谓："今学者益少，远方尤甚，博士倚席不讲，儒者竞论浮丽。"知其时博士官学日衰，盖章句之业积重难返，在理在势，皆不可久，而特一时无有以易之，遂至于颓疲而不可救也。

今学日衰于上，斯古学日盛于下，于是治今学者亦必涉猎古学焉。否则不足以难敌而自张也。其著者如李育，少习《公羊春秋》，博览书传，深为同郡班固所重，称其：

博贯载籍，九流百家之言无不穷究，所学无常师，不为章句，举大义而已。

班固、贾逵同预白虎议奏，同为古学魁杰。(时原提议人杨终坐事系狱，逵、固特为表请。)而于李育深加激赏，则知育亦非仅守一家章句者。史称：

育颇涉猎古学，尝读《左氏传》，后拜博士。与诸儒论五经于白虎观，以《公羊》义难贾逵，往返皆有理证，最为通儒。

是知即治《公羊》为官学博士，亦不能以不诵谢敌，亦不能姝姝守一师家法，专以章句自封，故其时《公羊》博士中乃有如李育其人者，此即学术将变之证也。

李育之后有何休，亦治《公羊》而不为章句。史称其"精研六经，世儒无及。作《春秋公羊解诂》，覃思不窥门十有七年，又注训《孝经》《论语》，皆经纬典谟，不与守文同说"。又称"休与其师博士羊弼追述李育意以难二传，作《公羊墨守》《左氏膏肓》《穀梁废疾》"。是何休虽治《公羊》，然论其学派，实亦古学家也。故其书亦曰"解诂"，不曰"章句"。史称其"不与守文同说"，此明其不拘拘一师家法，如今学之所为尔。今观何休《公羊序》谓：

传《春秋》非一，本据乱而作，其中多非常异义可怪之论。说者疑惑，至有倍经任意，反传违戾者。是以讲诵师言至于百万，犹有不解，时加酿嘲辞。援引他经，失其句读。以无为有，甚可闵笑者，不可胜记也。是以治古学贵文章者，谓之俗儒，至使贾逵缘隙奋笔，以为《公羊》可夺，《左氏》可兴。此岂非守文持论败绩失据之过哉！余窃悲之久矣。往者略依胡母生条例，多得其正，故遂隐括，使就绳墨焉。

此序可征何休学术源流。其谓"守文持论败绩失据"者，即指严、颜博士家学而言也。贾逵受诏列《公羊》《穀梁》不如《左氏》四十事奏之，名曰《左氏长义》。(此出《经典叙录》，范《传》云"三十事"。)章帝至使自选《公羊》严、颜高才生习《左氏》，故何休痛心而云其"败绩失据"矣。当时章句家学，如何休之所讥笑，盖非改弦易辙，实无以应敌而自存，何休即激于此而起者。其书自名"解诂"，又自述依于胡母生条例。其先如郑、贾父子治《左氏》，乃著条例与解诂，休即师其意耳。休尝讥郑康成"入室而操戈",实则休已先自为之矣。故何休之所治者为《公羊》,《公羊》之在当时,固属今学,然休之所以治《公羊》者,则确然为古学也。实则当时之所谓古学者,亦仅以别于当时博士之今学,亦仅足以示异于宣、元以下之师法与章句,而与景、武之际之所谓五经先师者,则途辙颇近。即师法章句之学,亦承景、武之际诸先师而来,惟流衍既远,失真日甚,乃有古学起而矫之。故严、颜二家亦皆远承董仲舒,而李育、何休乃改辙而遵胡母子都,其同为景、武间先师,则仍无大相越也。

与何休对垒者为郑玄。玄之为学,先始通《京氏易》《公羊春秋》《三统历》《九章算术》,又学《周官》《礼记》《左氏春秋》《韩诗》《古文尚书》。以山东无足问者,乃西入关师事扶风马融。此其为学,尚博通,不守一家章句,洵可谓古学之模楷矣。史称"卢植与郑玄俱事马融,能通古今学,好研精,而不守章句",此亦古学规模也。故所谓古学者,非谓其不治博士诸经。若博士专守一经,则如《京氏易》《公羊春秋》《韩诗》,皆今学也;苟能兼通此诸经,不专守一家之师法章句,则即今学而为古学矣。后世乃谓《公羊》为今学,《左氏》为古学;又谓经学至郑玄而今古家法始混,则皆无据之谈也。玄以何休著《墨守》《膏肓》《废疾》,玄乃发《墨守》,针《膏肓》,起《废疾》,休见而叹曰:"康成入吾室,操吾矛以伐我乎?"史称:"中兴之后,范升、陈元、李育、贾逵之徒争论古今学,后马融答北地太守刘瓖,及玄答何休,义据通深,由是古学遂明。"然其所论要点,偏在《春秋》,非泛及群经也。今观康成注经,亦几似于今学之章句矣。《郑玄传》谓:"玄注经凡百余万言,质于辞

训,通人颇讥其繁",此之"通人",即犹如夏侯胜之讥夏侯建,所谓"章句小儒,破碎大道"也。范氏论郑学,颇得其宗要,谓:

> 东京学者亦各名家,守文之徒,滞固所禀,异端纷纭,互相诡激,遂令经有数家,家有数说,章句多者或乃百余万言,学徒劳而少功,后生疑而莫正。郑玄括囊大典,网罗众家,删裁繁诬,刊改漏失,自是学者略知所归。

此论可谓得郑学之真趣。然郑氏之学实已近似章句。仅不守家法,又能删裁省减,使不烦黩尔。章句之胜于训诂,以训诂阔略而章句完密也。家法之不如古学,则以家法偏守而古学兼通也。郑氏学会古今之长,乌得而不为一时学者所归向乎?

今再考之《后书·儒林传》,如孙期习《京氏易》《古文尚书》。张驯能诵《春秋左氏传》,以《大夏侯尚书》教授。尹敏初习《欧阳尚书》,后受《古文》,兼善《毛诗》《穀梁》《左氏春秋》。此皆以一人而兼治后世所谓今古文之证。知在当时,实并不以某经为今文学,某经为古文学也。特以专守一家章句,则为今学,博通数经大义,则为古学耳。故如贾逵从刘歆受《左氏》《国语》《周官》,又受《古文尚书》于涂恽,学《毛诗》于谢曼卿,而以《大夏侯尚书》教授。张楷通《严氏春秋》《古文尚书》。刘陶明《尚书》《春秋》,推三家《尚书》及古文,是正文字七百余事,名曰《中文尚书》。此皆兼通后世所谓今古文诸经也。若洵如后世之见,今古家法如水火,何得一人而兼守之乎?故知在郑玄以前,本无如后世所谓今古文之鸿沟，则又乌得谓至玄而今古家法始混耶？

一六　图谶内学

今学守家法，古学尚兼通，此一义也。今学务趋时，古学贵守真，此又一义也。在昔前汉，齐学通时达变，鲁学笃信善道，东京今古之分，乃亦犹之。其时光武尚图谶，今学经师几乎无勿言图谶者。图谶之于后汉，抑犹阴阳灾变之于先汉也。惟古学家则不言谶。光武问郑兴以郊祀事，曰："吾欲以谶断之，何如？"兴对曰："臣不为谶。"光武怒，曰："卿非之耶？"兴惶恐，曰："臣于书有所未学，而无所非也。"光武意乃解。尹敏初习《欧阳尚书》，后受《古文》，兼善《毛诗》《穀梁》《左氏春秋》。帝以敏博通经记，令校图谶，敏曰："谶事非圣人所作，其中多近鄙别字，颇类世俗之辞，恐疑误后生。"帝不纳。敏因其阙文增曰："君无口，为汉辅。"帝召问，对曰："臣见前人增损图书，窃幸万一。"帝深非之，以此沉滞。桓谭上疏论谶，帝不纳，诏会议灵台所处，帝谓谭曰："吾欲谶决之，何如？"谭默然良久，曰："臣不读谶。"帝问其故，谭复极言谶之非经。帝大怒，曰："桓谭非圣无法。"将下斩之，良久乃得解。此皆当时古学家不治谶之证也。桓谭曰：

今诸巧慧小才伎数之人，增益图书，矫称谶记。陛下宜垂明听，发圣意，屏群小之曲说，述五经之正义，略雷同之俗语，详通人之雅谋。

斯知当时经学治谶、不治谶之界，即为今学、古学之界矣。故孔昱亦以"章句内学"连称也。

至贾逵乃始以古学家而兼言谶。建初元年，逵奏："光武皇帝奋独见之明，兴立《左氏》《穀梁》，会二家先师不晓图谶，故令中道而废。五经家皆无以证图谶明刘氏为尧后者，而《左氏》独有明文。五经家皆言颛顼代黄帝，而尧不得为火德，《左氏》以为少昊代黄帝，即图谶所谓帝宣也。如令尧不得为火，则汉不得为赤。其所发明，补益实多。"故范晔论之曰："郑、贾之学，行乎数百年中，遂为诸儒宗，亦徒有以焉尔。桓谭以不喜谶流亡，郑兴以逊辞仅免，贾逵能附会文致，最差贵显。世主以此论学，悲矣哉！"惟贾逵之附会图谶，犹有可得而说者。张衡奏请禁绝图谶，其疏曰："侍中贾逵摘谶互异三十余事，诸言谶者皆不能说。"故知逵实不信图谶，其解诸经亦不援用，其护《左氏》云云，则一时之权也。袁宏《纪》引华峤《书郎颉论》谓："光武信谶书，郑兴以忤意见疏，桓谭以远斥忧死。及明、章二帝，祖述此意，故后世争为图纬之学以矫世取资。是以通儒贾逵、马融、张衡、朱穆、崔寔、荀爽之徒，忿其若此，皆以为虚妄不经，宜悉收藏。"可证贾逵之固不信谶矣。许叔重从逵学，《说文》亦不用谶，此又一证也。

《儒林·李育传》："育以为前世陈元、范升之徒更相非折，而多引图谶，不据理体，于是作《难左氏义》四十一事。"今案：贾逵言《左氏》先师不晓图谶，故中道而废，则此所谓"多引图谶"者，必范升引之以折陈元。贾逵惩于前衄，故附会图谶以自保；而李育悟其非坚，故决舍图谶而别求所以败敌者。于是贾逵以古学大师转引谶书，李育为今学张目而反弃谶不道，一反一复之间，亦当时学术进展之一征也。

一七　东汉之所谓古文

东汉今学、古学之分野，已具上论；请进而一述当时之所谓"古文"者。司马迁言"古文"，皆指《诗》《书》六艺，此其说犹可证之于班书之《地理志》。《志》有缀《禹贡》而言者，如"夏阳，《禹贡》梁山在西北"、"襄德，《禹贡》北条荆山在南"之例是也。亦有缀《禹贡》而变文称"古文"者，如"汧，吴山在西，古文以为汧山"之例是也。《志》称"古文以为"者凡十一处，段玉裁曰：

凡云"古文以为"者，古者五经皆谓之古文，此"古文"即谓《禹贡》。不言"《禹贡》汧山在西"，而云"吴山，古文以为汧山"者，今曰吴山，古曰汧山，以今缀古兼载之。谓之"古文"者，汉谓《尚书》为古文，太史公十岁则诵"古文"，亦谓《尚书》也，非必孔壁出者乃为古文矣。

今按：段说分析极是。或者不解，乃以此"古文"为《尚书》古文家说，是大误也。果若其说，岂汧山、终南、惇物在扶风，外方在颍川，内方、陪尾在江夏，峄阳在东海，震泽在会稽，傅浅原在豫章，潴野泽在武威，流沙在张掖，独古文家说其如是，而今文《尚书》家不然，又说其别有所在乎？且若以班《志》"古文以为"者属古文家说，岂班《志》"《禹贡》某山某泽在某地者"又为今文家言，而《古文尚书》家又别有新说乎？以此思之，决知其误矣。谓班《志》"古文以为"乃古文家说者，谓其与桑钦《水经》合，桑钦乃传《古文尚书》者。然班《志》复有明引桑钦说者，如"高唐，桑钦言漯水所出"是也。班《志》何不曰"古文以为漯水所出"耶？又"莱芜，《禹贡》汶水出西南入泲。汶水，桑钦所言"，此真举所谓古文家言，明今学说《禹贡》不尔。举此二例，知班志"古文以为"者，非即指桑钦古文说，又断断明矣。惟段氏谓"汉谓《尚书》为古文"，此亦微误。当谓"古文"在汉时乃五经之通称，至后乃惟《尚书》独得有古文之称，则较近矣。

试再证之于班氏之《艺文志》。班《志》列小学于六艺后，曰：

汉兴，闾里书师合《苍颉》《爰历》《博学》三篇，断六十字以为一章，凡五十五章，并为《苍颉篇》。元始中，征天下通小学者以百数，各令记字于庭中。扬雄取其有用者作《训纂篇》，顺续《苍颉》，又易《苍颉》中重复之字，凡八十九章。臣复续扬雄作十三章；凡一百二章，无复字，六艺群书所载略备矣。《苍颉》多古字，俗师失其读，宣帝时征齐人能正读者，张敞从受之，传至外孙之子杜林，为作训故，并列焉。

是六艺群字皆在《苍颉》《训纂》中，无所谓今文、古文之别也。惟《苍颉》原本秦篆，自有隶书以来，篆体已见为古，俗师失读，故张敞、杜林乃以小学名家耳。此群经文字本不分今古之说也。

班《志》又曰：

《书》者古之号令，号令于众，其言不立具，则听受施行者弗晓，古文读应尔雅，故解古今语而可知也。

此谓六艺中惟《书》最难读。因其为朝廷当时之号令，以告于众人之前，故近语体，其文不雅，非以今语解古语则不可晓也。卫宏《定古文尚书序》云："伏生老不能正言，使其女传言教错。齐人语多与颍川异，错所不知者凡十二三，略以其意属读而已。"盖晁错受读，即以今语易定，如《史记》载《尚书》文，亦多以训诂代经也。错既不解齐语，以意属读，故多有误者。今得古文读应尔雅，乃可正今本之误定，文字异者七百有余，当多此类。然诸经惟《尚书》有此，他经固不尔。此群经字义亦无分今古之说也。

以本子言，则诸经实皆自有古文。刘向以《中古文易经》校施、孟、梁丘经，或脱去"无咎""悔亡"，惟费氏经与古文同，此其相异甚微，故当时亦不特称费氏《易》为"《古文易》"也。至费氏治《易》无章句，此则学派之异，可谓之"古学"。自后不辨，专重文字，乃称费氏《易》为"《古文易》"，此见《后书·儒林传》，谓"东莱费直，本以古字，号《古文易》"是也。然在班《书》则无此语。

又刘向以中古文校欧阳、大小夏侯三家《尚书》经文，《酒诰》脱简一，《召诰》脱简二。率简二十五字者，脱亦二十五字；简二十二字者，脱亦二十二字。文字异者七百有余，脱字数十。此即刘歆所谓"校理旧文，以考学官所传，经或脱简"是也。此其异同，已较《易经》为甚。而尤要者，古文多得逸《书》十余篇，为博士《尚书》所无有，故在汉儒必郑重其事，特标以示异，曰"《古文尚书》"焉。凡经籍之特以"古文"名者惟此尔。此在两汉皆然，外此则诸经皆不闻特以"古文"称也。

许叔重《说文叙》："《易》孟氏、《书》孔氏、《诗》毛氏、《礼周官》、《春秋》左氏、《论语》、《孝经》，皆古文也。"然考《说文注》中所引《尚书》，皆在今二十八篇中。（朱彝尊《经义考》辨甚详。）即《经典释文》采马融注甚多，亦皆今文《尚书》，无一语及古文，而《后书》谓："杜林传《古文尚书》，贾逵为作训，马融作传，郑玄注解，由是《古文尚书》遂显于世。"（儒林传）许慎既从学于逵，则其所称《尚书》古文，亦当与马、郑相同，盖同本之于杜林也。许君似未见中古文，其《后叙》作于永元十二年，云"文九千三百五十三，重一千一百六十三"，是初定本亦如此；后二十二年，许冲表上字数相同，则许君书未经重定，故疑其预校秘书而未见中古文也。夫刘向既以中古文校三家《尚书》，其脱简、脱字必已补正，惟文字异者则关训诂，三家未必遽改以相从。东汉所谓《古文尚书》，特惟此数百异文与三家殊耳。马融《书序》言："逸十六篇绝无师说。"（见孔氏《正义》。）知东汉诸儒治《古文尚书》，皆不涉此十六篇。然则当时所谓"《古文尚书》"者，固并非孔安国本，而实同伏生三家之本；特自前汉以来，有此七百许异字之师说，而遂仍称之曰"古文"耳。（孔安国《尚书》，后汉殆未有见者。）故刘陶推三家《尚书》及古文，是正文字亦七百余事，（今官本作"三百"，此依北宋本。）而名曰"《中文尚书》"；此即刘向所校，亦即当时《尚书》今古文异同所在也。故知东汉《古文尚书》，其异于三家者，实亦仅止于此，苟非沿袭西京旧称，则亦不当特名"古文"以示异也。

又如《礼古经》与十七篇文多相似，而多三十九篇，则刘歆以来相传称之曰《逸礼》，以此三十九篇为今《礼》十七篇所无也。所以不如《尚书》之例特标"古文"以示异者，以就十七篇言，古本、今本既文多相似，则无关体要；其所重在存逸，不在古今，故举其所重而曰"《逸礼》"也。《艺文志》独曰"《礼古经》"，则因举其全书言之，内有今《礼》十七篇，则不得以"《逸礼》"为名耳。

又如古文《春秋左氏传》，其书多古言古字，然汉儒大率仅称《左氏》，不特标古文字，以《左传》既别无今本，其所重亦不在文字之古今，而特重在其与《公》《穀》之异同，故径名之曰"《左氏传》"而已足也。《周官》亦多古文，然亦无今本，则亦径呼《周官礼》，亦不冠以古文字，以文字之古今，固无关宏旨也。故两汉诸儒称此诸书率曰《费氏易》《左氏春秋》《周官》《逸礼》，皆不冠以古文字。知文之今古，本不为当时所重，当时辨学术分野，则必曰"古学""今学"，不称"古文""今文"，大略率如是。

惟今学博士诸经，各有章句，文字皆经隶定，而古学诸书章句未备，训诂未全，故治古学者必自重古文，此亦相因而必然之势也。《后书·儒林卫宏传》：

宏与河南郑兴，俱好古学。初，九江谢曼卿善《毛诗》，乃为其训。宏从曼卿受学，因作《毛诗序》。后从大司空杜林更受《古文尚书》，为作《训旨》。时济南徐巡，师事宏，后从林受学，亦以儒显，由是古学大兴。

而《杜林传》云：

> 河南郑兴、东海卫宏等，皆长于古学。及宏见林，暗然而服。济南徐巡，始师事宏，后皆更受林学。林前于西州得漆书《古文尚书》一卷，常宝爱之，虽遭艰困，握持不离身。出以示宏等曰："林流离兵乱，常恐斯经将绝，何意东海卫子、济南徐生，复能传之，是道竟不坠于地也。古文虽不合时务，然愿诸生无悔所学。"宏、巡益重之，于是古文遂行。

参合两传以观，卫宏、徐巡先虽治古学，未必攻古文。其攻古文，则自从林受《古文尚书》始。推此言之，郑兴好古学，尤明《左氏》《周官》，二书虽多古字，究与《古文尚书》不同，是郑兴所治亦仅得谓之为"古学"，不得云是"古文学"也。犹如朝廷博士官学，在当时亦仅云"今学"，不谓之"今文学"。此虽一名之微，然后世言汉儒经学，流衍失真，皆由此起，是亦不可不辨也。

司马迁言"古文"，统指《诗》《书》六艺，此乃古代王官之学，所以别于战国晚起之家言者。此至刘歆时犹然，此可谓之指学派言。至东汉则家言已微，六艺特盛，故东汉之所谓"古文"，则仅指文字，不仅无关学派，亦非指经本。经本之特以古文称者独《尚书》耳。如《后书·杜林传》"于是古文遂行"，此专指《古文尚书》言也。《贾逵传》"由是四经遂行"，则合《左氏》《穀梁春秋》《古文尚书》《毛诗》四经言之；"古文"不能并包《左氏》《毛诗》诸经，故改称曰"四经"也。盖诸经率皆有古字，即博士今学诸经亦然，故不得有今文经、古文经之别。经学之分古今，皆不指经籍与文字言。其专治文字者，则应隶小学，非经学也。卢植上疏：

古文科斗，近于为实，而厌抑流俗，降在小学。中兴以来，通儒达士，班固、贾逵、郑兴父子并敦悦之。今《毛诗》《左氏》《周礼》各有传记，其与《春秋》共相表里，宜置博士，为立学官。

此处"古文"，明指文字，不指经籍与学派。可证迄于东汉晚季子干之世，尚犹然也。其下列举《毛诗》《左氏》《周官》，因其书颇多古字，又均未立学官，治古学者尚之；而治古学者又必重小学，故牵连言及，非谓仅此诸书有古字，而其他三家《书》《公羊》《穀梁春秋》《仪礼》皆今字也。亦有博士诸经用古文正字，而《毛诗》《左氏》《周礼》转用今字者，此皆经籍异文，不得以此分今文经与古文经也。《前书河间献王传列》举所得古文旧书，《毛诗》不在其列；《艺文志》亦不以《毛诗》为古文。后汉儒者常以《毛诗》与《左氏》《周官》并举，正以其未列学官；亦如举及《穀梁》之例，非谓《穀梁》有古文本，更不当称《毛诗》《穀梁》为古文学也。故"古学"者，乃指兼通数经大义，不守博士一家章句；"古文"则指文字形制义训之异于俗隶而言。此二者，在汉儒无勿知，其误实起于后世，至晚清之经师而益甚也。

许冲上《说文解字表》："臣父本从（贾）逵受古学，又博问通人，考之于逵，作《说文解字》。"此在当时，学尚兼通，即"古学"也。故今《说文解字》所引经说颇多博士今学家言，如其明引《欧阳尚书》《韩诗》皆是。盖古学尚兼通，本可包今说，非自与今说立异。其为《五经异义》，亦调和今古而斟酌之，此即古学也。"今学"则严守一家章句，更不相融，如张玄兼说数家，即不得为《颜氏》博士。晚清经师，乃谓十四博士道一风同，自成体系，以与古文经学相对立，此岂汉儒之真相哉！《说文解字》本小学书，许氏则为一古学家，故其书兼采当时今学、古学，而特于文字分别今古，《叙》中凡言"古文"者十处，皆指文字言也。近儒王国维《说文所谓古文考》乃谓九处皆指文字，独《叙》末云："其称《易》孟氏、《书》孔氏、《诗》毛氏、《礼周官》《春秋》左氏、《论语》《孝经》，皆古文也。"乃指学派言。是亦未明当时今学、古学分野之所在也。夫汉人仅言"古学"，不言"古文学"；仅言"古文"，不言有"今文"；更无论有所谓"今文学"。后世强造新名，谓古人如此，宁有是理！今《说文》中所载古文，实乃新莽时甄丰所定，此或据孔壁中书，而未必与真古文相同。许《叙》谓："郡国往往于山川得鼎彝，其铭即前代之古文，皆自相似。"谓鼎彝古文皆自相似，明与许书中所谓"古文"不相似。许氏未睹中古文，（说见上。）其谓"古文"者，自本甄丰、杜林之徒。其书引古文四百余字，特备六书之一体；其字往往有出正文后者，此特文字异体，而许君则备引《易》孟氏、《书》孔氏，以及《毛诗》《周官》《左氏》诸书以证之。此在许书原本，或明系"某氏某书"以为别，而后人刊落之。故在许君本为引经证文，而后世谓其据文说经，又谓其据经明学；不知许书自是包括六艺群书之诂训，又岂拘拘焉以后世之所谓"古文学"者自限耶？

一八　博士余影

　　清代经师，盛尊汉学，高谈师说家法，已失古人真态。又强别今文、古文，误谓博士官学，皆同源一本，自成条贯，而古学起与立异。分门别户，横增壁垒，掇拾丛碎，加以部勒，还视当时章句，曾不能千万得一；而肆其穿凿，强为缀比，积非成是，言汉学者竞引据焉。余兹所述，转将为非常可怪之论。顾博士家法，实不尽于两汉。礼失则求诸野，不识前代，下视近世，先后同揆，事尚多有。姑拈北朝、隋世两则，聊证吾言。

　　一、颜之推《家训》谓：

　　汉时贤俊，皆以一经宏圣人之道，上明天时，下该人事，用此致卿相者多矣。末俗以来不复尔；空守章句，但诵师言，施之世务，殆无一可。故士大夫子弟，皆以博涉为贵，不肯专于经业。梁朝皇孙以下，总丱之年，必先入学，观其志尚，出身以后，便从文吏，略无卒业者。冠冕为此者，则有何胤、刘瓛、明山宾、周舍、朱异、周弘正、贺琛、贺革、萧子政、刘绦等，兼通文史，不徒讲说也。洛阳亦闻崔浩、张伟、刘芳，邺下又见邢子才；此四儒者，虽好经术，亦以才博擅名。如此诸贤，故为上品。以外率多田里闲人，音辞鄙陋，风操蚩拙，相与专固，无所堪能。邺下谚云："博士买驴，书券三纸，未有驴字。"夫圣人之书所以设教，但明练经文，粗通注义，常使言行有得，亦足为人，何必"仲尼居"即须两纸疏义？光阴可惜，譬诸逝水。当博览机要，以济功业。俗间儒士，不涉群书，经纬之外，义疏而已。吾初入邺，与博陵崔文彦交游，常说《王粲集》中难郑玄《尚书》事。崔转为诸儒道之，始将发口，悬见排蹙，云："文集只有诗、赋、铭、诔，岂当论经书事乎？且先儒之中，未闻有王粲也。"魏收之在议曹，与诸博士争宗庙事，引据《汉书》，博士笑曰："未闻《汉书》得证经术。"魏取《韦玄成传》，掷之而起。博士一夜共披寻之，达明，来谢曰："不谓玄成如此学也。"（《勉学篇》）

二、《隋书·房晖远传》：

房晖远为国子博士，会上令国子生通一经者并悉荐举。既策问讫，博士不能时定臧否。祭酒元善怪问之，晖远曰："江南、河北，义例不同，博士不能遍涉。学生皆持其所短，称己所长，博士各各自疑，所以久而不决也。"祭酒因令晖远考定之。晖远览笔便下，初无疑滞。或有不服者，晖远问其所传义疏，辄为始末诵之，然后出其所短，自是无敢饰非者。所试四五百人，数日便决。诸儒莫不推其通博。

此皆可以见两汉博士家法之余影也。即唐代以下，亦复各有其"今学"，亦莫不各有其"家法"。两汉博士之业，殆于世世有之。举一而反三，是所期于读吾文者。

孔子与《春秋》

(一九五三年)

一

近代人，一说到孔子，便联想到《论语》。《论语》公认为研究孔子一部必要的典籍，这诚然是不错。但《论语》乃孔子门人弟子记载孔子平日言行的一部书，而《春秋》则是孔子自己的著作，而且是孔子晚年的，又是他唯一的著作。而且又说是孔子极用心、谨严、深微的著作呀！因此说：

孔子在位听讼，文辞有可与人共者，弗独有也。至于为《春秋》，笔则笔，削则削，子夏之徒不能赞一辞。

如是则我们研究孔子，至少不能不注意到《春秋》。

而且隋唐以前人尊孔子，《春秋》尤重于《论语》。两汉《春秋》列博士，而《春秋》又几乎是五经之冠冕。《论语》则与《尔雅》《孝经》并列，不专设博士。以近代语说之，《论语》在当时，仅是一种中小学教科书，而《春秋》则是大学特定的讲座。而且当时人又说：

孔子志在《春秋》，行在《孝经》。

他们举了《孝经》《春秋》而独不及《论语》，这又为什么呢？这因《春秋》乃孔子晚年的著作，孔子自己说：

我欲载之空言，不如见之行事之深切著明也。

可见要窥见孔子生平的心事和志向，自然应注意到《春秋》。若孔子平日言论行事，见之于《论语》的，如论仁、论智、论礼乐、论学、论君子，头绪多，门类广，在中小学阶段的人，骤然不易把捉到要领。反不如《孝经》，专一讲孝道，又简易，又扼要，自天子至于庶人，都可学，都可行。所以就小学言，《孝经》更适合；为大学言，为要真研究孔子平日之微言大义言，则非《春秋》而莫属。（汉人自初即有孝弟力田之奖励，故汉人重《孝经》，亦与当时王官制度有关系。）

以上是两汉人见解，此下魏晋南北朝以迄于隋唐，《春秋》列于经，仍非《论语》所得比。直要到宋代，《论语》《孝经》《尔雅》《孟子》亦算是经了，那时的《论语》，始和《春秋》取得同等的地位。但宋学初兴，其时如胡安定、孙泰山、石徂徕，后人推为"北宋三先生"，这三人是宋学的开山，他们也多讲《春秋》，仍像是看《春秋》更重于《论语》。下及二程和朱子，才始提高《论语》地位超过了《春秋》。于是讲孔学的，更要在研究《论语》了。

但这一观点，到清代乾嘉以后又变了，似乎他们看《春秋》又复重过了《论语》。道光时，戴望作《论语注》，他想把《公羊春秋》来创通《论语》之义，这是一明证。晚清《公羊》今文学盛行，那时人讲孔学，似乎董仲舒的地位更超过了朱晦庵。这是说，他们所认的孔子精神，还是在《春秋》，更高于在《论语》。只有最近几十年，一般人意见，似乎较接近两宋之程、朱，因此研究孔子，都重《论语》，而忽略了《春秋》。（戴望治颜、李学，颜、李主张由两宋返先秦，戴氏以《春秋》释《论语》，正可证明本文之阐述。关于颜、李思想，参读拙著《近三百年学术史》。）

二

若我们根据上面那一段历史的客观叙述，可见真要研究孔子，实在不该忽略了《春秋》。至少我们该知道，为何在中国儒学史里，大部分尊崇孔子的人，都会注意到《春秋》？他们看重《春秋》的意见究竟在哪里？我们必认识到这一层，才始懂得孔子在中国学术思想史上，以往的真地位和真价值。我们亦得先明白了已往学者推尊孔子《春秋》之真意义，才能再来下批判，再来作衡量，《论语》《春秋》两书在研究孔学的地位上，究竟孰轻而孰重，究该谁先而谁后。

而且推尊《春秋》，也不是两汉始；这从《孟子》而已然了。《孟子》不是大家认为是孔学中的第一权威吗？孟子说：

世衰道微，邪说暴行又作，臣弑其君者有之，子弑其父者有之，孔子惧，作《春秋》。《春秋》者，天子之事也。是故孔子曰："知我者其惟《春秋》乎！罪我者其惟《春秋》乎！"

这里孟子称引孔子的话，可见孔子也早自己说过了，后代要批评我，惟一的根据便在《春秋》呀！

孟子又曾说：

王者之迹熄而《诗》亡，《诗》亡然后《春秋》作。晋之《乘》，楚之《梼杌》，鲁之《春秋》，一也。其事则齐桓、晋文，其文则史；其义则丘窃取之矣。

孟子直从禹抑洪水，周公兼夷狄，驱猛兽，说到孔子作《春秋》。天下一治一乱，孔子《春秋》，又是天下之一治。孟子并没有说孔子之删《诗》《书》，订礼乐，赞《周易》，而只说他作《春秋》。把他作《春秋》和古圣王治天下相提并论。这是孟子对孔子《春秋》之推崇。

其次阐述孔子《春秋》大义微言的，要轮到西汉董仲舒。司马迁《太史公自序篇》里说：

余闻董生曰："周道衰废，孔子为鲁司寇，诸侯害之，大夫壅之。孔子知言之不用，道之不行也，是非二百四十二年之中，以为天下仪表。贬天子，退诸侯，讨大夫，以达王事而已矣。子曰：'我欲载之空言，不如见之行事之深切著明也。'夫《春秋》，上明三王之道，下辨人事之纪，别嫌疑，明是非，定犹豫，善善恶恶，贤贤贱不肖，存亡国，继绝世，补敝起废，王道之大者也。拨乱世，反之正，莫近于《春秋》。"

又曰：

《春秋》者，礼义之大宗也。

这些话，虽说是董仲舒意见，但司马迁是大概亦已全部接受了，而且我们也可说，两汉诸儒尊孔子讲《春秋》的，也大体都接受这样的意见。

晚清学者推尊《春秋》，大体还是依据董仲舒。但他们所争的要点，谓《春秋》是"经"而非"史"，故学《春秋》当重"义"不重"事"。这一层却值得我们提出先讨论。《春秋》

本列于五经，则《春秋》是经非史，已属不争之事实，从来也没有人主张《春秋》乃史而非经，为何晚清儒特地要提出这一争议呢？当知这里便牵涉到《春秋》之"义法"，牵涉到经学上"今文学派"与"古文学派"之分歧，牵涉到《左氏》学与《公羊》学之不同点。让我们且举杜预为例证。

杜预传《左氏》学，在其《春秋经传集解》的序上说：

《周礼》有史官，掌邦国四方之事，达四方之志。诸侯亦各有国史，大事书之于策，小事简牍而已。孟子曰："楚谓之《梼杌》，晋谓之《乘》，而鲁谓之《春秋》，其实一也。"韩宣子适鲁，见《易象》与鲁《春秋》，曰："周礼尽在鲁矣。吾乃今知周公之德，与周之所以王。"韩子所见，盖周之旧典礼经也。周德既衰，官失其守，上之人不能使《春秋》昭明，赴告策书，诸所记注，多违旧章。仲尼因鲁史策书成文，考其真伪，而志其典礼。上以遵周公之遗制，下以明将来之法。其教之所存，文之所害，则刊而正之以示劝戒，其余则皆即用旧史。

这是说孔子《春秋》只是遵着周公之遗制。下至清儒章学诚，乃有"六经皆史"之创论。但章氏之所谓"史"，并不即指所谓"历史"言。章氏之意，乃谓古代六经皆即当时政府之"官书"，犹之后世衙门之"档案"。章氏《文史通义》特有《史释篇》，即是专释他"六经皆史"的"史"字之特有的涵义。此刻我们若把章氏主张配合于杜预之所说，谓孔子《春秋》乃遵周公遗制，用旧史之原文，遵周礼之成规，岂不正可说明了孔子《春秋》所以亦得侪于一经的理由？而杜预此说，实大背于西汉《公羊》学派的意见。（关于章氏"六经皆史"说大义，备见拙著《近三百年学术史·章实斋》一章，又见于近著论文《经学与史学》。）

若我们用现代人眼光看，孔子《春秋》，自然可说是一部历史书，而且孔子也早已自己说过了。他说："其文则史，其事则齐桓、晋文。"可见《春秋》是一部史，而所载是当时齐桓、晋文一类的事。而且孔子又复说："我欲载之空言，不如见之行事之深切著明也。"这我们又那能说，《春秋》不是一部史，其所重不在其所载之事呢？

又且"经""史"之别，这是后代才有的观念。《汉书·艺文志》，《春秋》属六艺，而司马迁《太史公书》也列入《春秋》家。《七略》中更没有史学之一类。可见古代学术分野，并没有经史的区别。若我们定要说《春秋》是经非史，这实在只见其为是后代人意见，据之以争古代之著作，未免搔不着痛痒。若据《汉书·艺文志》，当时所认为学术大分野者，乃属"六艺"与"诸子"之两大类。入《六艺略》者为"王官学"，入《诸子略》者为"百家言"。我们就古论古，先该问：孔子《春秋》，在当时，究竟是"官学"，抑还是"家言"呢？若如杜预所说，则孔子《春秋》显然该属于官学。因孔子《春秋》既多依照当时官史，一遵周公旧制，我们自可归之入官学类，而《艺文志》《春秋》列《六艺略》，似乎即可据此为说了。（关于古代"王官学"与"百家言"分别，参见拙著《两汉博士家法考》，又略见拙著《国学概论》第二章。）

三

但汉代的《公羊》家，却有一种和杜预绝大不同的说法。

若照《公羊》家所说，则孔子《春秋》又断当是家言，非官学。换言之，《春秋》乃孔子私家的著述，绝非依照当时政府官定的史例而记载。因此说孔子《春秋》有"大义"与"微言"。（拙著论文《太史公考释》，发明马迁模效《春秋》，其所为《史记》乃家言，非官学，可与本文相参证。）

《公羊》家说孔子《春秋》微言大义，最要者有"三科九旨"说。何休的《文谥例》，说三科九旨者：

> 新周，故宋，以《春秋》当新王，此一科三旨也。所见异辞，所闻异辞，所传闻异辞，二科六旨也。内其国而外诸夏，内诸夏而外夷狄，此三科九旨也。

此"三科"，又说为"存三统""张三世"与"异内外"。何以叫做"存三统"？古史有夏、商、周三代，这是历史上王朝政权的三传统。但《公羊》家言则不然。他们认为三王之前有五帝，五帝之前有九皇，九皇之前又有六十四民。他们又认为历史上所谓三王、五帝，也不是固定的专属于何王与何帝。若把现代人观念勉强作譬喻，三王只如近人所谓"近代史"。五帝，略如所谓"中世史"。九皇，则如所谓"上古史"。六十四民，则好如"史前史"。他们说，每一新王朝兴起，该保留以前两王朝之后，为之封土建国，让他们依然遵守前王朝之旧传统与旧制度，与此新王朝同时而并存，此之谓"存三统"。周代前两个王朝传统是夏与商，故保留在周代的两王朝之后的侯国有杞与宋。杞，夏后；宋，商后。他们可以遵守他们自己以前夏、商两代的制度与文物。但当孔子作《春秋》，孔子认为周道衰微，已失去了王天下的资格了。因此孔子《春秋》里所有的褒贬，并非即是当时周天子的褒贬了。那只是孔子私人的褒贬。换言之，《春秋》褒贬，乃是孔子心中一个理想的新王朝出现以后所应有的褒贬。所以他们说，孔子"以《春秋》作新王"，因为孔子《春秋》是当得一王之法的。换言之，孔子《春秋》也等于是为新王创法了。所以董仲舒要说：

《春秋》贬天子，退诸侯，讨大夫，以达王事而已矣。

可见即是当时的天子，孔子《春秋》里也要贬，所以说《春秋》是"新王"，又说孔子是"素王"。"素"，犹近代语说"空"。孔子并没有真个当新王，《春秋》褒贬，也不是当时真有一个新王朝，真定了那样的法律来褒贬，于是孔子《春秋》只成为是"素王"了。这犹如说是一"无冕的王者"，或是一"空头王者"了。但孔子既把《春秋》作新王，则周王朝在孔子《春秋》里的地位，便该退居为前王的地位了。孔子《春秋》也保留以前两个旧王朝传统，便是周与殷。殷旧有，故说"故宋"；周新入，故说"新周"。而杞的传统，便在孔子《春秋》里黜退了；故又说"《春秋》黜杞"。于是夏禹便转成五帝之末一帝；五帝的最先一帝黄帝，便该挨次黜退成九皇之末一皇；九皇之最前一皇，便该黜归于六十四民之列了。这是西汉《公羊》学家所谓的"存三统"。今且不论这些说法之是与非，我们此刻所问的，孔子既是如此般来作《春秋》，还不是一部私家著述是什么呢？因此杜预之说，绝对该受西汉《公羊》学家的否认了。（西汉《公羊》家所谓"存三统"，实非孔子《春秋》之本义，其辨略见于拙著《国学概论》

之第四章。)

其次讲到"张三世"。"三世"指的是"所见世""所闻世"与"所传闻世"。孔子《春秋》自鲁哀公上迄隐公凡十二君二百四十年。他们说：哀、定、昭三君的时代，是孔子之"所见"，凡六十有一年；襄、成、宣、文四君，是孔子之"所闻"，凡八十有五年；僖、闵、庄、桓、隐五君，是孔子"所传闻"，凡九十有六年。如是则三世的分张，也是单依据着孔子自己的年世而分张的。换言之，孔子《春秋》的三世，也只是孔子私人立场的三世。若上依周公，或下据周平王，三世便自会不同。如此说来，孔子《春秋》，仍还是孔子私家的著作。

上述"三世"，又有另外的名称。"所传闻世"又称"拨乱世"，"所闻世"又称"升平世"，"所见世"又称"太平世"。这又是什么意义呢？因他们说：孔子《春秋》本是一部专为拨乱反治而写的书，孔子因见周道衰，世乱亟，遂写这一部《春秋》来寄托他所理想的新王朝与新制度。在他书里，表现出他理想中拨乱反治所应有的制度和步骤。因此在事实上，这二百四十年的春秋时代是愈后而愈乱，但在孔子《春秋》里所表现的理想制度，却是愈后而愈治。从"拨乱世"到"升平世"到"太平世"，因于时代之不同，而此新王朝的制度，乃愈后而愈谨严，愈恢宏。也可以说是愈后而愈进步，愈像样了。

这一层，可用第三大义"异内外"来说。何休《公羊解诂》说：

于所传闻之世，见治起于衰乱之中，用心尚粗粗，故内其国而外诸夏，先详内而后治外。于所闻之世，见治升平，内诸夏而外夷狄。至所见之世，著治太平，夷狄进至于爵，天下远近小大若一。

董仲舒也说：

王化自近及远，由其国而诸夏，而夷狄，以渐进于大同。

所以说世愈乱而《春秋》之文愈治，其义与时事正相反。这是说，孔子《春秋》里为新王定制，最先是视己国为"内"，而视诸夏为"外"的，这是"拨乱世"。稍后，则以诸夏为"内"，而只以夷狄为"外"了，这是"升平世"。最后，则诸夏、夷狄，进于一体，无分"内""外"了，这才是"太平世"。如是则研究孔子《春秋》之所重，自不在其记事，而在其因事而见之"义法"了。《公羊疏》亦说：

当尔之时，实非太平，但《春秋》之义，若治之太平于昭、定、哀也。如文、宣、成、襄之世，实非升平，但《春秋》之义，而见治之升平。

可见孔子《春秋》，照《公羊》家说法，该分两部分来看：一部分是春秋时代之史实，一部分是孔子自己所寄寓在《春秋》书里的义法。而读者所该轻重，自可不烦言而知。

四

但我们若根据上引两汉《公羊》家《春秋》三旨之阐述，

认为孔子《春秋》诚如他们之所说，则《春秋》显然是孔子之一家言，而非孔子当时之王官学，这似乎不再有问题。但这里却有更进一步的问题，要迫得我们去追问。因汉儒当日之所重，正是重的王官学，而看轻了百家言。他们对于孔子《春秋》种种之阐述，其用意所在，却也正为要证明孔子《春秋》确是等于如古代之王官学，而并不是百家言。这一层，像在孟子已说了。孟子说："《春秋》，天子之事也。"又说："其义则丘窃取之矣。"赵岐注："窃取之，以为素王也。"赵注又说："设素王之法，谓天子之事也。"孟子又曾说："有王者起，必来取法。"汉儒正袭其义，故司马迁引壶遂说：

  孔子之时，上无明君，下不得任用，故作《春秋》，垂空文以断礼义，当一王之法。

贾逵《春秋序》亦云：

  孔子览史记，就是非之说，立素王之法。

郑玄《六艺论》亦云：

  孔子既西狩获麟，自号素王，为后世受命之君，制明王之法。

可见仲尼素王，《春秋》立法，不仅当时《公羊》家言之，即壶遂、贾逵、郑玄诸人亦言之。既是素王立法，则决然是一种王官学，而非私家言。换言之，孔子《春秋》，应该与尧、舜、禹、汤、文、武、周公之创制立法，定为一朝王官之学者有同类平等的地位，而不该下与墨翟、老聃那许多仅属社会的私家言者为伍。故《汉书·艺文志》终以孔子《春秋》上列六经，不下媲诸子也。（关于西汉学者看轻家言的证据，详见拙著《两汉博士家法考》，又略见拙著《国学概论》第四章。）

这里遂产生了"孔子《春秋》为汉制法"之传说。这一说虽先见于纬书，然我们纵说是当时汉儒推崇孔子《春秋》的公共意见，亦不为过。就当时人意见，远从上古以来，一朝新王兴起，则必有一圣王为之创法而定制。如尧舜、如禹汤、如文武周公，皆其例。到了春秋、战国，天下乱了，该又有一新王兴起了，却并不真有此新王。孔子则有其德，无其位。秦始皇混一了天下，他何尝不自认为是新圣王兴起呢？然秦代二世而亡，汉儒不认秦代也得成为一新王之传统，只说如一年十二月之偶有闰月般，虽亦是一月，而非正常之一月。汉代则真算是新圣人受命了，但又有其位，而无其圣。汉高、吕、惠，几十年来，一切法制，都沿袭了秦之旧，这在汉初是无可讳言的。如是，则汉王室虽是一朝之新王，而实无一朝新王之制度与文物。这在文帝后，一辈学者早都明白提出此意见了。于是"孔子《春秋》为汉制法"之说，正合时代之需要。因此汉武帝听受了董仲舒意见，兴太学，立博士，尽罢诸子百家，而专主五经。五经成为汉代之王官学；而汉代的五经，又必以孔子《春秋》为之主。此因《诗》《书》《易》《礼》皆属于前王，只有《春秋》，是一种新王法，不啻是孔子早为汉廷安排了。因此又必然说成"孔子删《诗》《书》，订礼乐，赞《易传》"，如是，则那些前王之法，都经孔子手而和孔子自创的新王之法变成了一致。可见刘向歆《七略》，定六艺为王官学，这不仅是说六艺乃是前王之官学，而且还是汉室昭代的官学呀！于是遂有汉儒所谓"通经致用"的说法。若非六艺经学与昭代王官之学相一致，试问通经岂不成为"生今之世而反古之道"的勾当吗？这又如何能在汉王朝致用呢？（关于汉武帝表章五经，罢黜百家的详细经过，作历史客观的解释与叙述，详见拙著《秦汉史》，又参见拙著《两汉博士家法考》，又略见拙著《国学概论》第四章。）

这里让我们再略述古代官学之转变。在周代，官学则掌于史。章学诚《文史通义》所谓"六经皆史"之"史"字，并不指历史言，而实指的官学言。古代政府掌管各衙门文件档案者皆称"史"，此所谓"史"者，实略当于后世之所谓"吏"。古代之六艺，即六经，皆掌于古代王室所特设之吏，故称六艺为"王官学"。而古代王官学中最主要者则应仍为近于后代历史之一类。故古代宗庙史官实为职掌官学之总枢，而其他一切所谓"史"者，则似由史官之"史"而引伸。但当时宗庙史官之所掌，与其谓之重要在历史，则实不如谓其重要在礼乐。周公制礼作乐，就传后之著述言，则又毋宁说其主要更在《诗》；《诗》有礼乐意义，亦有历史价值。故王官六艺，最主要者，实应为《诗》《书》。而在古代，《诗》的礼乐意义和历史价值，更应高于《书》。这一层，可惜在此处不能详细发挥，只得约略一提就算了。

但有《诗》时尚未有《春秋》，《春秋》实当继《诗》而代兴，故孟子说："《诗》亡然后《春秋》作。"但《诗》之主要部分，如《雅》《颂》、二《南》，既由周公手创，而《春秋》则是周道既衰，由一辈史官随便的记述了。故《春秋》实远不能与《诗》比。至于孔子，他自身并不是史官，由他来作《春秋》，这是由私人而擅自来著作了官家的史，故曰"其文则史；《春秋》，天子之事也。"正惟《春秋》经了孔子手，才得有大义微言，宏旨密意，其精美处，遂上媲周公之《诗》《书》，而亦成为一王大法了。

如是说来，孔子作《春秋》在古代学术史上，其人其书，同时实具两资格，亦涵两意义。一则是由私家而擅自依仿著写官书，于是孔子《春秋》，遂俨然像是当时一种经典，即是由私家所写作的官书了。而孔子之第二资格，则为此后战国新兴家学之开山。故孔子与《春秋》，一面是承接王官学之旧传统，另一面则是开创了百家言之新风气。《论语》虽非出于孔子亲笔，但记载的多是孔子言行，后来家学著作则皆由此创其端；故我们也可说，孔子《春秋》尚是旧官学，而孔子《论语》，才是新家言。因此《汉书·艺文志·诸子略》，以儒家为之首。但因孔子《春秋》既已立为汉廷之官学，于是《论语》《孝经》因其同属于孔子之书，遂也附带归入于六艺，而不列入诸子了。

故由上之所述，我们又可说：古代之官学，创自在上之王者；而汉代之官学，则实创自社会之私人，其人即是孔子。但我们若再进一步深求之，则知家言之得列为官学，其事实不始于汉而始于秦。

秦始皇并六国，他自然自居为一新王了。他自然也想自创一王之新法。荀卿所谓"法后王"，秦始皇便想担当这"后王"之地位。那时六国史记都给秦廷烧毁了，只留着秦史。秦史固然亦可称为秦代之官学，但只代表着原始的秦国，似乎尚不能代表秦人统一天下后之新王朝。此一新王朝之官学，照理又该是代表着天下，而不再专代表着秦国，于是秦廷遂始于"史官"之外，又创设了"博士官"。秦廷博士官所代表的学术，大体言之，却是当时六国相传之家学。因此当时社会上诸子百家各派新兴的学者，秦廷都罗致，博士员额多至七十人。他们虽并不负有实际行政的责任，而朝廷一切大政事、大兴革，他们都有参议发表意见的地位。这是秦代的新制度。我们尽可说：古代旧王官学之总汇在"太史"，而秦代新王官学之总汇在"博士"。《诗》《书》六艺，是古代的旧王官学，而战国新兴诸子百家言，则成为秦代的新王官学了。起先，在秦代新王官学博士所掌中，也还有《诗》《书》。但到焚书案兴起，便把新王官学中之《诗》《书》一部分代表前王旧官学的博士们，都彻底澄清了。于是如伏生之类，也只有挟书逃隐之一途。固然，秦代博士制度，可以远溯其源于如战国齐人之稷下先生们。但稷下先生，也是代表新家言，不代表旧官学。因此秦始皇朝廷上的博士官，实在是当时秦廷有意网罗社会新兴百家来牢笼统制，选择会通，而定为它一朝之新王官学的。（关于秦代博士制度及焚书案之详细研究，均见拙著《秦汉史》，亦见拙著《两汉博士家法考》，并略见拙著《国学概论》之第三章。又按：陆贾《新语·术本篇》："《春秋》上不及五帝，下不及三王，述齐桓、晋文之小善，鲁之十二公，至今之为政，足以知成败之效，何必于三王？"此亦当时一种"法后王"之见。法《春秋》便可不必法三王。司马迁也说："战国之权变，亦有可颇采者，何必上古？秦取天下多暴，然世异变，成功大。《传》曰'法后王'，何也？以其近己而俗变相类，议卑而易行也。"这正与陆贾略同义。孔子作《春秋》可为后王法，故司马迁作《史记》，更详战国以来，其意正学《春秋》，亦将以为后王法。是史公亦有志于成一家之言而为后王取法者。可参读拙著论文《太史公考释》。）

汉代兴起于田间，他们对这些制度文章，太不懂理会。因此汉兴也有博士官，一切也仍袭秦旧，无所变革。直到文帝时，治《孟子》《老子》之学的，都得立博士，当时也并非有意要确立汉代的王官学，只是秦代这样，汉代也这样，便算了。直到董仲舒，才开始提出一番"改制更化"的大理论，说动了汉武帝，把沿袭秦廷的百家博士都废了，而改立"五经博士"代表汉王一朝之新官学。因此汉廷五经博士，一面是革秦之旧，排除了百家，一面是复古之统，专尊了六艺，专尊了古王官学，而同时又是汉代新王之创法，与古王官学性质又不同。但实际则只有孔子《春秋》，是新创者，其书才始不是旧官学，而是为汉立制的新官学。因此汉廷五经博士，无形中便让《公羊春秋》占了主脑与领袖的地位。

如是则董仲舒表章五经，罢黜百家，其推尊孔子，虽说是"法后王"，而就其罢黜秦博士旧制言，可说已经是"法先王"了。换言之，上承唐虞三代那一种历史传统的新观念，已显然代替了秦人自我作古，为一王立法的旧观念了。这一演变之所趋，亦间接引起此后新莽之变法。（关于董仲舒表章五经，罢黜百家的尊重历史传统的意见，详见拙著《秦汉史》，又参见拙著《两汉博士家法考》，及拙著《国学概论》第四章。）

五

我们明白了如上之所述，则《春秋》立一王之法，《春秋》为素王改制那些话，自然可明白其在当时的真实意义。而当时汉廷君臣，根据孔子《春秋》来判断是非，创制立法的实际事例，实在也不少。其荦荦大者都见于两《汉书》，若逐一列举，总不下数十处，我们在这里则不想再列举。即如东汉王充的《论衡》也如此说：

  夫五经亦汉家之所立，儒生善政大义，皆出其中。董仲舒表《春秋》之义，稽合于律，无乖异者。然则《春秋》汉之经，孔子制作，垂遗于后。孔子曰："文王既没，文不在兹乎！"文王之文，传在孔子。孔子为汉制文，传在汉也。

王充非经生，非儒家，但他也已说明了孔子《春秋》即汉代新王官学真实的涵义，与其在当时实际政治上之真实的影响了。这一层，在当时是可以不烦多说的。只到后代则事过境迁，非加申解，便模糊了。

  现在我想专拈一件事来作上述之实证。史称：

  昭帝始元五年春，有男子乘黄犊车，诣北阙，自谓卫太子。公车以闻，诏使公卿将军中二千石杂识视。长安中吏民聚观者数万人。右将军勒兵阙下，备非常。丞相御史中二千石至者，并莫敢发言。京兆尹隽不疑后到，叱从吏收缚。或曰："是非未可知，且安之。"不疑曰："诸君何患于卫太子？昔蒯聩违命出奔，辄距不纳，《春秋》是之。卫太子得罪先帝，亡不即死，今来自诣，此罪人也。"遂送诏狱。天子与大将军霍光闻而嘉之，曰："公卿大臣，当用有经术，明于大谊者。"

这在当时，真是一出够惊动人心的大事。卫太子忽然出现了，整个王室和朝廷，谁也想不出办法来。一个京兆尹，他只要根据孔子《春秋》，便胆敢毅然拿太子来判罪。此一事，岂不可说明孔子《春秋》在当时的力量？可见为汉制法，也决不是当时一派博士经生的空头话。纵说孔子并非为汉制法，但汉廷法制，有许多却是根据孔子《春秋》而建立。所以后来汉宣帝要在博士中增立《穀梁春秋》一家，却经过了绝大困难，绝大曲折，必须获得了朝廷大臣多数之赞同，才获实现。正因为博士所讲，既是当代的王官学，博士说经，可以影响当时具体政情，故必得如此般郑重。否则如近代般，在国立大学中添设一讲座，如何会形成这样的大争议？（关于宣帝增立《穀梁》博士之争议，详见拙著《秦汉史》，及《两汉博士家法考》，又《刘向歆父子年谱》。又《公羊》家谓"《春秋》是卫辄距蒯聩"一节，正之《论语述而篇》"冉有夫子为卫君乎"章，则《公羊》似非孔子意。何休《公羊解诂》亦谓"辄虽得正，非义之高"，盖即本《论语》。然即此亦可为当时汉人重《春秋》过于重《论语》一旁证。）

但孔子为汉制法，固替汉廷建立了制度，引生了光荣，而同时也为汉代带来了麻烦，横添了纠纷。纵是最忠心汉室的刘向也说过：

王者必通三统，明天命所授者博，非独一姓。

这便是孔子《春秋》的大义。孔子在周代，早已为汉制法了。现在那些汉代的儒生，从汉武帝以下，他们早感得汉代的太平世已过，汉德已衰，依照孔子《春秋》义，也该又有新王出现了。盖宽饶、眭弘都为公开请求汉室求贤让位，招致了杀身大祸。但禅国让贤，新王受命的呼声，依然不能绝，终于逼出了王莽。这是孔子《春秋》在当时的大影响。

但问题又来了。新室受命，理该也有新室自己一套的王官学。孔子《春秋》既是为汉制法，便不再是为新制法了。而且《春秋》既所谓"别嫌疑，明是非，定犹豫，善善恶恶，贤贤贱不肖"，究竟在《春秋》一书的本质上，照汉儒看法，是"法"的意味重过了"礼"，"拨乱"的气象重过了"升平"，唐代陈商有《立春秋左氏学议》，他说：

孔子修经，褒贬善恶，类例分明，法家流也。

这也不能说他全是无见而妄说。西汉元帝时，王吉、贡禹之徒，也就对武、宣两朝政治，发出不满的批评。他们所不满者，正为是汉武以来之重法而轻礼。因此王莽一朝，终于要逼出"发得《周礼》"的呼声来了。而《左氏传》所载却有些处与《周礼》合，而与《公羊春秋》有不同。从此我们也可想见，汉、新之际的《左氏》与《公羊》之争，后来所称当时的"今文""古文"之争，其间当然决不是仅争的几本古经典，更不是在几本古经典里仅争些文字的今古之不同。《周礼》既是周公致太平的书，岂不与孔子《春秋》所谓一王大法者旗鼓相当吗？王莽受禅，本是依《公羊》家言而出现，王莽自然并不想把尊《周官》来黜《公羊》。但莽朝新政，则显然有些多根据着《周礼》，这些也是沿袭着王、贡以后的时代意见而来的。此即刘歆之所谓"广道术"。若真要广道术，则孔子仅是古代圣人中之一圣，于是由孔子上推至周公，一家言的重量，更会转移到历史的大传统上去。在这一趋势下，我们自可明白，后来的《左传》家为何定要说成孔子《春秋》沿袭了周公之旧典。可见上引杜预之说，也是远有渊源，并非杜氏一人独发的创说了。（关于盖、睢、王、贡下及王莽一段史实之详细演变，及莽政兼采《周官》《公羊》之种种义证，均详拙著《刘向歆父子年谱》。又《周官》实战国晚出书，非周公之所作，证论详见拙著《〈周官〉著作时代考》。）

这一问题，说到这里，便从古代的"王官学"与"私家言"之分野，渐渐转移接近到后世的所谓"经""史"之争了。而且新朝短命，光武中兴，不仅把新莽"发得《周礼》"的新圣典贱视了，即前汉圣典《公羊春秋》那些"存三统""作新王"一类的话，也渐渐变成当代之忌讳。所以即如《公羊》学大师何休，也要说《公羊春秋》里有所谓"非常异议可怪之论"了。那时则汉宣帝所谓的"汉家自有制度，本以霸王杂用之，奈何纯任德教用周政"之说，也变成了光武以下之国是。于是博士官学仅成为利禄之途，失却其从来王官学地位的真尊严，而十四博士也终于要"倚席不讲"了。这一变，却是中国历史上一绝大的大变，惜乎后来人渐渐忘失了这一大变之内涵的真意义。于是所谓六艺王官之学，只说成是周代的王官学，这在章学诚，首阐此说，已成为发明了千载未发之创见。其实他也还是沿袭杜预说法，把孔子来承续周公，把孔子《春秋》也仅当一部历史书看了。我们也可说，章学诚仍不懂得孔子《春秋》在西汉人想法中，把来当作是作新王的一部大经大法，所谓"《春秋》天子之事"的那一套古代意见了。

上面这一番话，我们是根据刘向歆父子分别古代学术为"六艺王官学"与"诸子百家言"之两大类，配合上周代的史官和秦汉博士官之大转变，来阐述西汉《公羊》学家那一套理论之内涵的真意义，及其在历史上、在当时实际政治上所发生之真影响，而孔子与儒家在战国到西汉这一段时间内之真实地位也就此指出了。（这里另有一点该述及的，则为《史记》《汉书》所特立的《儒林传》，当知这些该名为"王官儒"，与战国"百家儒"不同。若不分别出古代"王官学"与"百家言"之分野，则《儒林传》之另成一流，便难明白其所以。《宋史·道学传》中人物，其实亦多是"百家儒"也。）

六

魏晋以下的中央政府更不成样子，他们不再有创制立法，与民更始，以及创建王官学这一套想法。而社会私家言，亦不再有上撼政府，来取得创制立法的气魄与能力。换言之，古代学术分野所谓"王官学"与"百家言"之对抗精神均已不存在，于是魏荀勖所创的"经史子集"四部分法，遂代替了西汉《七略》分类，而永远为后代所沿用。此后的所谓经籍，则只是几部传统的古书，而再不是所谓六艺王官学。而"子"与"史"则从此截然与"经"为异类。他们更想不到新兴的子与史，同样可成为一代的王官学，与所谓六艺经典，在古代则并无严格的区分。孔子《春秋》是一部亦子亦史的经。也可说是一部亦经亦史的子。那些见解，魏晋以后，很少再浮现到学术界。

南渡以后的东晋和南朝，更不成样子，只有北方诸儒，挣扎在异族蹂躏下，他们却不忘情古代的王官学，他们仍想凭孔子经典来在政治上争地位，来为北方社会谋转机。《北史·儒林传》里说：

何休《公羊传》大行于河北。

这句话透露了当时一个很关重要的消息。若我们细检《北史·儒林传》，像是很少专以《公羊》名家的经生。但若通观北方儒学，显然在他们中间，存有一种共同的大趋势，他们也如西汉儒生般，大家想通经致用，把经学来变成当代兴王致治之学的那一种趋势。这实为南朝儒学所没有。而这一种趋势，则明是西汉《公羊》学精神。所以《北史·儒林传》所称"何休《公羊传》大行于河北"这一句话，实不是违背实况，无端虚说了，这要我们用一番更深入的眼光来解释。

除却崔浩、寇谦之一番波澜外，似乎在北朝，也很少提到"通三统""作新王"的那一套。但"为汉制法""拨乱返治"的精神，则在北朝诸儒间始终未消失。直从魏孝文下至北周苏绰与卢辩，遂形成了新莽以后第二度的"以《周礼》兴太平"。而北齐《周礼》大师熊安生，正当周师入邺，他却安坐家中，静待周主的来访，而周主也果然来访了。这是周武王访商容间的故事之真实化。这正因为《周礼》已成为当时北方显学，为一般君臣所重视。我们姑不论徐彦《公羊疏》是否即是北齐之徐遵明，当知尊《周礼》无异于尊《公羊》。我们只要不陷入于后代经学上古文、今文门户的偏执，而从历史上学术迁变之大势看，则西汉一朝《公羊》学大行之后，结果有王莽新朝之"发得《周礼》"，正犹如北朝经学，因于何休《公羊》之大行，而结果乃有北齐、北周之《周官》学。这两事岂不是后先辉映，如出一辙吗？既在同一轨辙下，便该有同一的意义。这一种意义，我已在上面指述过，一则尚礼的要求更胜于尚法，一则私家尊严仍回到历史大传统，如是则周公的《周礼》必会继孔子《春秋》而招惹学者的注意。（关于北朝儒学传统，及崔浩事迹背景等，可参读拙著《国史大纲》第十七章。）

如我上文所提示，则王通河汾之学，我们也可赋以一新观点。王通之《续诗》《续书》，模拟孔经，显然还是当时北方儒学之真传统。换言之，王通还不失是西汉《公羊》家精神。在他意想中，他却真想以一人之家言，将来成为新王之官学的。这在中国学术史上，王通也可谓具此观念的最后唯一人物了。所以《文中子》一书，无论其有不少后人伪羼之痕迹，而其书之大体精神与其主要观点，则决然是其中有人，呼之欲出的，而其人则无疑当即是王通。王通也只是当时北学传统中之殿军与结穴，也可说在他当时是北学之集大成，而非平地拔起，无端而忽出呀！（关于王通学说及《文中子》真伪，详见拙著《纵论南北朝隋唐的儒学》及《〈文中子中说〉考》两论文。）

现在我试再综括而扼要地来重新叙述上面之所说。所谓西汉《公羊》学精神，应该包括两要点：一是战国新兴百家言精神，二是古代相传王官学精神。而把此两要点联结起，尊奉一家言，把来悬为王官学，这样便成了孔子《春秋》为新王创制立法的《公羊》学。而孔子"删《诗》《书》，订礼乐，赞《周易》"这许多话，也不过想把一切古经籍都归并到孔子一家言的系统下，来益发增高其地位。若把上述之第一观点放松了，不一定要看重一家言，而重于广道术；换言之，即是要把历史大传统来代替一家之尊严，则六经皆是王官学，孔子以上还复有周公，《春秋》之外尽可有《周礼》；

此则成为王莽与刘歆新朝一代之所主。此即所谓"广道术"。就儒学史之演变言，北朝诸儒近莽、歆，而王通则似董仲舒。惟董仲舒尊奉孔子《春秋》为一家言，而王通则要模拟孔子自己成为新起的一家，此为两人之所异。

若既不尊一家言，又不重王官学，把西汉《公羊》家此两种精神都放松了，此即成为后起之经学。其实这样来研究古经籍，则"经学"也只成为一种"史学"了。这在东汉古文家，已有此趋向，大抵南朝诸儒大体便沿袭这一路。下到唐代，此一派占了经学的上风，于是遂有孔颖达《五经正义》之编造。孔颖达《五经正义》中，《春秋》便用的是《左氏传》。当时人眼光中的孔子《春秋》，殆是一部历史书。惟其以研究古代历史的立场看，遂若《左传》不仅远胜于《公羊》，而且也可说已胜过了《春秋》。所以刘知幾《史通》，有《惑经》与《申左》两篇，便是站在史学观点，把左丘明地位超越了孔子之一明显例证了。

惟其西汉经学，到东汉以后渐渐变成像史学，所以当时人说孔子，便联想到周公，南北朝儒家，更常见是"周孔"并称了。到唐代的学校里，也尊周公为"先圣"，孔子为"先师"。这正告诉我们，唐代人心中，已不懂古代所谓家学的精神。六经不复是孔子一家言，《诗书》礼乐都传自周公，《春秋》仅占六经之一部，亦属周公之旧典，而且其书价值可以远逊于《左传》。汉、唐儒意见相异，关键正在这上面。再明言之，汉人推崇家言而尊奉一家来定为王官学，所以特别提高了孔子的地位。唐人用史学眼光来看古经籍，则孔子还是渊源于周公，而且周公德位俱尊，孔子则有德而无位，于是周公为先圣，而孔子似乎仅该为先师了。

正因唐代学者不再有古代家学的精神，因此唐人著作，也绝少能列入子部的。章学诚《文史通义》也看到了这一点，于是他说后代诗文集部便是古代子学变相之遗传。其实应该说是古代的家学精神衰微了，社会私家不再有自创一家之言来改革当代政教的气魄与力量，自然会把聪明气力转移到诗文集部上面去。古代家言的精神失却了，于是亦遂不见有王官学的理想之要求。若说唐代也有王官学，则仍只如汉宣帝所云，"汉家自有制度，以王霸杂用之。"这一种趋势，又形成了将来学术界的新观念。他们常把古六艺称"经学"，来代表理想的"王道"，把此后的历史与时变，尽归成"史学"，而史学则往往只代表着"霸道"。即在《贞观政要》里所载唐太宗与当时兴唐诸贤所讨论，已有此种消息之透露。我们也可说，如《贞观政要》及《唐律》《唐六典》之类，那是唐代的王官学，而由唐后人观之，这些书也只是史学，也多羼杂了霸道，不够得上媲六艺，成为一种纯王之学了！

所以单从学术史立场论，唐代也是古今一大变，所变便在更没有"王官学"与"百家言"之大分野，而代替以"经""史"分类的观点。若我们只用唐后人观点来推论唐以前学术，则总会有搔不着真痛痒之苦。

七

而且南北朝迄隋唐，中国学术史上又有一新波澜，此即印度佛学之传入。佛学只重"教"，不重"治"，若用中国古代道家言来说，佛学只重"内圣"而绝不理"外王"。孔子在汉人观念中，是内圣而兼外王的，更毋宁是因其具备了外王之道而益证成其内圣之德的。所以孔子在汉代，要和尧、舜、禹、汤、文、武、周公古帝明王并列了。但唐以后的孔子，在人心目中，时时把来和佛陀与老聃并列了。换言之，这是渐渐看重了他的"教"，而看轻了他的"治"。那时的孔子，便只是一教主，不再是一"新王"或"素王"了。古代之所谓百家言，本针对王官学而称，既无王官学，也便不再有百家言。从后人眼光来看古代的百家，好像他们所争也只重在教统上。于是有韩愈的"道统"论。韩愈《原道篇》里说：

尧以是传之舜，舜以是传之禹，禹以是传之汤，汤以是传之文、武、周公，文、武、周公以是传之孔子，孔子传之孟轲，轲之死，而不得其传焉。

他又说：

由周公而上，上而为君，故其事行。由周公而下，下而为臣，故其说长。

由汉儒言之，古代道统是"五德三统"递相移转的，是百王异统的。由韩愈言之，则变成为一线相承了。此后人都接受了韩愈的"一统观"，更不懂西汉人的"多统观"。不仅"统"的观念不同，而"道"的观念也不同了。西汉人所重是"王道"；韩愈以下所重是"人道"。西汉人认为王道是人道最高的表现，最大的实践；而韩愈以下，似乎只认王道是包括在人道之里之一节目。因此，由汉儒言之，孔子是新王，他的六经定为汉代之王官学，孔子和尧、舜、禹、汤、文、武、周公各代表着一代之礼乐与制度，而教化则包括在礼乐制度之内了。若孟子则仅是一儒家，不能独自立一统。但韩愈则在尧、舜以下一线相承之道统中有孔子，而接着有孟子。"六艺"与"儒家"之辨，"王官学"与"百家言"之辨，在韩愈观念下，此种分别都泯灭了。此因韩愈重"教"不重"治"，他把治道包括于教道，所以在他的一线相承的道统里，特地举出孔子来和老聃、佛陀相比论，而在孔子之后又增出一孟子。韩愈此一种道统观之重要点，其实尚不是重要在开启他后面的，而更要在转变了他前面的。（关于韩愈以后之道统观，详见拙著《宋明理学概述》。）

与韩愈同时前后，同样可以透露出此种对孔子看法转变的消息的，便有啖助、赵匡与陆淳，他们开始提倡"废传解经"的风气。韩愈《赠卢仝诗》有云："《春秋》三传束高阁，独抱遗经究终始。"这正即是他们当时对《春秋》的态度了。

他们为何要废传解经呢？因现在的孔子，逐渐将转成为"教主"了。无论如杜预以下，以《左传》解经，《春秋》仅成为一部历史，乃至自董仲舒以下，以《公羊》《穀梁》解经，《春秋》变成了当代的一部政典，到此都不合了时代要求，于是才要在孔子《春秋》里重找新意义，而废传解经之风遂为当时所重视了。但孔子《春秋》，究竟是一部针对着他当时时代的书，究竟是一部极大涵有政治意味的书，所以说"见之行事，深切而著明"，又说"春秋王者之事"。现在是年逾千祀，时代的变化太大了。西汉《公羊》家治《春秋》，纵说有不少的附会穿凿，不全是孔子《春秋》之本义，但究竟有些大义微言，在他们是确有所受，他们亦想见之于行事，把孔子《春秋》措施到当时的实际政治上来，还要在深切著明处用力。今若全抛弃了三传，讲《春秋》便会像猜谜，孔子作《春秋》的本义，反而愈变愈模糊，愈变愈支离了。这样的转变，至少不免把研究对象，渐渐转变到孔子《春秋》这一部书上去，而转反漫失了孔子作此书时之"志"与"义"，即孔子《春秋》的精神。我们专看韩愈同时，像啖、赵、陆三家研究春秋的途径，也可说正在开启了以后的新经学，和已往经学的旧传统不同了。

八

宋学开始，不满于当代政教之没有崇高的理论根据，而回头重注意到古经籍。这开始，却有些像西汉。但他们不仅不满唐人之说经，而且也不满于汉人之说经。他们想发挥另一套新经义来建立他们当时的新王学，这是宋学初兴时人的抱负。从胡安定、孙泰山、石徂徕三家讲《春秋》，讲《洪范》，转变出王荆公《三经新义》，可说是宋学之第一期。孙泰山《春秋尊王发微》，正是沿袭了唐儒啖、赵、陆三人之路径。但孙泰山心中，显然很注重他当代的政治要求，因此他的《尊王发微》，我们也可说他是有意来创写北宋需要的一部新《公羊》。晁公武《读书志》引常秩说："明复为《春秋》，犹商鞅之法，'弃灰于道者有刑，步过六尺者有诛。'"这话也有理由，因说孔子《春秋》总该说到孔子之褒贬，但若不真明了孔子《春秋》里面的实事而来空辨孔子之褒贬，其弊必流于深文而锻炼。而且《春秋》既是一部拨乱的书，若在王朝统一、政权奠定之后来讲《春秋》，又总不免会偏重了法而轻了礼。汉武帝表章五经，罢黜百家，其时所争在六艺与诸子，所争在秦制与古典，但稍后便会引起王吉、贡禹一辈人争议。孙明复的《春秋尊王发微》，其书用意本在针对唐末五代藩镇之割据，与中央政府地位之低落，而有意作纠正。但中央尊严既立，则孙氏此等意见也便滋流弊，无怪有如常秩之讥评。所以王荆公《三经新义》，即不采《春秋》，而加进了《周官》。当时人又说，荆公对《春秋》有"断烂朝报"之说，此语不论其信否，但依传讲经，既不切时代要求，而要人弃传穷经，则一千几百年以前的孔子《春秋》，实使人看了真不免有"断烂朝报"之感呀！我们也可说：从孙明复到王荆公，正犹如从汉武帝到新莽，也犹如北朝儒学先由《公羊》而转入北周、北齐之《周官》学，还是同一涂辙，只是转变得更促更快而已。

荆公新政失败，于是又转出伊洛理学来。伊洛兴起，那时的学术风气又变了。他们看重"教"更过于看重"治"。因此他们特别提出《小戴记》中《大学》这一篇，也正为《大学》明白地主张把"治国""平天下"包括到"正心""诚意"的一条线上来。于是孟子和孔子更接近，周公和孔子则更疏远。在韩愈以前，常还是"周孔"并称的，到伊洛以后，确然变成为"孔孟"并称了。这正如汉人言"黄老"，而魏晋人言"老庄"，这中间正有同样的意义。换言之，在此以后，便更看重了孔子"内圣"之一面，而偏忽了孔子"外王"的一面。毋宁是因其有内圣之德，而始证其有外王之道了。因此而尧、舜、禹、汤、文、武、周公的地位也变了。他们之更可看重者，也全在其内圣之德上，而不在其外王之道上。于是远从《尚书》"十六字传心诀"，一线相承到孔孟，全都是"圣学"，不再是"王道"。换言之，他们更不注意到汉人"五德终始"与"三统更迭"的那一套说法。礼乐制度变成形而下；洒扫应对可以直上达天德。治国、平天下，该从"心"上做功夫。尧舜事业说成"如一点浮云在太空"。因于这一转变，而王荆公的《三经新义》又不得不转成朱晦翁之《四书集注》了。

唐人治、教分，所以唐代科举，进士词赋更重于明经。经学只是应故事，并不占重要的地位。而宋人主张治、教合，所以进士词赋必然又会转变到经义。只是王氏的《三经新义》，主于"以治统教"，而朱子的《四书集注》，则主于"以教统治"，这就成了一大分别。我们也可说：远从孙泰山《春秋尊王发微》，经过王荆公的《周官新义》，而转出朱晦庵《论》《孟》集注与《学》《庸》章句来，这是宋学递转递进之三部曲。这里告诉我们，经学内容依随于时代思潮而转移的具体一例证。再简单显白言之，汉儒讲经学，是偏重于针对着周、秦以来之王朝政制而讲的，现在则是偏重于针对释、老教义而讲经学了。（关于"治统"与"教统"之辨，可参读拙著《政学私言》第六篇《道统与治统》。）

这以后，朱子四书悬为元、明、清三代政府功令取士之标准，但我们却不能说朱子四书即是元、明、清三代之王官学。这里有一个极大的分辨。因古代所谓之王官学，重在当代之礼乐制度、政府规模上，而四书义则重在"格、致、诚、正"私人修养上。直从程伊川、朱晦翁到明末的刘蕺山，他们对当代皇帝进言，都把当朝的一切礼乐制度且搁在一边，而先谈格、致与诚、正。他们且先教皇帝做圣人，暂不想教皇帝当明王。他们认为只有成了圣人才能当明王，这正如由本以达末，这是宋学与汉学精神上的大差异。那时的孔子，则仅是"至圣先师"而再不是"新王"与"素王"了。周、程、张、朱、陆、王，成为一代大师的，他们都是以新教主姿态，高举孔子来和老聃、佛陀争长短，于是董仲舒、王通，终于要在圣学传统中剔出。而汉、唐以来一切礼乐制度则仅成为"霸道"。朱子的《中庸章句序》与王阳明的《拔本塞源论》，代替了西汉《公羊》学家之"张三世"，而成为宋、明儒理想上达成天下太平、世界大同的一条唯一大道。换言之，这都是一种"以教统治"的精神。他们重在发明人类普遍的教义，更重于建立王朝一代的政制了。（关于王阳明《拔本塞源论》，可参读拙著《近三百年学术史·颜李篇》，及《中国思想史》。）

九

下面我们再继续说清儒。清儒经学，却另是一新途向。他们既不重政治，又不重教化，把自身躲闪在人事圈子外面来讲经学，虽说他们的训诂考据，冠绝古今，其实是非宋亦非汉，他们纵有所发明，却无关于传统经学之大旨。我们此刻只选其有关于本篇论点者，拈举三人略说之，这大体都已在嘉、道以下了。

第一是章实斋，他的《文史通义》，根据刘向歆《七略》阐明了古代学术王官学与百家言之大分野，这可算是清儒在考古上一大发现。但章氏自述其学术渊源，谓是导始于浙东之史学，则章氏本人便已不能摆脱后代经学与史学分疆划界之旧观念。不仅经学与史学分，而政治亦与教化分。于是尊经者尚教，尊史者尚治，章氏沿于此轨迹，他似乎并不能真了解古代学术之大体，而仅能不陷于后世门户之偏执而已。（关于浙东史学，可参读拙著《宋明理学概述》。）

他首先知道看重到周公。故他说：

自有唐、虞、夏、商，迹既多，而"穷、变、通、久"之理亦大备。周公以天纵生知之圣，而适当积古留传，道法大备之时，是以经纶制作，集千古之大成。……故创制显庸之圣，千古所同。集大成者，周公所独。

但他这样说，不免看重了周公而看轻了孔子。故他又说：

自有天地而至唐、虞、夏、商，皆圣人而得天子之位，经纶治化，一出于道体之适然。周公成文、武之德，适当帝全王备，殷因夏监，至于无可复加之际，故得藉为制作典章，而以周道集古圣之成。斯乃所谓集大成也。孔子有德无位，即无从得制作之权，不得列于一成，安有大成可集乎？

章氏直从历史看，直从政治看，就其在位与不在位而言，就其有制作与无制作而言，则周公确是集古代官学王道之大成，而孔子却仅是后世家言之开山。他又说：

君、师分，而治、教不能合于一，气数之出于天者也。周公集治统之成，而孔子明立教之极。……语圣则不异，事功则有异。治见事实，教则垂空言。……周公集成之功在前王，而夫子明教之功在万世。

这是他根据后代人观念，把创制与立教来分别周、孔之异功，孔子只是一先师，不是一明王。他显然是韩愈以下人的见解。他又说：

孟子所谓"集大成"，乃对伯夷、伊尹、柳下惠而言。周公集羲、轩、尧、舜以来之大成，孔子集伯夷、尹、惠之大成。

章氏也未尝不知他的说法，实有异于孟子，遂把孟子所谓"孔子集大成"者，谓是集伊尹、夷、惠之大成。其实这一分辨，却决非孟子之本意。即据《汉书·艺文志》，也明明说：

唐虞之隆，殷周之盛，仲尼之业，已试之效者也。

可见汉以前人看孔子，决不把孔子专与伊尹、夷、惠为比伍，而多把来与尧、舜、文、周作衡量。孔子集伊尹、夷、惠之大成，此一意见，自王荆公《三圣人论》始。这里显可看出古今人意见一绝大不同点。

章氏书又说：

夫子尽周公之道而明其教于万世，夫子未尝自为说也。表章六艺，存周公之旧典，故曰："述而不作，信而好古。"又曰："盖有不知而作者，我无是也。""子所雅言，《诗》《书》

执礼。"所谓明先王之道以导之也。非夫子推尊先王，意存谦牧而不自作也，夫子本无可作也。有德无位，即无制作之权，空言不可以教人，所谓"无征不信"也。

这里却露出了章氏书中一个更大的破绽。孔子明明作《春秋》，如何说孔子有"述"无"作"呢？所以《文史通义》开首即有《易教》《书教》《诗教》《礼教》各篇，而独缺了《春秋教》。章氏治学，重史又过于重经，《春秋教》一篇，万不该不作。大抵章氏遇到这题目，实苦于无从著笔呀！

因此我们可以说：章氏《文史通义》所论古代学术分野之大体，最多也只懂得了一半。而且是辨其细而遗其大，他只知六艺为王官学，但他误认王官学为必出于在位之王者。他不明白在古代人观念中，圣人著作论"德"不论"位"。故说"《春秋》天子之事"，那说是无位即不能制作呢？而且孔子之教，又何尝只是明周公之道以为教呢？我们细读章氏书，却使我们不能不深进一层来承认古代《公羊》学之在当时思想史上的地位。至少他们懂得尊进社会新兴的私家言，来代替古代传统的王官学。他们推尊孔子，正为孔子能和古圣王一样地制作。因此他的制作一样可奉为后代新王之法度。如是则家言与官学，虽分而不分。这是汉儒论圣学王道之特见精卓处。若章氏也明白得此意，他不会说：

君子苟有志于学，必求当代典章，以切于人伦日用；必求官司掌故，而通于经术精微，则学为实事而非空言。

这一番话了。当知经术精微，正可用来改革当代的典章，正可用来涤荡官司的掌故。而章氏不了解这一点，遂说：

> 当代典章，官司掌故，未有不可通于《诗》《书》六艺之所垂。

这就成为一种颠倒之说了。在西汉董仲舒以前，一切因袭秦旧，那时一样有典章，一样有掌故，这些也都是当时的王官学，难道也一切"可通于《诗》《书》六艺之所垂"吗？推章氏意，严格言之，正会走上秦代"以吏为师"之一途。所以章氏的"六经皆史"论，好像说中了古代学术的大分野，其实章氏仅知有"王官学"而不知有"百家言"。若就后代学术观念言，章氏仅懂得史学实事，而不懂得经学之大义。朱子和陈龙川辩论"王""霸"，正为预防有像章氏这些意见的流弊呀！但朱子却又把汉唐诸儒尽摈于孔门儒学传统之外了。陈龙川对朱子的辩难，却是防着另一种流弊。章氏学术源本浙东，本接近于陈龙川，但又远离了朱晦翁。其中得失，则非总揽中国古今全部儒学史，不易得一明白而持平的定论呀！（关于章实斋《文史通义》之思想，详见拙著《近三百年学术史》。关于朱子与陈龙川辩论，详见拙著《宋明理学概述》。）

一〇

其次要说到龚定庵。章实斋想把史学来代替当时正盛的经学，但他的史学，也只从《尚书》直讲到左丘明与司马迁，把孔子《春秋》放弃了。这是章氏讲史学绝大一漏洞。龚定庵则承接当时经学家传统，而且号称为是道、咸以后

《公羊》今文学之先驱者,但他的见解,实仍和章实斋一鼻孔出气。大体说来,龚定庵之持论,实是钞袭依傍于章实斋。他在《乙丙之际著议第六》那篇文里说:

自周而上,一代之治,即一代之学也。一代之学,皆一代王者开之也。……佐王者谓之宰,……载之文字谓之法,即谓之书,谓之礼。其事谓之史职。以其法载之文字而宣之士民者谓之太史,谓之卿大夫。天下听从其言语,称为本朝,奉租税焉者,谓之民。民之识立法之意者谓之士。士能推阐本朝之法意以相诫语者谓之师儒。王之子孙大宗继为王者,谓之后王。后王之世之听言语,奉租税者,谓之后王之民。若宰,若大夫,若民,相与以有成者,谓之治,谓之道。若士,若师儒,法则先王、先冢宰之书以相讲究者,谓之学。师儒所谓学,有载之文者,亦谓之书。是道也,是学也,是治也,则一而已矣。乃若师儒,有能兼通前代之法意,亦相诫语焉,则兼综之能也,博闻之资也,上不必陈于王,中不必采于其冢宰,其太史,下不必信于其民。陈于王,采于宰,信于民,则必以诵本朝之法,读本朝之书为率。师儒之替也,源一而流百焉,其书又百其流焉,其言又百其书焉。各守所闻,各欲措之当世之君民,则政教之末失也。虽然,亦皆出于其本朝之先王。是故,司徒之官之后为儒,史官之后为道则老子氏。……孔子曰:"郁郁乎文哉!吾从周。"又曰:"吾不复梦见周公。"至于夏礼、商礼,取识遗忘而已。以孔子之为儒,而不高语前哲王,恐蔑本朝以干戾也。

这些话，俨然正如章实斋。尊王官学，轻百家言，孔子仅是一儒，而且几乎也仅该"以吏为师"了。固然我们也可说，此乃定庵早年思想受了章书之影响，然细考龚氏后来言论，实亦仍无以大异于早年。可见清儒在故纸堆研究中，沉溺得太深了，实在也无从来了解先秦家学之精神。

而且龚氏文中所用"先王""后王"之语，好像是本原于荀卿，但龚氏不知荀卿书中之所谓"后王"，却正是易姓改统后的新王呀！又那里如龚氏所说，好像先王、后王万世一统呢？又那里是只要一旦拿到政权在手，便算得是新王呢？当知荀卿书中的"大儒"，其地位正当于"王者"，所以从来说者，都认为荀子所说的"法后王"，其意正即是"法孔子"。可见汉儒还是承续着荀卿，不失其大义。孟、荀论学纵有不同，但在这些大纲要节处还是相一致。又那里如龚氏般，把"师儒"划分在"王"与"冢宰"、"卿大夫"之外之下，而另辟一流来安置呢？又那里是专把师儒当一官，不许师儒成一家的呢？可见龚氏心中的孔子，也只是一"师儒"，只是一朝之王之下的一个小官，既不像董仲舒那般的想法，也不是韩愈以下及于朱子阳明宋明儒所想的样子，这就别成其为一套清儒的观念。我们看了章、龚两氏书，不禁使我们更深切地了解到清儒学术之阴暗面。这又何怪后起之康有为，虽也竭力尊孔子，讲《公羊》，但却只讲变法，不敢讲革命，只讲改制，却依然是要保王呀！（关于龚定庵思想，详见拙著《近三百年学术史》。）

——

最后便要说到康有为。章、龚两人，皆讲"六经皆史"。

但康氏则说经、史绝然如异物，称为"经"，即不能作"史"看。不仅孔子《春秋》不是史，即《诗》《书》《礼》《易》皆非史。换言之，这些经，皆只发明了某一套义理，而并不根据某一套现实。于是康氏有孔子"托古改制"的说法。在康氏心目中，孔子真如一宗教主，孔门六经无异于犹太之《新旧约》。这样一来，却把孔子在以前的历史传统全给否认了。近代的疑古运动，即由康氏而引起。但康氏却极端推尊孔子的《春秋》，他说：

孔子虽有六经，而大道萃于《春秋》。若学孔子而不学《春秋》，是欲其入而闭之门。

他又说：

孔子所以为圣人，以其改制。……《春秋》所以宜独尊，为孔子改制之迹在。……能通《春秋》之制，则六经之说莫不同条共贯，而孔子之大道可明矣。

这一说法，似乎康氏能跳出章、龚两氏之樊笼，真能上探西汉儒家之坠绪了。但依照康氏说，孔子所要改的是些什么"制"，换言之，周公以来所传是些什么"制"，康氏却全不理会。在康氏意想中，似乎六经全无历史价值，都是孔子一人向壁所虚造。就古代学术分野言，康氏似乎只承认了战国以下之所谓百家言，却不再承认有百家言兴起以前之传统的王官学。就后代学术观点言，康氏似乎是只看重了经学之大义而忽略了史学之实迹。如是我们又可说：康氏对中国学术传统所曾措心而了解的，最多也只有一半，而全不理会到另一半。（关于康有为思想及其同时所谓"今文家"言，详见拙著《近三百年学术史》。又见拙著《刘向歆父子年谱》。）

此后的中国学术界，不幸是沿续了康氏的意见和路径。他们总也提及孔子，但不幸的是不仅把孔子和其以前的历史传统分开了，又且把孔子和其以后的历史关联也忽略了。在近代中国学术界心中，似乎把孔子个人抽离了全部中国史，乃至全部中国学术史，而仅把孔子悬空孤立似的，当作古代一哲人或思想家看。而他们之所以求了解和衡量孔子哲学与孔子思想的立场，也并不站在中国史或中国学术史的全体系立场来求了解和衡量。如此般的了解和衡量，好像孔子之所以成其为孔子，则只为他有此一套哲学或思想，却不问他这一套哲学和思想之在其以前的实际渊源，和在其以后的实际影响。另有人则只是站在世界史和世界哲学史，实际则是站在西洋史和西洋哲学史的立场，来求了解和衡量。如是，我们毋宁可以说：近代中国学术界的态度，与其说较近于汉唐，不如说较近于宋明；而在近代人心中，却又看不起宋明，这就自相违戾，不成条贯了。正因近代中国人对孔子评价之意态与途径有不同，因此研讨孔子思想的，也专重了《论语》，偏忽了《春秋》。

而且近代中国学术界，又有与康氏另一种相像的想法。似乎他们认为一切礼乐文物、政法制度之改革，可以全不理会到现实的情况，与夫历史之传统。有了"经"，可以没有"史"。其实章、龚两氏所看重者，为其当身之本朝。而康氏以来，及于近代一辈学人之所看重者，则为我们所接触之西方。所以我在本文要特地提出章、龚、康三人来特别加以论列，一面我们可以借来和战国、西汉的学术思想作比较，他们三人都喜欢讲战国与西汉，而实际与战国、西汉甚不同。一面也可把他们三人来作为近代我们学术界的一面镜子看，我们纵不欣赏此三人，但近代我们的学术界，实际则是从此三人移步换影而来，其先后间有一段极亲密而紧凑的线索联系着，所憾只在我们之不自知而已。

一二

以上我们对于自孟子以下直至近代，就其关于孔子学术思想之了解和衡量，因其对于《论语》与《春秋》两书之偏轻偏重而指陈其转移递变之所以然。在上文所提供，使我们对于全部经学史与全部儒学史可以获得一更高综合的观点。现在我们则另有一问题，必然得讨论。究竟孔子《春秋》是不是诚如西汉《公羊》学家的看法呢？这一层，牵涉到孔子《春秋》之本身，已不是本篇所应有的内容，但我们不妨即就《论语》所记孔子平日的说话来作一广泛而大体的推说。

首先，我们当知道，孔子思想，确是极注重于历史的。所以说："好古，敏以求之。"又说："述而不作，信而好古，窃比于我老彭。"而孔子言历史，似乎有些处注重"王道"更甚于其注重"人道"处。所以孔子常好言三代。他曾说：

夏礼吾能言之，杞不足征也。殷礼吾能言之，宋不足征也。文献不足故也，足则吾能征之矣。

若我们勉强分别孔子论"仁"，为其论人道之中心，孔子论

"礼"，为其论王道之主脑。则孔子言礼，多半沿袭自周公，而孔子言仁，则为孔子之独创。这里并言夏礼、殷礼，而致惜于杞、宋文献之不足征，大概即为将来《公羊》家"存三统"之说之所由。孔子又曾说：

> 周监于二代，郁郁乎文哉！吾从周。

可见孔子对历史传统，实富于一种比较观。夏、殷、周三代的礼乐政教，其本身必有种种之不同，虽《论语》所记未详，然孔子于此必时时言之。如是，则孔子所抱的历史观，毋宁是与西汉《公羊》家所说的"三王异统"说较近，而唐韩愈以下至于宋儒所说的，尧、舜、禹、汤、文、武、周公而下至孔子的一线相承的"道统"论，却好像转于《论语》乏明征。

> 子张问："十世可知也？"子曰："殷因于夏礼，所损益可知也。周因于殷礼，所损益可知也。其或继周者，虽百世可知也。"

这一条，实可想象孔子心中，该有继周之新王，而新王定制，必于前朝有损益。他又说：

> 甚矣吾衰也！久矣吾不复梦见周公。

朱子注此条说："孔子盛时，志欲行周公之道，故梦寐之间，如或见之。"此所谓"欲行周公之道"者，亦可说是慕效周公般的制礼与变法，并不是想一一回复遵照周公之成规。所以说：

> 如有用我者，吾其为东周乎？

"为东周"即是继西周而起之新王，决不是一遵周公西周之旧制。

> 颜渊问为邦，子曰："行夏之时，乘殷之辂，服周之冕，乐则《韶》舞。"

可见孔子所云"吾从周"，正为周能监于二代而损益，以成其郁郁乎之文。孔子理想中之继周而起者，当不仅监于周，抑将监于自舜以下与夏、殷之诸代而损益之。所以他又说：

> 文王既没，文不在兹乎！天之将丧斯文也，后死者不得与于斯文也。天之未丧斯文也，匡人其如予何？

朱子注此条云："文，盖礼乐制度之谓。"此释"文"字甚谛当。文王、周公兴起了西周一代的礼乐制度，以成其郁郁乎之文，现在周道已衰，而孔子实有他自己理想中的一套新王的礼乐制度之规模，所以说"文不在兹乎"。

《论语》又曾说：

> 天下有道，礼乐征伐自天子出。天下无道，礼乐征伐自诸侯出。自诸侯出，盖十世希不失矣。自大夫出，五世希不

失矣。陪臣执国命，三世希不失矣。天下有道，政不在大夫；天下有道，则庶人不议。

他又说：

禄之去公室，五世矣。政逮于大夫，四世矣。

在孔子心目中，他认为当时是一个无道之世，是绝不成问题的。所以他要以一庶人的地位而来议当世之礼乐征伐，那是一件极易想象的事。今所见于《论语》的，则只是一般原则性的话。至于孔子对于当世礼乐征伐一切具体的訾议和批评，则他的弟子们，并没有详细记下，而大体则见之于《春秋》。所以《孟子》说："《春秋》成而乱臣贼子惧。"司马迁亦云：

《春秋》约其辞文而指博，故吴、楚之君自称王，而《春秋》贬之曰"子"。践土之会实召周天子，而《春秋》讳之曰"天王狩于河阳"。推此类以绳当世贬损之义。后有王者，举而开之，《春秋》之义行，天下乱臣贼子惧焉。

孟子又说：

《春秋》无义战，彼善于此则有之矣。

既是征伐不自天子出，自然无一而合于义。则今《公羊》"疾始灭"（隐二年），"疾始取邑"（隐四年），"疾始以火攻"（桓七年）之类，自然不能说全没有根据。很显然的，孔子《春秋》必然反篡弑，也必然反征伐。而孔子心中，并有他自己一番对于新的王政措施之想象与把握。所以《论语》说：

> 如有用我者，期月而已可也。三年有成。

又说：

> 善人教民七年，亦可以即戎矣。

又说：

> 如有王者，必世而后仁。

又说：

> 善人为邦百年，亦可以胜残去杀矣。

那些话，却全不是偶然的。在孔子当时，实显然有他一番具体的想象与把握。然而也终止于是想象而已。所以孔子终于说：

> 凤鸟不至，河不出图，吾已矣夫。

这一个慨叹，却正与西汉《公羊》家传述孔子作《春秋》的微旨，如合符节呢！如是则无怪乎他们要说"孔子志在《春秋》"了。

《论语》又有一段说：

子贡曰："夫子之文章，可得而闻也。夫子之言性与天道，不可得而闻也。"

此所谓"文章"，正指《诗》《书》礼乐，正指历史制度，正与文王之"文"，"郁郁乎文哉"之"文"，"文不在兹乎"之"文"，同一义蕴。而朱子注此条，则说成"德之见乎外者，威仪文辞皆是"。这就不免为是宋人的见解了。这可证汉以前儒者尊孔子，重王道；唐、宋以下儒者尊孔子，重圣德。于是"性"与"天道"遂为宋儒所喜言，而孔子《春秋》的微言大义，反而在后代成为不可得而闻。

以上专就《论语》言，也就可见西汉《公羊》家言，纵非一一是孔子当时口述相传真如此，但亦并不能说是全无踪影，都由汉儒凭空所捏造。"流落人间者，泰山一毫芒"，孔子与门弟子当时所讲论，决不能一一尽见于《论语》，而所见于《论语》中者，如上所引之诸条，即足证西汉《公羊》家言也自有他们的来历。如是，则舍弃了《春秋》，专治《论语》，决不足以见孔子之学之全，与其所志之真，也就可以想见了。

耶稣说："凯撒的事凯撒管，上帝的事由我管。"孔子则似乎不太喜欢管上帝的事，所以说："性与天道，不可得而闻。"而孔子偏爱管凯撒的事，所以说："春秋，天子之事也。春秋成，而乱臣贼子惧。"我们此刻，并不要如戴望般，专据《春秋》来讲《论语》，但我们若以《论语》《孟子》来讲《春秋》，则《春秋》显然并不尽如杜预、章学诚诸人的想法。《春秋》还是一部亦经亦史的一家言。而儒学传统，自然也不能尽如宋儒程、朱之所说。汉、唐诸儒，从事实际政治的，自然也是儒学之一支。天下永远是无道，若我们真要议天下，似乎孔子《春秋》精神，所谓其深切而著明处，我们还得继续讲。我们必须上承周公，下接孟子，会通汉、宋，才始能了解得孔子论学全部的精神呀！（本文牵涉甚广，语焉不详，其中有与以前拙著详略互见，可资参读者，随事略举如上引。惟鄙文此所陈述，实有为以前拙著所未尽阐发者。故详列旧文，亦资读者之比观。自谓若循本文所指推寻之，庶可于中国经学史与儒学史之演变，获得一更高之综合。至篇中所引故实，其出处来历，除随文就见者外，因省篇幅，不再一一详列之。而独于作者之私人著作，不厌屡次提及者，此亦古人一家著述，自具一家系统之微意。极知僭妄，亦盼读者之谅宥。又按：本文宗旨，仅为阐述孔子作《春秋》之精神，至于孔子《春秋》本书之研讨，则其事既甚难，亦非本文之所重。有时作学术史研究，其重要不亚于学术著作本身之研究，此亦其一例。《大易》《春秋》，昔之学者，已有"尘山雾海"之叹。若误谓本文作者有意提倡何休、杜预、范宁与啖助、赵匡、陆淳诸人奉为治孔学之宗师，则非作者所敢承。）

《周官》著作时代考

(民国二十年)

一　关于祀典

　　第一　论五帝祀之来历

　　第二　论五帝分祀

　　第三　论帝、昊天上帝和五帝的分异

　　第四　论郊、丘异同

　　第五　论冬至祭及立春祭

　　第六　附论汉以后郊

　　第七　论方泽祭地

　　第八　论朝日夕月

　　第九　论救日食月食

　　第十　论阴阳男女

二　关于刑法

　　第一　论法的观念之成立

　　第二　论法律公布之制

　　第三　论五刑

　　第四　论五刑以外之流放

　　第五　论什伍相收司连坐之法

　　第六　论作内政寄军令

　　第七　论入矢金赎罪

三　关于田制

　　第一　论公田制

　　第二　论爰田制

　　第三　论封疆沟洫

四　其他

　　第一　论《周官》里的封建

　　第二　论《周官》里的军制

　　　　　一　论车乘及卒伍

　　　　　二　论舆司马及行司马

　　　　　三　论国子与庶子

261

　　　　四　论余子
　　　　五　论军门称和
　　第三　论《周官》里的外族
　　第四　论《周官》里的丧葬
　　第五　论《周官》里的音乐

　　《周官》自刘歆、王莽时，众儒已"共排以非是"。其后虽有少许学者信崇，终不免为一部古今公认的伪书。然谓其书乃刘歆伪造，则与谓其书出周公制作，同一无根。我前草《刘向歆父子年谱》，曾于刘歆大批伪造古书一说，加以辨白。对此问题，将来还拟续有讨论。此文则就《周官》一书，考其著作时代，藉明真相。凡篇中所提供者，以有关积极的论点为主。至于消极方面的辨驳，本文不想过分地用力。

　　何休曾说："《周官》乃六国阴谋之书。"据今考论，与其谓《周官》乃周公所著，或刘歆伪造，均不如何氏之说遥为近情。下面分四章，证成何意。

　　一　关于祀典。
　　二　关于刑法。
　　三　关于田制。
　　四　其他。

一　关于祀典

第一　论五帝祀之来历

《周官》记祀五帝，凡有九处：

1.《天官·太宰》　　2.《掌次》
3.《地官·大司徒》　4.《充人》
5.《春官·小宗伯》　6.《司服》
7.《秋官·大司寇》　8.《小司寇》
9.《士师》

《诗》《书》只言"天""帝"，而无"五帝"。"五帝"乃战国晚起之说。祀五帝，其事兴于秦。《史记·封禅书》云：

> 初，秦襄公攻戎救周，始列为诸侯。居西垂，自以为主少皞之神，作西畤，祠白帝。其牲用骝驹、黄牛、羝羊各一云。

> 其后十六年，秦文公东猎汧、渭之间，卜居之而吉。文公梦黄蛇自天下属地，其口止于鄜衍。史敦曰："此上帝之征，君其祠之。"于是作鄜畤，用三牲，郊祭白帝焉。

> 作鄜畤后七十八年，秦德公既立，卜居雍，"后子孙饮马

于河",遂都雍。雍之诸祠自此兴。用三百牢于鄜畤。(《索隐》曰:"'百'当为'白',秦君西祀少昊,牲尚白牢。")其(德公卒)后六年,秦宣公作密畤于渭南,祭青帝。

其后秦灵公作吴阳上畤,祭黄帝。作下畤,祭炎帝。栎阳雨金,秦献公自以为得金瑞,故作畦畤栎阳而祠白帝。

汉高祖二年,东击项籍,而还入关。问:"故秦时上帝祠何帝也?"对曰:"四帝,有白、青、黄、赤帝之祠。"高祖曰:"吾闻天有五帝,而今有四,何也?"莫知其说。于是高祖曰:"吾知之矣,乃待我而具五也。"乃立黑帝祠,命曰北畤。

据此,可证五帝祠,乃秦人特创。且秦人亦只祠白、青、黄、赤四帝,尚无黑帝。直至汉高祖入关,始足成"五帝"。其前不见有所谓五帝祀。

又考《国语·晋语》:"虢公梦在庙,有神,人面、白毛、虎爪,执钺立于西阿。虢公惧而走。神曰:'无走!帝命曰:"使晋袭于尔门。"'公拜稽首,觉,召史嚚占之。对曰:'如君之言,则蓐收也。天之刑神也。'"又《墨子·明鬼篇》:"秦穆公当昼,日中处乎庙,有神入门而左,鸟身,素服玄纯,面状正方。穆公见之恐惧,奔。神曰:'无惧,帝享汝明德,使予锡汝寿十年有九。'穆公再拜稽首,曰:'敢问神名。'曰:'予为句芒。'"《左传》昭公二十九年,晋太史蔡墨言:"有五行之官,祀为贵神。木正曰句芒,火正曰祝融,金正曰蓐收,水正曰玄冥,土正曰后土。"诸书所言,亦仅有"五行神",而无"五方帝"。故虢公梦蓐收,穆公梦句芒,皆称"帝命",更不加"青帝""白帝"之别。《墨子·贵义篇》又云:"帝以甲乙杀青龙于东方,以丙丁杀赤龙于南方，以庚辛杀白龙于西方，以壬癸杀黑龙于北方。"《鬼谷子》："盛神法五龙"，陶弘景《注》："五龙，五行之龙也。"《水经注》引《遁甲·开山图》云："五龙见教，天皇被迹。"荣氏《注》云："五龙治在五方，为五行神。"据《墨子》所言，仍见其时先有五行神，而无五方帝。故只云"帝杀青龙、赤龙"，而不称"青帝""赤帝"。《庄子·应帝王篇》始称"中央之帝""南海之帝""北海之帝"。庄生寓言，不为典要。然似其时亦尚无所谓五方帝。既无五帝，则决不能有五帝祀，其理甚显。

春秋时，鲁国曾僭行郊天之礼。然当时鲁国似只郊祀上帝，并非祀五帝，亦非在五帝中祀了任何一帝。鲁既如此，秦亦宜然。窃意当秦襄公时，亦仅是僭行郊礼而祀上帝，故《史记》又云：

> 太史公读《秦记》，以为秦杂戎翟之俗，作西畤，用事上帝，僭端见矣。位在藩臣，而胪于郊祀，君子惧焉。

明说他"用事上帝，胪于郊祀"。可见秦襄公西畤所祀，也只是当时惟一的上帝。而《史记》又谓其：

> 居西垂，自以为主少皞之神，作西畤，祠白帝。

此乃据后人"东方青帝""西方白帝"之新观念，来追写前代史迹。其实前人只知祭上帝，亦并未说所祭乃是五帝中之白帝也。

秦文公鄜畤所祀，亦如襄公之例。故史敦曰：

此上帝之征，君其祠之。

此其为祀上帝甚显。且文公因梦黄蛇而作郊祀，若依后世五德符瑞之说，梦黄蛇应该祀黄帝。正缘当时尚无五天帝之说，故史敦只谓是"上帝之征"。而史公也为他下了"祀白帝"一语。其后秦宣公渭南密畤，秦灵公吴阳上、下畤，依例类推，尽只是祀上帝，并非祀青帝和黄帝、炎帝也。

大抵"五方色帝"之说，起于战国晚世。及秦帝而燕齐方士奏其说。始皇采用之，遂始祀五帝。因以前鄜畤之旧祀白帝，因以前密畤之旧祀青帝，因以前吴阳上下畤之旧分祀炎帝与黄帝。四畤皆旧有，而所祀遂分为青、黄、赤、白四帝，与以前之仅祀上帝者不同。然秦人何以只祀青、黄、赤、白四帝而独缺一黑帝，此一层殊难解说。何焯谓："秦自以水德当其一。"此说似较有理，今亦更无别说可考。惟此可见秦人之始祀五帝，本亦只有其四。至于西畤、畦畤，在秦人当时本亦仅以祀上帝。自高祖入关，因雍四畤增北畤祀黑帝，足成五帝祀之后，遂只知有五方色帝，却不复知有原先的上帝。所以误认雍四畤所祀，在先即是分祀青、黄、赤、白四帝。而于西畤、畦畤两祀，却把秦人处西垂，主少皞之神之说，强说其所祀乃白帝。此如谓鲁处东方，主太皞之神，春秋时僭行郊礼，故其所祀乃青帝，岂不大误？（雍四畤是鄜畤、密畤、吴阳上、下畤四处。据《史记·秦本纪正义》引《括地志》，西畤、畦畤，并不在雍四畤之列。《史记·封禅书索隐》误入畦畤，出鄜畤，其说不可信。）

何以说汉人只知有五方色帝，不复知有原先惟一的上帝呢？据《封禅书》："武帝时，亳人谬忌奏祀泰一方。谓：

'天神贵者泰一，泰一佐曰五帝。'""泰一"之名，亦战国晚年始有。汉廷于"五帝"之上增祀"泰一"，即是当时人不知原先惟一的上帝之证。惟其不知有原先惟一的上帝，所以要说秦人所立诸畤，一开始便是分祀五方色帝了。

五方色帝的祀典，除《史记·秦本纪》及《封禅书》所记，又见于《晏子春秋》，其说曰：

> 楚巫微见景公，曰："请致五帝以明君德。"景公再拜稽首。楚巫曰："请巡国郊，以观帝位。"至于牛山而不敢登，曰："五帝位在于国南，请齐而后登之。"

《晏子春秋》亦战国晚年伪书。五天帝之说，本兴于燕齐海疆之方士。今谓楚巫"请致五帝"，便见齐人当时亦不祀五帝也。五帝祀直到秦始皇统一后，才正式采用。何尝是春秋前所有？又何尝是周公之所定？

第二　论五帝分祀

五帝祀本无其制，既如上述。至于五帝分祀四郊，其事更属子虚乌有。《周官·春官·小宗伯》有云：

> 兆五帝于四郊。

秦祀四帝，是否按方位排列，已难详考。《晏子春秋》所记楚巫之言，亦仅谓五帝之位在国南，并无青帝在东郊、白帝在西郊之方位分配。古人郊天祀帝，最先应是随阳光而常在南方的。所以《郊特牲》云："兆于南郊，就阳位也。"（鲁城正南门曰稷门，南城西门曰雩门，皆以祭祠得名。《穀梁传》庄二十年亦云："南门者，法门也。"）及吕不韦宾客著《春秋》，始有"东郊迎春，南郊迎夏，西郊迎秋，北郊迎冬"之说。此乃战国晚年五行学者理想上之冥构，何尝为当时之实制？故汉平帝时，王莽奏曰：

谨案《周官》："兆五帝于四郊。"山川各因其方。今五帝兆居在雍五畤，不合于古。

又文帝十五年，用新垣平言，作渭阳五帝庙。同宇，帝一殿，面各五门，各如其帝色。则秦时雍五畤及汉时渭阳五帝庙，似均不曾按方位，兆四郊。分郊祀五帝，除《周官》及《吕氏春秋》两书有颇相类似之说而外，更无其他切实根据可证。奈何谓此乃周公所制，或春秋前所有？

且迎气亦不必有丘兆。直到《太平御览·礼仪部》所引《皇览·逸礼》始云：

距冬至四十五日，天子迎春于冬郊，堂距邦八里，堂高八尺，堂阶八等。自春分数四十六日，迎夏于南郊，堂距邦七里，堂高七尺，堂阶七等。自夏至数四十六日，迎秋于西郊，堂距邦九里，堂高九尺，堂阶九等。自秋分数四十六日，迎冬于北郊，堂距邦六里，堂高六尺，堂阶六等。

才始会合《吕纪》与《周官》而作成一种精密的规定。后人书言古代礼制，多出冥构，愈讲愈细，而愈不可据，即此可举以为例矣。

第三　论帝、昊天上帝和五帝的分异

《周官》言"天"者凡三处：

1.《天官·司裘》　　2.《春官·大宗伯》　　3.《典瑞》

言"昊天上帝"者凡两处：

1.《春官·大宗伯》　　2.《司服》

言"上帝"者凡六处：

1.《天官·掌次》　　　2.《春官·大宗伯》
3.《肆师》　　　　　　4.《典瑞》
5.《大祝》　　　　　　6.《秋官·职金》

郊天祀帝，本属周家旧制。祀五帝之说，则起于战国末世，而始采用于秦。其五帝分祀四郊，则又是当时学者间一种空想与冥构。凡此情节不同，而《周官》作者，一一为之兼罗并存，其间自不免有冲突，不可并存处。即如《春官·司服》云：

王之吉服，祀昊天上帝则服大裘而冕，祀五帝亦如之。

此即将两种本来各异的制度或说法，无意中误混为一，却使后来一辈作注疏者甚感困难。孙诒让《周礼正义》卷四十为之分疏云：

> 经"昊天"指冬至圜丘，"上帝"指夏正南郊，及大旅言之。上帝，即受命帝也。五帝当指冬祀黑帝，春祀苍帝。苍帝虽即为受命帝，然迎气五郊，礼秩平等，与南郊大祀异也。《月令》："孟冬，天子始裘。"夏秋及中央所祀三帝，皆非服裘之时，则亦唯被龙衮而已。经云五帝，浑举之辞耳。

此一段疏说，包含几个应分别解决的问题。1."郊""丘"之异同。2."受命帝"与"南郊"之区别。此二问题均俟下面再论。惟《周官》明明说祀五帝亦服大裘，而孙氏为之说曰：冬祀黑帝，春祀苍帝，皆服大裘，而夏、秋及中央祀赤、白、黄三帝则被龙衮。其间破绽，只用"经云五帝，浑举之辞耳"一语掩过。孙氏不悟《周官》本非史实记载，书中自有冲突，自有破绽。而定要为之弥缝掩饰，遂至于此。且五帝分祀四时，《周官》全书中并未提及。《周官》只说五帝分兆四郊。照理推想，既将五帝兆位分列东西南北四郊，自应于春夏秋冬四时分祀。否则同时兼祀四郊五帝，于情理似欠合。而细玩《周官》原书，实无五帝四时分祀之迹象可求。无宁谓在《周官》作者之心意中，五帝实是同时兼祀，转较近情。如《天官·冢宰》云：

> 祀五帝，前期十日，帅执事而卜日，遂戒。

如《秋官·大司寇》云：

> 禋祀五帝，则戒之日，莅誓百官，戒于百族。

此均不似四时分祀也。且《春官·大宗伯》云：

> 以苍璧礼天，以黄琮礼地，以青圭礼东方，以赤璋礼南方，以白琥礼西方，以玄璜礼北方。

以天地四方分六色，而黄色属地。又云：

> 以六器礼天地四方。

也并不曾把"中央"插入"四方"里面去。若只就《周官》原书看，似乎"季夏祀中央黄帝"的说法，在《周官》成书时，其说尚未完成，因此《周官》作者亦未及采用。直要到吕不韦著《春秋》，才始于四时四郊分祀五帝有一番精详的规定。《周官》作者则只说了一句分祀五帝于四郊，而未及把五帝与四郊的方位颜色配列清楚。此仅可谓是《周官》作者精神有所不及，而一时疏忽了。亦正因其书并非史实记录，故于兼罗各种素材而加以组织时，终不免有漏洞与裂痕也。

第四　论郊、丘异同

其次论"郊""丘"异同，此乃引起后来诸儒在礼制上纷然争论一极复杂的问题。孙诒让《正义》卷十一谓：

"帝"之与"天",虽可互称,而此经则确有区别。通校全经,凡云"昊天"者,并指圜丘所祭之天。凡云"上帝"者,并指南郊祭受命帝。

此乃主"郊""丘"两祭不同之说者,可谓是属于郑玄一派。然若说"郊""丘"两祭不同,1.须说圜丘祭在冬至,而南郊祭则在立春;此层留待下辨。2.须说圜丘所祭乃昊天,而南郊所祭为受命帝,此层可先剖说。"受命帝"云云,当系邹衍之徒主张"五德终始"一派学说者所提出。《淮南·齐俗训》高诱注引《邹子》曰:

> 五德之次,从所不胜,故虞土,夏木,殷金,周火。

《文选注》亦引之。邹衍之徒之"五德终始"说,后代早已失传,此为仅存可考之语。虞以土德王,他的受命帝是五帝中之黄帝。夏以木德王,他的受命帝是苍帝。殷是白帝,周是赤帝,各从所不胜而相转移。金不胜火,因而以金德王之殷,不免要转移于以火德王之周。然而五德转移之说,和五帝分祀之礼,并不能同条共贯。邹衍著书本有两种:一是《邹子》四十九篇,一是《邹子终始》五十六篇。《史记·封禅书》有云:"邹子之徒,论著终始五德之运,及秦帝而齐人奏之。"此谓五德以"相胜"为转移,"受命帝"之说,即源于此。而《封禅书》又云:"邹衍以阴阳主运显于诸侯,而燕齐之方士传其术不能通。""主运"之说在《邹子》四十九篇中。《史记集解》引如淳曰:"今其书有《主运》,五行相次转用事,随方面为服。"《索隐》亦云:"《主运》是《邹子》书篇名。"此乃五帝分祀说之来历，其详见于《吕氏春秋》与《月令》。大体为在一年内遍祀五帝。春祭苍帝，夏祭赤帝，季夏祭黄帝，秋祭白帝，冬祭黑帝，还用方色和时景与相配合。东方青色，而春天亦属青色，因此在春天祀青帝于东郊。南方赤色，而夏天亦属赤色，因此在夏天祀赤帝于南郊。不问其以何德王，其受命帝系何色帝，均应随时令而兼祀五帝。亦均应随时令而逐一分祀五帝，如上云云，周而复始。而且其五行编排的次序，乃主"相生"，不主"相克"，明不与五德转移说相同。大概《主运》这一路说法，或出邹衍当时手创。故《封禅书》既谓："邹衍以阴阳主运显于诸侯。"而《孟荀列传》又云"邹子作《主运》"也。至于《五德终始说》五十六篇，或出邹衍后学之手。故《封禅书》谓："邹子之徒论著终始五德之运。"而《汉书·艺文志》分列两书，亦以《邹子》四十九篇（内包《主运》者）在前，而《邹子终始》五十六篇则列在后。至于谓秦始皇时而齐人奏之者，乃属《终始》五十六篇五德转移之说。故始皇采用之，自以水德代周火德王，而于雍四畤分祀青黄赤白四帝，独缺黑帝。此种祀典，显与《吕览》《月令》一年遍祀五帝者绝不同。而且《封禅书》又明说：

……惟雍四畤上帝为尊，……春以为岁祷，因泮冻。秋涸冻。冬赛祠。五月尝，驹。及四仲之月，若月祠。……木禺龙栾车一驷，木禺车马一驷，各如其帝色。

可见雍四畤实乃同时祭祀，并不以春祀青帝、夏祀赤帝为别。又曰：

三年一郊。秦以十月为岁首，故常以十月上宿郊见。通权火，拜于咸阳之旁而衣上白。其用如经祠云。

可见秦人郊礼也只一次，并不以昊天上帝和受命帝分别为两祭也。

今《周官》书虽有五帝祀，但并未说明要四时分祀，一年而遍，即不得认《周官》所言为与《吕览》《月令》相同。而《周官》书亦并未采及五德转移及受命帝的说法，此一层尤为显著。则何得妄为附会，强分"昊天"和"上帝"之不同，而谓一是"天"而一是"受命帝"乎？而况秦廷虽采齐人受命帝之说，亦并不见有以天与受命帝划分为二之迹象和证据。只因郑玄到孙诒让此一辈人，误认《周官》之书，乃古代一部典礼之实录，又误把《周官》与《吕览》《月令》及邹衍后学一派所主张之五德转移受命而王之终始说，统混为一，认为是同一事之多面，又误认为其自古已然，在周公时而早已勒为定制。所以要勉强用受命帝的说法来分别《周官》书中之"昊天"和"上帝"。此乃愈求会通，而愈陷于纠纷，不如分别各自为说，转可得古人与古书之真相也。

第五　论冬至祭及立春祭

今若撇去"受命帝"之曲说，便无从分别，也无需分别"昊天"和"上帝"之不同。其次则有"冬至祭"和"立春祭"的歧点，其实此乃一历法问题。依照三统旧说，夏正建寅，殷正建丑，周正建子，则三代之正月便已各自不同。据今推论，周正建子，显然是确有其事的。而春秋时晋国便用建寅夏正，可见在当时，已不像有天下共遵的正朔。而且与其说夏正在一千几百年前早已通行，似乎无宁说它是与周历或先或后的一种地方历。惟在春秋时，此种地方历，不仅与周历并见采用，而且渐渐地占到优势。《论语》上记孔子说："行夏之时。"若此语可信，或孔子在当时，已是开始主张采用夏历来代替周历了。下到战国时，夏历推行益广。《周官》的著者，我疑他是晋人。（下面续有证。）因此，他常不免把晋国所行的夏历，与当时旧传的周历，此两种不同的历法，兼罗并用。因此，在一种制度里，常常含混地行使了两种的历法。《地官·乡大夫之职》说：

正月之吉，受教法于司徒，退而颁之于其乡吏。

而同时又说：

岁终，则令六乡之吏皆会政致事。正岁，令群吏考法于司徒以退。

《州长之职》说：

岁终，则会其州之政令；正岁，则读教法如初。

此处之所谓"正月"，便是周王正月，以十一月为岁首的建子之正。此处之所谓"岁终"，便是夏历十二月，和《豳》诗里以十二月为卒岁之月者正同。故"正岁"便是夏正建寅之月，在周历已是三月，而在夏历则为正月。《周官》书里以岁时序事，均先言"正月"，次言"岁终"，再言"正岁"。是在一个朝廷上，而同时行用了两个正朔，这正和上举祭天了还祭五帝同样的滑稽。此岂《周公》所制？又岂春秋前所有乎？

《尚书·尧典》："正月上日，受终于文祖。岁二月，东巡守。"亦分"正月"、"正岁"，正和《周官》一例，足见此两书实是相同时代之作品也。（《洪范》"五纪"则径称"岁、月、日"。）而冬至的圜丘和立春的南郊祭，则正从"正月""正岁"两种历法的转变上引生出歧异来。因冬至恰相当于周历之正月，而立春则当夏历正月也。周人祭天当用冬至，此事尽无可疑。故《郊特牲》云：

周之始郊日以至。

又云：

郊之祭也，迎长日之至也，大报天而主日也。

但到战国晚年，另有一辈学者起来主张用夏历了。正岁既变，则一岁更始之祭天大礼，自然也会随而变。这便是立春南郊祭的来源。《吕氏·十二纪》即是主张采用夏历者，（吕不韦亦晋人，而他的宾客，亦以三晋为多。）在正月里便说：

是月也，天子乃以元日祈谷于上帝。

而在仲冬十一月冬至，却别无祭天之礼。此即是把冬至祭移为立春祭之确证也。此一分歧和转变,早在春秋时已见其端倪。

《左传》襄公七年,鲁国孟献子有云:

> 夫郊祀后稷,以祈农事也。是故启蛰而郊,郊而后耕。

而《郊特牲》却云:

> 郊之祭也,大报本反始也。

此两处讲郊祭用意,显然不同。马端临《文献通考·郊社一》疏说之云:

> 按古者一岁郊祀凡再。正月之郊为祈谷,《月令》及孟献子所言是也。十一月之郊为报本,《郊特牲》所言是也。

其实此种分疏,并非古代之真相。《穀梁》哀元年记鲁郊事云:

> 郊自正月至于三月,郊之时也。我以十二月下辛卜正月上辛。如不从,则以正月下辛卜二月上辛。如不从,则以二月下辛卜三月上辛。如不从,则不郊矣。

《小戴记·明堂位》亦云:

> 鲁君孟春祀帝于郊。

孟春乃周正子月。可见鲁郊本在周正月。而且《小戴记·杂记篇》中又明记孟献子之说，谓：

> 正月日至，可以有事于上帝。

更可见鲁郊本在正月日至。但因卜牲卜日或有不吉，种种麻烦，而当时的君卿大夫，又常不免懒了，所以正月日至的郊天大礼，往往展缓移后。孟献子所谓"启蛰而郊"，此乃一时有感而发，决不当据为当时之定制。盖鲁人在是年（襄公七），以夏四月卜郊，三卜不从，乃免牲。孟献子曰：

> 吾乃今而后知有卜筮。夫郊祀后稷，以祈农事也。是故启蛰而郊，郊而后耕。今既耕而卜郊，宜其不从也。

孟献子乃本鲁人当时习惯，郊祭常在正月至三月。而鲁人之懒益甚，这一次又迟迟拖延至四月始卜郊。恰巧三卜不从，孟献子乃由此会悟到卜筮之有灵，与古人郊天之用意。他说："郊天本是为民祈农的，所以至迟也应在耕作之前。四月农作已兴，始事卜郊，宜其不从。"这是孟献子偶然有感而发之言。他说郊祭至迟应在耕作前，而后来却变为常然的，郊祭恰定在农耕的开始了。所以桓六年的《左传》云：

> 凡祀，启蛰而郊，龙见而雩，始杀而尝，闭蛰而蒸，过则书。

竟说"凡祀，启蛰而郊"，便与"正月日至，可以有事于上帝"之说大不同，便与"郊祭大报本反始"之意迥别了。人类智识随时而变，他们对于宗教上的一切想象和解说，以及对各种礼仪制度之实施和观感也会随之而变。郊天之礼，从冬至到启蛰，从周正到夏正，从大报本返始到祈农事，把一种重农的主张加进去，也不可不说古人在宗教思想、祭神观念中，也有一番进步。但后儒却把这一段历史上生长流化的事变，看成为一种政治上固定呆板的制度。而忽略了其时间性之推移，而以为是一时并存之事，则宜乎有许多的纷争了。

关于这一层，郑玄的说法却不错，而所错者在王肃。《郊特牲》孔疏说：

> 王肃之说，以鲁冬至郊天，至建寅之月又郊以祈谷，是二郊也。郑康成说异于此，鲁惟一郊。

王肃专与郑玄立异。郑玄说郊天、圜丘是二，王肃说是一。郑玄说鲁惟一郊，王肃说有二。郑玄对于郊天、圜丘之辨是错了，因此王肃的说法便对了。郑玄对于鲁惟一郊之说是准了，于是王肃又不得不错了。历来礼家之纷争，尚还有此一种意气门户之私夹杂在后面，此亦衡评古人是非者所不可不知也。

于此可举一旁证，以为说明。《周官·春官·龟人》："上春衅龟。"郑注："上春者，夏正建寅之月。"《月令》，在孟冬，"命大史衅龟筴"。此因秦以十月为岁首，秦之孟冬，正相当于《周官》里的"上春"，同为一岁之始。正如周以冬至郊天，而改用夏历后，则自当改为立春郊天，此皆随历法之变更而相异者。至于在同一历法下，则何必分冬至、立春两番举行乎？

根据上论，《周官》所记"天"和"上帝"，固不见有何分别。而"圜丘"祭天，也未见和"南郊"是二非一。所以王肃说：

> 郊即圜丘，圜丘即郊。所在言之则谓之郊，所祭言之则谓之圜丘。于郊筑泰坛，象圜丘之形。以丘言之，比诸天地之性。故《祭法》云："燔柴于泰坛。"则圜丘也。《郊特牲》云："周之始郊日以至。"《周礼》云："冬至祭天于圜丘。"知圜丘与郊是一也。（《郊特牲疏》）

其论极明析。然而《周官》书中，却每每重用夏历、周历，如上举正岁、正月之例。若说圜丘必然专从周历，定在冬至，此说自易启后人之疑。抑且古历分、至本不系时，至日或称长短，或别南北，不言冬夏。依周历言，春王正月，时月皆改。日短至立春已半月，日长至立秋已半月。即欲系时，亦当以春秋，不当以冬夏。（此本万斯大《周官辨非》。）《周官》言"日冬至""日夏至"，又是明用夏历，而非周历。既用夏历，何不以夏历之岁首正月郊天，而仍还用周历之冬至祭天乎？此说殊不可解，只可算是《周官》著者精神自有疏忽处。以后秦以十月为岁首，故秦制常以十月上宿郊见，并不遵用冬至。汉人亦多在岁首郊祀。从习惯上之推迁言之，秦之十月，汉之正月，本与周人冬至郊天似异实同；同是人君在一岁之首郊见上帝。而此后《周官》之书出现，有些学者见了冬至祭天之说，转滋怀疑。所以郑玄说：

圜丘祭昊天在冬至，南郊祭受命帝在夏正月，二者不同。（《魏书·礼志》引）

而王肃则谓：

周以冬至祭天于圜丘，以正月又祭天以祈谷。《祭法》称"燔柴泰坛"，则圜丘也。《春秋传》云"启蛰而郊"，则祈报也。（《齐书·礼志》引）

此真所谓楚则失矣，而齐亦未为得也。正因《周官》乃是一部学者理想中之冥构，本非历史实录。《周官》作者，兼采了各种素材，集合拼凑，不免有漏洞，有破绽。一面既改用夏历，一面又沿袭周正。遂使后来注家，横生许多猜疑曲解，而郊天大礼，遂为从此以下一大争案。此岂周公所制，又岂春秋前所有？然其决非西汉后人伪造，亦可从此而见矣。

第六　附论汉以后郊

汉文帝十五年，有司礼官皆说："古者天子夏躬亲礼祀上帝于郊，故曰郊。"文帝遂于夏四月幸雍，郊见五畤。刘攽谓："三王之郊一用夏正。于时据十月为岁首，故言夏郊。"其实汉未改月，（此层王引之有详辨。）刘说全误。今考《春秋》，载鲁以四月郊者，有僖公三十一年、成公十年、襄公七年、又十一年、哀公元年，凡五见。故《春秋》载鲁郊，以四月为最多。（正月郊有宣三、成七，五月郊有定十五，九月郊有成十七，则为报飨，非祭天。）文帝时诸儒，或竟据此而谓古天子夏郊上帝，则仅见其时稽古之疏而已。至武帝元光二年，始以冬十月幸雍祠五畤，此为岁首行郊礼。其时稽古之业，确比文帝时为进步。其后元狩元年、二年，元鼎四年、五年，皆以冬十月幸雍祠五畤。而元鼎四年十一月冬至立泰畤于甘泉，天子亲郊见，期日夕月，是为汉人以冬至郊天之始。而其时冬至郊天（泰一），转在岁首郊天（雍五畤）之后。其后直至太初元年，一路仍以冬十月祠雍五畤，十一月冬至郊泰畤。是年（太初元年）改历，以正月为岁首。此后天汉元年正月，幸甘泉，郊泰畤，便以岁首，不以冬至。后元元年亦以正月郊泰畤。自此以后，甘泉泰一祠常在岁首正月，便似抢代了雍五畤的地位。此后宣帝神爵元年，正月幸甘泉，郊泰畤，三月幸河东，祠后土，便是循行武帝天汉后故事。五凤元年正月，幸甘泉，郊泰畤。二年春三月，幸雍，祠五畤。三年三月，幸河东，祠后土。甘露元年、三年、黄龙元年，皆以春正月幸甘泉，郊泰畤。元帝初元二年正月，幸甘泉，郊泰畤。五年三月，幸雍，祠五畤。永光元年正月，幸甘泉，郊泰畤。四年三月，幸雍，祠五畤。五年正月，幸甘泉，郊泰畤，三月幸河东，祠后土。建昭元年三月，幸雍，祠五畤。二年正月，幸甘泉，郊泰畤，三月幸河东，祠后土。亦仍沿武帝天汉以来故事，于岁首正月郊泰畤，而雍五畤则与汾阴后土并祠三月也。至成帝建始元年十二月，始罢甘泉、汾阴祠，作长安南北郊。明年正月，罢雍五畤，以正月郊祠长安南郊，三月祠后土北郊。其议出于匡衡。以下至永始二年冬十一月，又幸雍，祠五畤。三年冬十月，尽复甘泉泰畤、汾阴后土、雍五畤。四年春正月，幸甘泉，郊泰畤，三月幸河东，祠后土。元延元年三月，幸雍，祠五畤。二年正月，幸甘泉，郊泰畤；三月幸河东，祠后土。三年三月，幸雍，祠五畤。四年正月，幸甘泉，郊泰畤；三月幸河东，祠后土。绥和元年三月，幸雍，郊五畤。二年正月，幸甘泉，郊泰畤；三月幸河东，祠后土。是年帝崩，皇太后诏复长安南北郊。哀帝建平三年，又复甘泉泰畤、汾阴后土祠，罢南北郊，然不亲至。平帝元始五年，王莽又奏复长安南北郊，并据《周官》谓：

"冬日至，于地上之圜丘奏乐六变，则天神皆降。夏日至，于泽中之方丘奏乐八变，则地祇皆出。"天地有常位，不得常合，此其各特祀者也。阴阳之别，于日冬至、夏至，其会也，以孟春正月上辛若丁，天子亲合祀天地于南郊，以高帝、高后配。阴阳有离合，《易》曰："分阴分阳，迭用柔刚。"以日冬至使有司奉祠南郊，高帝配，而望群阳。日夏至，使有司奉祭北郊，高后配，而望群阴。皆以助致微气，通道幽弱。当此之时，"后不省方"，故天子不亲而遣有司。

此乃西汉一代郊天祀地，典礼无定，种种变动之一个大结束。王莽、刘歆"发得《周礼》"，得所根据，遂定为日冬至祭天，日夏至祭地之说。而对于向来之岁首郊天，则转觉无从强合。因此想到《周易》书中，有"分阴分阳""后不省方"诸语，而牵强说成冬、夏两至，天子不亲祭。又谓孟春正月，则为阴阳会合之期，天子乃亲合祀天地于南郊。其为附会不通，诚属可笑。然亦从《周官》书中"冬至郊天"一语上生歧也。故西汉自文帝以来，虽稽古未密，然因循随俗，转走上了古人岁首祀天之老路。至王莽、刘歆，考古工深，较诸前人，遥为精密，而转觉于事情欠合，乃不得不造出此种种勉强之说耳。今若谓莽、歆伪造《周礼》，则试问对于以上之种种演变，又将如何解说乎？

岁首郊天，秦、汉既仍沿袭周人旧制，而祈谷一祭，又苦于无着落，重增后人之念惜。秦蕙田《五礼通考》说之曰：

祈谷之祭，三代以后，不行久矣。西汉五畤、泰畤，天帝莫分，正祭尚未举行，何有于祈祭？成帝虽作长安南北郊，旋废旋复，卒改合祭。后汉正月祭南郊，时用孟春，却是正祭。魏氏相沿。晋武帝泰始二年，并圜丘、方丘于南北郊，二至之祀合于二郊。齐王俭所云："义在报天，事兼祈谷，既不全以祈农，何必俟夫启蛰？"则究为祀天之正祭。特以其用正月，故曰"事兼祈谷"耳，实非祈谷也。梁武帝云："阳气起于甲子，既祭昊天宜在冬至，祈谷必须启蛰。"自是分为二祭，遂为后世祈谷之始。

又云：

祈谷之礼，见于经传者，惟《月令》《左氏春秋》。后世祀天祈谷，自梁天监始。卒复与圜丘之祀相混。至宋始分。明嘉靖举之而未尝能亲行也。庄烈帝奋然行于国势艰难之日，其亦有不得已于恫瘝者欤？

可见祈谷与岁首，情势上还是个分不成。礼失则求之野，从来讲礼诸学士，往往不考本原，不察情实，专重在文字书本上讨论。而不知在彼辈心目中，所认为失礼之社会习俗，却转有不知不觉，沿着自然的情势，而保存了一些古来之所谓礼之真相者，如上所举，即其一例也。

第七　论方泽祭地

连带着"圜丘祭天"，又有所谓"方泽祭地"。考之古籍，似乎古人只有社祭，别无地祭。陈氏《礼书》云：

先王亲地，有社存焉。《礼》曰："享帝于郊，祀社于国。"又曰："郊所以明天道，社所以神地道。"又曰："明乎郊社之义。"或以"社"对"帝"，或以"社"对"郊"，则祭社乃所以亲地也。

马端临《文献通考·郊社十五》引胡氏（宏）说：

古者祭地于社，犹祀天于郊也。故《秦誓》曰："郊社不修。"而周公祀于新邑，亦先用二牛于郊，后用太牢于社也。《记》曰："天子将出，类于上帝，宜于社。"又曰："郊所以明天道，社所以神地道。"《周礼》："以禋祀祀昊天上帝，以血祭祭社稷。"而别无地示之位。"四圭有邸，舞《云门》以祀天神；两圭有邸，舞《咸池》以祀地。"而别无祭社之说。则以"郊"对"社"可知矣。后世既立社，又立北郊，失之。

二氏之论，本极明白。然而《周官》之书，则实有令人入迷处。《春官·大司乐》云：

冬日至，于地上之圜丘奏之，若乐六变，则天神皆降，可得而礼矣。……夏日至，于泽中之方丘奏之，若乐八变，则地示皆出，可得而礼矣。

原来《周官》著者，正在阴阳的对偶上玩把戏。一面是"天神"，一面为"地示"；一在冬日至，一在夏日至；一在地上之圜丘，一在泽中之方丘；一乐六变，一乐八变。如此安排，何等整齐？何等匀称？然若细究此等思想之来历，其实乃从庄周《齐物论》是非生死一切对称互辨之后，经过后来道家引伸发挥，形成自然哲学之阴阳二元论，然后此种对称的礼制，才得发生。当其先，上帝乃独一至尊者，《诗》《书》惟称"天""帝"，不见有"天地"对偶相称之说。后人"天地"并列，则天之尊严已失，即此便是自然哲学、唯物主义的论调，即此便是阴阳学派的声口。阴阳学家正起于战国晚年，殆自道家哲学成立以后而始有。而《周官》制礼，显已采用此等见解，因而来玩此一套天地方圜、阴阳寒暑两两相对成偶的把戏。试问此等礼制，何尝为周公所定，又何尝是春秋前所有？

而且《周官》书中又明说："冬日至，圜丘祭天；夏日至，方泽祭地。"显与原来郊社旧规不合。《逸周书·作雒解》有云："乃建大社于国中"，此所谓"国中"，则决非方泽可知。可见《周官》书中所谓"夏日方泽祭地"，较之原来社祭，时间和地位，早都变了，而《周官》著者，却并未在其书中说明方泽之祭之并非社祭，又并未将圜丘方泽的地位分说清楚。此等处又只是《周官》作者的一时疏失，精神不周到，而因此又引起了后来学者很多的争执。照理推断，祭天在南郊，则方泽自应在北郊。于是又生出南郊祭天、北郊祭地之分别。其实则社祭和北郊，北郊和方泽，凡此异同，本只是纸上空言，无中生有，而后儒偏要据此力争，辨成北郊之决非方泽，社祭之决非北郊，此正如谓南郊非圜丘，祈谷非南郊，同一无聊，同一入迷。其误正在不知《周官》一书，乃学者一时理想上之冥构，而并非史实记录。故其书中，亦终不免有破绽，有罅缝。即如方泽之祭，《周官》固并未指明其在北郊，而后人却硬推定其在北郊了。然而北郊之祭服，又该是怎样的呢？《周官》书中又忘却规定。《春官·大司服》云：

王祀昊天上帝，则服大裘而冕，祀五帝亦如之。

此处并未说明五帝之为分祀抑合祀。而后人因《周官》有分兆五帝于四郊之说，便硬推定为五帝是分祀四时了。然而夏秋之际，又如何能"服大裘"呢？这岂不成为笑话吗？至于祭地之服，《周官》书中也无明文。郑玄作注，仍未提到。待贾公彦作疏始说：

昆仑、神州，亦服大裘可知。

以理而论，《周官》书中之"天""地"，既居恰相对等的地位，贾疏谓"亦服大裘"，不能说他不合。无奈在实际上，五月夏至，而服大裘，到底不成事体。《月令》云："孟冬之月，天子始裘"，可见古礼并不强人所难，定要在夏至叫主祭者亦服大裘。然而依照《周官》书推断，则成为五月也该服大裘了。这一层，又成为后来诸儒争论难决之点。结果则使历代为主祭人的天子，遂以北郊为畏途，不愿躬亲了。（宋代为祭北郊要否服大裘的争议，见《文献通考·郊社九》，此不具引。）古今礼制上的许多纠纷，颇都是这样地发生着。藉论《周礼》此一端，亦可推概其余也。

今若就上举天地祀典，两两对比，却有几点极相像：

1. 郊祭的变迁，是在天帝下又别增出了五帝。

地祭的变迁，是在社祭上又别增出了地祭。

此一层虽若相反，实是相似。

2. 郊祭有圜丘祭昊天上帝，和南郊祭感生帝之说。

地祭亦有夏至祭昆仑之神于方泽，祭神州之神于北郊之说。

此一层，郑玄把"神州之神""昆仑之神"来分别地祭，正和用"感生帝""昊天上帝"来解释天祭一样。其实禹"九州"外有"大九州"，同为邹衍一派学者所主张，而《周官》书中则似未采及，更何论于周公之定制乎？

3. 上帝和五帝的分别，社和地的分别，同样有后人为之造为深稳之说明。《礼记·郊特牲疏》云："郑氏谓天有六天。天为至极之尊，其体只应是一。郑氏以为六者，指其尊极清虚之体，其实是一。论其五时生育之功，则其别有五。以五配一，故为六天。"

这是说明了"上帝"和"五帝"之不同。秦蕙田《五礼通考》云：

土亦是地，而与祭地异者，隤然下凝，皆地也。其职主载，惟天子得祭之。于地之中，别而为土，职主稼穑以养人。《洪范》"土爰稼穑"是也。故自天子下及庶民，被其功德者，均得美报。此土谷之祭，所以达乎上下也。

这是说明了"地"和"社"之不同。此等说法，皆不得谓其无理趣。然若究其实，则《周官》既非史录，而后人强自为之分说，终不免愈说愈歧，而到底无着落处，此亦所谓郢书而燕说也。

第八　论朝日夕月

相当于"天地"者有"日月"。然观《郊特牲》："郊之祭也，迎长日之至也，大报天而主日也。兆于南郊，就阳位也。"可见古人对日之尊礼，实远出尊月之上。而郊祭亦可谓即是崇祀太阳了。自从庄周《齐物论》出世，一辈信仰自然主义的道家后起，到处向自然界寻觅那些相反相成、对等并立的事物，来玩成一套配偶哲学的把戏。然后"地"和"天"偶，"月"与"日"配。那些向来被压迫的、低级的事物，都昂起头来向他们尊严的上级讨求平等的地位。然而古人观念，则并不如此。有"南郊祭天"，并不曾同时即有"北郊祭地"。同样有"东郊朝日"，亦不一定即有"西郊夕月"。即观《周官》书，虽已用了"方泽祭地"来配搭"圜丘祭天"，却也还没有把"秋分夕月"来配搭"春分朝日"。此亦只可算是《周官》著者一时疏忽，精神有顾不到处，还待后人之增添了。

《天官·掌次》云：

朝日，祀五帝，则张大次、小次，设重帷、重案。

《春官·典瑞》云：

　　王晋大圭，执镇圭，缫藉五采五就，以朝日。

此均特地说到"朝日"，而无所谓"夕月"也。虽《周官》书中亦有几处"日""月"并举者，如《春官·大宗伯》：

　　以实柴祀日月星辰。

《典瑞》：

　　圭璧以祀日月星辰。

之类，却终未明见有所谓"秋分夕月"，或是"西郊夕月"。则《周官》书中实还透露出从来习俗重日轻月的礼制之遗痕。而同时先后之一辈学者，却早已多半感染上道家配偶哲学的兴味，来鼓吹朝日、夕月一类整齐的礼文了。所以《穀梁》庄十八年《传》有云：

　　虽为天子，必有尊也。贵为诸侯，必有长也。故天子朝日，诸侯朝朔。

而在《国语·周语》中却变成：

　　内史过曰："先王有朝日、夕月，以教民事君。"

《鲁语》亦云：

> 天子大采朝日，小采夕月。

《礼记·玉藻篇》云：

> 天子玄端而朝日于东门之外，

而别处的《逸礼·保傅篇》中却云：

> 天子春朝朝日，秋暮夕月。

《管子·轻重己篇》亦云：

> 立春祭日，秋分祭月。

而蔡邕《独断》则云：

> 天子父事天，母事地，兄事日，姊事月，常以春分朝日于东门之外，示有所尊，训人民事君之道也；秋分夕月于西门之外，别阴阳之义也。

《尧典》云：

> 寅宾出日，以殷仲春；寅饯纳日，以殷仲秋。

而孔疏引郑注却云：

"寅宾出日"，谓春分朝日；"寅饯纳日"，谓秋分夕月。

读者试就上引诸节，两两对比，便知"夕月"定是后起饰说，而非原始礼制了。这正因战国后起人本着天地间一阴一阳各成配偶的观念，故于"冬至南郊祭天"之外，要加上一个"夏至北郊祭地"，于"春分东门朝日"之外，要加上一个"秋分西门夕月"，——把来成双作对。这本是很自然、很滑易的趋势。而《周官》作者，则既已增出了"方泽祭地"，却还未顾到"秋暮夕月"。此则只可说是在道家配偶哲学下的理想的礼制之尚在发展的途程中，而没有完全成熟也。

在此同样有一趣事，堪与上举"五月服大裘祭地"遥相媲美者。三国时，魏秘书监薛靖曾有一段奏议云：

按《周礼》朝日无常日，郑玄云："用二分。"秋分之时，月夕东升，西向拜之，背实远矣。

同时淳于睿驳之云：

《礼记》云："祭日于东，祭月于西，以端其位。"《周礼》秋分夕月，并行于上代。西向拜月，虽如背实，亦犹月在天而祭之于坎，不复言背也。（按：祭月于坎，祭日于坛，正和方泽祭地，圜丘祭天一例。）犹如天子东西游幸，其官犹北向朝拜，宁得背实为疑？（《文献通考·郊社十二》引）

说礼滑稽至此，真堪令人捧腹喷饭也。

第九　论救日食月食

最可证明古人对日月观念之变迁者，当推日月食一例。《春秋》日食三十六，而绝不提及月食，可见时人重视日而月则否。今考鲁庄公二十五年日食，《左氏》云：

夏六月辛未朔，（杜注："以长历推之，辛未实七月。"）日有食之，鼓、用牲于社，非常也。唯正月之朔，慝未作，（杜注："夏之四月，周之六月，谓正阳之月。慝，阴气。"）日有食之，于是乎用币于社，伐鼓于朝。

《穀梁》云：

鼓，礼也。用牲，非礼也。天子救日，置五麾，陈五兵五鼓；诸侯置三麾，陈三鼓三兵；大夫击门；士击柝。言充其阳也。

《公羊》云：

日食则曷为鼓、用牲于社？求乎阴之道也。以朱丝营社，或曰胁之，或曰为暗，恐人犯之，故营之。

鲁文公十五年日食，《左氏》云：

六月辛丑朔，日有食之，鼓、用牲于社，非礼也。日有食之，天子不举，伐鼓于社；诸侯用币于社，伐鼓于朝。以昭事神，训民事君，示有等威，古之道也。

鲁昭公十七年日食，《左氏》云：

夏六月甲戌朔，日有食之，祝史请所用币。昭子曰："日有食之，天子不举，伐鼓于社；诸侯用币于社，伐鼓于朝，礼也。"平子御之曰："止也。唯正月朔，慝未作，日有食之，于是乎有伐鼓、用币，礼也。其余则否。"太史曰："在此月也。日过分而未至，三辰有灾，于是乎百官降物；君不举，辟移时；乐奏鼓，祝用币，史用辞。故《夏书》曰：'辰不集于房，瞽奏鼓，啬夫驰，庶人走。'此月朔之谓也。当夏四月，是谓孟夏。"平子弗从。昭子退，曰："夫子将有异志，不君君矣！"

二十一年又日食，《左氏》云：

秋七月壬午朔，日有食之。公问于梓慎，曰："是何物也？福祸何为？"对曰："二至二分，日有食之，不为灾。……其他月则为灾。"

上引三《传》论日食各有异同。据《左氏》，日食并不月月为灾。如庄二十五年、昭十七年所说，则：

救日食用鼓，惟据夏四月阴气未作，纯阳用事，日又太

阳之精，于正阳之月，被食为灾，故有救日食之法。月似无救理。(《周官·地官·鼓人疏》)

如昭二十一年所说，则：

建子、建午、建卯、建酉之月，所谓二分二至，日有食之，或不为灾；其余月则为灾。为灾之尤重者，则在建巳之月。(《尚书古文疏证》一)

故在建巳一月，独有伐鼓救日之礼也。若依照《公》《穀》二传，却不见日食有为灾、不为灾之辨。《穀梁》只说用牲非礼，鼓社并不算非礼。《公羊》则认用牲、伐鼓二者均是礼。今于三《传》异同，既无从辨其是非。惟《春秋》日食三十六，而记载鼓、用牲于社者仅三次。(一次在庄公三十年九月，两次如上举。)则似乎伐鼓、用牲，确是非常之事，并不每逢日食，即照例举行。至于《左氏》之所解说，则实有不可信者。盖《左氏》之说，专从阴阳消长的理论上，来判断日食之为灾与否，似已深染战国晚年阴阳家气味。此种说法，似乎太学理化了，绝不像春秋时一般人见解。而且《春秋》所载三次伐鼓、用牲，两次在六月，一次在九月。另有几次在六月日食，而亦并不见伐鼓、用牲者，即《左氏》亦不讥其为失礼。(宣十七、成十六、昭十五、又十七，均六月日食，除昭十七年外，均无传。)至于用牲一节，何休《左氏膏肓》曾据《春秋感·精符》及《公羊》驳《左氏》。谓"《左氏》用牲非礼，非夫子《春秋》，于义为短"。郑氏《箴膏肓》又加以答辨。(见《礼记·祭法疏》)由今论之，双方义据，其实都欠精密。三《传》对救日食礼之主张不一，正见在当时，本无一种确定的法制仪文，为一辈诸侯所当普遍奉行。而亦并无一致的社会习俗，到处如此，所以学者乃各以其意为说耳。亦可于春秋前，对于日食，实竟无有所谓救法也。王充《论衡·自然篇》有云：

上世无灾异。如有灾异，不名曰谴告。何则？时人愚蠢，不知相绳责也。

抑且日食有久有暂，有甚有不甚。故或有奔走相告，惊诧为灾异谴告者；亦有忽然而过，漫然不加重视者。其须伐鼓、用牲而救与否，亦胥视当时现象而定。古人推历粗疏，又岂能一一预测临食之为况乎？故《春秋》二百四十二年，所记日食，亦仅三十六次，亦非一一伐鼓、用牲而救也。下至《汉书·五行志》引董仲舒、刘向、刘歆诸人说，乃始一一为此加上了一种上天谴告的说明。此正时代意见之不同，未可一概而论也。故《春秋》不载月食，而《周官》书中又不同。如云：

救日月，则诏王鼓。（《地官·鼓人》）
凡军旅田役，赞王鼓，救日月亦如之。（《夏官·大仆》）
掌射国中之夭鸟，若不见其鸟兽，则以救日之弓与救月之矢夜射之。（《秋官·庭氏》）
凡日月食，四镇五岳崩，大傀异灾，诸侯薨，令去乐。（《春官·大司乐》）

是《周官》对日食、月食，一样重视，一样要救，显与《春秋》有歧。贾公彦《鼓人疏》云：

> 《春秋》不记救月食者，但日食是阴侵阳，臣侵君之象，故记之。月食是阳侵阴，君侵臣之象，非逆事，故略不记之也。

其实在春秋时，当是本无救月食之礼，贾疏亦仅是后人曲说耳。《周礼》著者，显然存有一套在他当时流行的阴阳配偶的哲学观念，日食要救，月食也要救。正如祭天了，定必要祭地，此都是那阴阳两两相对的一套玩意儿在作祟。此等全出庄生《齐物论》之后，又何尝是春秋时所有？更何尝是周公之所定乎？

孙诒让以《周礼》为周初之制，《左氏》所说乃后王所改。（《正义》卷二十三）此乃拘信旧说，误认《周官》真属周公制作。而日人林泰辅据此点，证《周官》应在《春秋》前，（见林氏《周公与其时代》一书后附录《周官制作时代考》。）又引《诗·小雅·十月之交》一篇为说，谓《周官》应在《小雅》《春秋》之间。今按：《诗·小雅·十月之交》，乃《诗》《书》中记春秋以前日食仅有之一处。（《古文尚书·胤征》不可信。）诗云：

> 十月之交，朔日辛卯。日有食之，亦孔之丑。
> 彼月而微，此日而微。今此下民，亦孔之哀。
> 日月告凶，不用其行。四国无政，不用其良。
> 彼月而食，则维其常。此日而食，于何不臧？

是诗中明说月食维常，不足为异，日食始是灾异之兆，必有所不臧而引起。故曰："彼月而微，此日而微。"乃谓月应有亏蔽（"微"），日又如何亦有亏蔽呢？此仍与《春秋》记日食、不记月食抱同一之见解者。林氏谓《十月之交》一诗，初以日食而次及月食之俱为可哀，是误解诗意也。至于"日月告凶"一语，以"日月"二字连文，正如《左氏传》庄二十五年云："非日月之眚不鼓。"亦"日月"连举，然不能即认为古人亦救月食也。林氏乃谓《十月之交》是日月双方并举的，《周官》始附以轻重，而至《春秋》则把月食全除外了，足征《春秋》思想最在后，而《周官》为其中间之过渡。其实则《春秋》还与《小雅》相近，《周官》明属最后。《小戴礼·昏义篇》云：

日食，天子修职而荡阳事；月食，后修职而荡阴事。

便见与《周官》时代相近，又岂能说《昏义篇》亦在《春秋》之前乎？今知阴阳配偶成双作对的那一套哲学，乃战国晚年始有，故知《周官》《昏义》，亦定不在《春秋》之先也。

《汉书·五行志》："凡汉著纪十二世，二百一十二年，日食五十三"，而亦不著月食。西汉诸儒说灾异，多及星象，少言月食。即刘向、歆父子言五行，亦不详月食为灾异也。则《周官》书中月食、日食并救之说，即在汉时，亦未见遵行。若《周官》书诚出刘歆伪造，则何以对救月食事，亦无痕迹可求乎？

第十　论阴阳男女

上论天地、日月之祭，处处足以证明《周官》书出世，定在阴阳学说盛行之后。今试检《周官》全书，所用"阴阳"二字，层见叠出，尤足与上论相证成。如《天官·内宰》：

以阴礼教六宫，以阴礼教九嫔，……祭之以阴礼。

《内小臣》：

掌王之阴事、阴令。

《地官·大司徒》：

以阳礼教让，以阴礼教亲，……阴阳之所和。

《牧人》：

凡阳祀用骍牲，阴祀用黝牲。

《媒氏》：

凡男女之阴讼，听之于胜国之社。

《山虞》：

仲冬斩阳木，仲夏斩阴木。

《春官·大宗伯》：

以天产作阴德，以中礼防之；以地产作阳德，以和乐防之。

《大师》：

掌六律六同，以合阴阳之声。

《卜师》：

凡卜，辨龟之上下左右阴阳。

《占梦》：

辨阴阳之气。

《秋官·柞氏》：

夏日至，令刊阳木而火之；冬日至，付剥阴木而水之。

《庭氏》：

以大阴之弓与枉矢射之。

书中用"阴阳"字凡十二见。除《山虞》《卜师》《柞氏》诸条意义较为常见外，《周官》书中所用"阴阳"二字之涵义，实非常广泛。要言之，气有阴阳，声有阴阳，礼乐有阴阳，祭祀有阴阳，狱讼有阴阳，德惠有阴阳，一切政事法令莫不有阴阳。事事物物，均属阴阳之两面。故日名"太阳"，月呼"太阴"，余可类推。于是把整个宇宙，全部人生，都阴阳配偶化了。此等思想，自当发生在战国晚年阴阳学盛行之后，此殊无可疑者。

《周官》书中，除掉显见的"阴阳"字面外，其运用阴阳配偶化的论调和色彩，又处处可见。尤著者，如：

> 以五礼防万民之伪而教之中，以六乐防万民之情而教之和。（《大司徒》）

此与《天官·大宗伯》"以天产作阴德，以中礼防之；以地产作阳德，以和乐防之"云云，竟是《中庸》《乐记》一路文字，是又岂《春秋》以前之所能有乎？

《周官》著者，正为处处要采用当时最时髦的阴阳配偶化的一套哲学来表现在他理想的政制中，所以三百六十官中，乃居然有好许的女官。如《天官》里的九嫔、世妇、女御、女祝、女史，《春官》里的世妇、内宗、外宗，再如《地官》饎人下的女饎，槀人下的女槀，《春官》守祧下的女祧之类，此诚不可不说是一种崭新的礼制。依此见解，未始不可为近代妇女参政开先声。大宰以九职任万民，七曰"嫔妇"，和农、圃、虞、牧、工、贾并列，也是特地提高了女子地位，可说是提倡女子职业的前驱。而《周官》书中，涉及一般夫妇关系，也颇带一些新鲜的活气。如《大司徒》："以阴礼教亲，则民不怨。"《大宗伯》："以昏冠之礼亲成男女。"都主张男女相亲。较之春秋时代男女有别的礼教，鼓吹像鲁敬姜、宋伯姬之谨严拘阂者，确有不同。林泰辅氏又据此，以为亦《周官》出《春秋》以前之一证。据今论之，亦无宁谓是《周官》著者，染受了当时阴阳学派的思想，把宇宙事物都看成一对一对地，涵有庄生"齐物"精神。所以对男女关系的观念，也比较看得平等些，而连带也看得亲和些。与其说之为在春秋之前，不如说之为在战国之晚世之尤为允惬也。

根据上述，证《周官》书出战国晚世，当在道家思想转成阴阳学派之后；而或者尚在吕不韦宾客著书之前，故《周官》书中并未采及五帝四时分祀之说。及秦帝而齐人始奏邹子之徒所为《五德终始》之说，《周官》著者似亦不及见，故"受命帝"等诸说，书中亦未有。此可以定《周官》成书之准确年代矣。

二　关于刑法

《周官》乃一部讲政制的书，然其书中一切制度，是否为西周初年周公所订，昔人早多怀疑。上章据天地日月祀典，证此书乃学者理想冥构，并非史实记录。其成书应在战国晚年，非春秋前所有。今再从政制方面考察，益足证成前说，互相发明。至于昔人疑端，各有专书，此不备引。下文则只从本文作者几点新的观点上，加以叙述。

第一　论法的观念之成立

《周官》书中有极为明显之一事，足以证其书之为晚出者，即其书对"法"的观念之重视是也。"法"字在古书中很少用。《小戴礼》有云：

礼不下庶人，刑不上大夫。

古人治国，只知有"礼"与"刑"耳，礼与刑之外，似不知所谓"法"。故《诗》《书》中"法"字极少见。春秋时人亦尚不知有如后人所谓"法"字之意义。《左传》昭公六年，记郑人铸刑书云：

三月，郑人铸刑书。叔向使诒子产书，曰："……昔先王议事以制，不为刑辟，惧民之有争心也。犹不可禁御，是故闲之以义，纠之以政，行之以礼，守之以信，奉之以仁。制为禄位以劝其从，严断刑罚以威其淫。惧其未也，故诲之以忠，耸之以行，教之以务，使之以和，临之以敬，莅之以强，断之以刚。犹求圣哲之上、明察之官、忠信之长、慈惠之师。民于是乎可任使也，而不生祸乱。民知有辟，则不忌于上，并有争心，以征于书，而徼幸以成之，弗可为矣。夏有乱政，而作《禹刑》。商有乱政，而作《汤刑》。周有乱政，而作《九刑》。三辟之兴，皆叔世也。今吾子相郑国，作封洫，立谤政，制参辟，铸刑书，将以靖民，不亦难乎？《诗》曰：'仪式刑文王之德，日靖四方。'又曰：'仪刑文王，万邦作孚。'如是，何辟之有？民知争端矣，将弃礼而征于书。锥刀之末，将尽争之。乱狱滋丰，贿赂并行。终子之世，郑其败乎！肸闻之，'国将亡，必多制'，其此之谓乎！"复书曰："若吾子之言。侨不才，不能及子孙，吾以救世也。"

子产铸刑书，其事在当时，尚属创举，因此引动了时人之注意。叔向谏书中，竭力举出当时政治意识上可有的种种手段和名字来劝止子产。凡所谓"义""政""礼""信""仁""忠""和""敬"等皆是，而独无所谓"法"。子产刑书，时人亦只名之为"辟"，不称为是"法"也。今据叔向谏书，即知当时政治意识中尚未有"法"的观念之存在。若谓叔向谏书系出后人伪撰，则更足证明"法"的观念，直到后人伪撰叔向谏书时还未成熟也。

自子产铸刑书后二十三年，鲁昭公二十九年，晋国又铸刑鼎。《左传》云：

> 冬，晋赵鞅、荀寅帅师城汝滨，遂赋晋国一鼓铁，以铸刑鼎，著范宣子所为刑书焉。

此下载有仲尼、蔡墨两人之批评，却都提到"法"字。仲尼云：

> ……夫晋国将守唐叔之所受法度，以经纬其民。……贵贱不愆，所谓度也。文公是以作执秩之官，为被庐之法。……今弃是度也，而为刑鼎。民在鼎矣，何以尊贵？……且夫宣子之刑，夷之蒐也，晋国之乱制也，若之何以为"法"？

蔡墨云：

> ……擅作刑器，以为国"法"，是法奸也。

此之所记，是否保存仲尼、蔡墨两人当时说话真象，已有可疑。试检《论语》，孔子仅云"为政以德""为邦以礼"，又曰"政者，正也""道之以政，齐之以刑，民免而无耻。道之以德，齐之以礼，有耻且格"。凡此皆未及"法"字。孔子仅说过"法语之言"，却未有提到治国之"法"。惟《论语·尧曰篇》"尧曰咨尔舜"一章，有"审法度"云云。然据后儒考证，"尧曰"章本非《论语》之旧。则孔子在当时，实亦尚未意识到此"法"字。即如《左氏》所记，仲尼评晋国铸刑鼎，亦仅言"贵贱不愆"之"法度"。此仍与战国以下法家后起所持之"法"的观念有分别。

战国法家兴起，首推魏国之李悝。《晋书·刑法志》有云：

> 秦汉旧律，其文起自魏文侯师李悝。悝撰次诸国法著《法经》。以为王者之政，莫急于盗贼，故其律始于《盗贼》。盗贼须劾捕，故著《网捕》二篇。其轻狡、越城、博戏、借假不廉、淫侈、逾制，以为《杂律》一篇。又以《具律》具其加减。是故所著六篇而已，然皆罪名之制也。商君受之以相秦。汉承秦制，萧何定律，除参夷连坐之罪。

《汉书·艺文志》法家有"《李子》二十二篇，名悝"，即其人。《史记》又作"李克"，"悝""克"一声之转，实即一人也。李悝之后，有吴起、商鞅，其人均与李悝有渊源。从此以后，政治界遂有"法"的观念逐步成立。今《周官·天官·大宰》开始便云："以八法治官府。"此下说到"法"字处不胜列举。即此已见《周官》书决非周公所著，亦决非春秋前所有矣。

第二　论法律公布之制

《周官·天官·大宰》又云：

正月之吉，始和（宣）布治于邦国都鄙。乃县治象之法于象魏，使万民观治象。挟日而敛之。

《地官·大司徒》亦云：

正月之吉，始和布教于邦国都鄙。乃县教象之法于象魏，使万民观教象。挟日而敛之。

《夏官·大司马》亦云：

正月之吉，始和布政于邦国都鄙。乃县政象之法于象魏，使万民观政象。挟日而敛之。

《秋官·大司寇》亦云：

正月之吉，始和布刑于邦国都鄙。乃县刑象之法于象魏，使万民观刑象。挟日而敛之。

至是始把国家一切政治、教育、刑律等，全都包括在"法"的一概念之下。而且一切"法"又都得公开宣布。此乃何等进步的现象？孙诒让谓：

> 大凡典法刑禁之大者，皆表县之门闾，即布宪之义也。

其实此所谓"布宪之义"，亦决不甚古。若使在周初，周公制礼，早有每逢正月"县法象魏，使万民观"之定制。子产铸刑书，叔向博闻多识，何致惊诧反对？晋人铸刑鼎，亦决不致招惹孔子之讥评。抑且郑国之刑书，晋国之刑鼎，此等只是一种较为固定之刑律，亦还说不到是"法"，更讲不到一切国家法典，都时时要公开宣布。然而当时人早已万分惊怪，群起争辩，此何故？正因当时贵族、平民两阶级尚是截然划分。贵族制裁平民，平民服从贵族，事属当然，本无需预定刑律，反使贵族自受束缚。盖若刑律预定了，平民在那预定的刑律上，便有他们的地位，可向贵族据律相争。此即仲尼所谓"民在鼎矣"之说也。故此事自为当时一辈明白有识见之贵族所不喜。然而平民之在当时，早已逐渐昂起头来，使贵族阶级感到制裁他们之不易。因使一辈明白有识见之贵族，虽不愿给他们以一种地位，而到底不得不针对形势，制定出一种制裁他们的刑律。此乃在时代转换中一种带有强迫性的形势要求，而刑书、刑鼎遂接踵地在郑国、晋国出现。而《周官》所谓"县法使万民观"之制度，则其事断当尚在后。大抵此等事态，其兴起应尚在魏国李悝之后也。

《吕氏春秋》云：

吴起治西河，欲输其信于民，置表于南门外。令曰："有偾南门外表者仕长大夫。"莫有偾表者，相谓曰："此必不信。"有一人试往偾表，来谒吴起。吴起自见而仕之长大夫。自是之后，民信吴起之赏罚。

《韩非子》书中亦有"吴起令民徙车辕、赤菽"事，与此大同。不久而遂有商鞅徙木立信之故事。吴起、商鞅皆属有名之法家。彼两人均在魏国，应皆得闻李悝之遗教者。至于《周官》之"县法象魏，使万民观"，此正近似吴起、商鞅城门置令之办法，而特重加以学者间之一番理想化。此岂周公之所制，又岂春秋前之所有乎？

《周官》除上举诸条外，说及聚官吏、民众读法者，有如下之诸官：

1.《天官·小宰》　　2.《地官·小司徒》
3.《乡大夫》　　　4.《州长》
5.《党正》　　　　6.《族师》
7.《闾胥》

说及布宪刑禁者，有如下之诸官：

1.《天官·小宰》　　2.《宰夫》
3.《宫正》　　　　4.《内宰》
5.《地官·乡师》　　6.《乡大夫》
7.《司市》　　　　8.《胥师》
9.《司虣》　　　　10.《夏官·大仆》

11.《牧师》　　　　12.《职方氏》

13.《训方氏》　　　14.《山师》

15.《川师》　　　　16.《撢人》

17.《秋官·士师》　18.《布宪》

19.《司烜氏》

此外虽无明文，而可以例推者，尚不在少数。大抵通观《周官》全书，三百六十官，殆无一官无法制，亦殆无一官无禁令。而此等法制禁令，又惟恐其在下者之不知。于是必逐时逐年，竭力用意于向下宣布与申述。此等情况，则正合于《老子》之所谓"法令滋彰"之一语。然而法令虽所以制裁其下，而亦无异于在法令上即给与其在下者以一种显明和坚定的地位，法令以外，变诈多端，将使在上者益感其难于制裁。故《老子》曰："法令滋彰，盗贼多有。"然则《老子》书只是批评了《周官》书里的情形，而《周官》书也只记载了《老子》书里所批评。此两书时代大概相近。临孝存谓"《周官》是一部黩乱不验之书"，实非无见而云也。

第三　论五刑

"五刑"之制，见于《周官·大司寇》之《司刑》，其言曰：

掌五刑之法，以丽万民之罪。墨罪五百，劓罪五百，宫罪五百，刖罪五百，杀罪五百。

此有名的"五刑",一向认为是唐、虞以来之旧制,其实亦属后起。《周官》以前,"五刑"之名,仅见于《周书》之《吕刑》。而《吕刑》亦是一篇晚出书也。《吕刑》云:

苗民弗用灵,制以刑,惟作五虐之刑曰"法",杀戮无辜。

此处特地点出"五虐之刑曰法"一语,即已是《吕刑》晚出铁证。古书称刑曰"罚",而"刑"者则只是杀人断颈之名。《康诰》"刑人杀人、劓刵人"是也。《吕刑》始以"刑"为肉刑之总名,又分出"罚"字专作罚金之义,此亦见其书之为晚出矣。

且当魏文侯时,李悝撰次诸国法,著《法经》,尚只六篇。盗贼、轻狡、越城、博戏、借假不廉、淫侈、逾制,乃属李悝当时用法对象。在此六篇《法经》之内,据今推想,断不容有很细密的刑律规定。而今《周官》五刑,则总有二千五百等,《吕刑》却有三千等。《吕刑》云:

墨罚之属千,劓罚之属千,剕罚之属五百,宫罚之属三百,大辟之罚其属二百,五刑之属三千。

此三千等的刑律,较之李悝《法经》,即论其条目之繁简,该有何等相差?岂能谓在子产铸刑书前五百余年,已有周公二千五百条刑律,至周穆王时,而增损成三千条。其事尚在子产铸刑书前四百年。此则断不可信者。无宁谓自晋人铸刑鼎以后一百年,而有李悝之六篇《法经》。传及商鞅,渐次确定了一个法治之雏形。到后才有一辈学者运其理想，作《周官》，作《吕刑》，始有二千五百条乃至三千条等第之刑律之想象，此始较近情实也。且秦人号为一意于以刑法为治矣，下逮萧何，捃摭秦法而作律九章，亦岂有二千五百乃至三千等第之繁琐乎？其为虚构不实，亦断可见矣。

且五刑成立，亦非一时俱起。大辟、宫刑以及劓、刖之刑，在春秋时已屡见。而少见有墨。此殆不可谓因其刑轻而忽之也。《易·睽卦》："其人天且劓。"《困卦》："劓刖。"《书盘庚》："我乃劓殄灭之。"此古书中劓刑之早见者。《易·噬嗑》有"灭趾、灭鼻、灭耳"；楚子玉治兵，"鞭七人，贯三人耳"（《左》僖二十七年《传》）；晏子云："踊贵屦贱。"（《韩非子·难二》）断趾亦轻刑也。齐襄公"诛屦于徒人费，鞭之见血"，（《左》庄八年《传》）鞭亦轻刑，尤当习用。而均不列"五刑"之内。至于墨面，此乃当时东南民族一种习俗风尚耳。《韩诗外传》云：

> 越王勾践使廉稽献民于荆王。荆使者曰：'冠则得以俗见，不冠不得见。'廉稽曰："越亦周室列封。处江海之陂，与鼋鳝鱼鳖为伍。文身剪发，而后处焉。今来上国，必曰：'冠得俗见，不冠不得见。'如此，上国使适越，亦将劓墨文身剪发，而后得以俗见，可乎？"（卷八）

可证"劓墨"乃是当时越人风尚。廉稽所谓"劓墨"，只是一种文面之习，近于文身，而盛行于南方热地近水民族间。《左传》哀七年亦云：

> 吴仲雍断发文身,赢以为饰。

则吴俗先亦如是。《汉书·地理志》又云:

> 粤地,……今之苍梧、郁林、合浦、交址、九真、南海、日南,皆粤分也。其君禹后,……封于会稽,文身断发,以避蛟龙之害。

《后汉书·东夷传》亦云:

> 倭男子皆黥面文身。

"黥"和"墨"本属一事。《吕刑》疏云:

> 黥面,即墨刑也。

《左传》襄十九疏亦云:

> 《周礼》谓之黥,《尚书》谓之墨,黥墨为一。

文面之重要部分有二。一为额。《后汉书·朱穆传》注云:

> 黥首,谓凿额涅墨也。

《国策·秦策》高诱注云:

刻其额，以墨实其中，曰黥。

刻额又称"雕题"。《礼记·王制篇》云：

东方曰夷，被发文身，有不火食者矣。南方曰蛮，雕题交趾，有不火食者矣。

其实东南两方民族，其风尚则有文身、雕题，而文身之与雕题，此两事殆难严格划分。中原诸夏呼南方民族为黎，恐亦取义于"剺面"之"剺"。剺者，剺割。老人称"黎老"，面皮绉裂，亦如剺割也。

文面除额外，其重要部分尚有鼻。廉稽云："越俗劗墨。"此所谓"劗"，正是绣鼻，乃文面中一种重要工作也。文面又常连带着剪发。刘向《列女传》云：

凿颠者髡。

"凿颠"即是刻额，"髡"即是剪发。墨劗黥髡，在吴、越间本是一种时髦风尚。而在中原诸夏间，却变成为一种刑罚。正如贯耳之刑，在南方民族间亦是一种装饰。《后汉书·南蛮传》云：

珠崖、儋耳二郡，在海洲上。其渠帅贵长耳，皆穿而缒之，垂肩三寸。

而楚人乃以为军刑。正如墨劗之风，传至中原，亦变成为刑罚也。《吕刑》云："苗民弗用灵，制以刑，惟作五虐之刑曰法。"此乃中原诸夏传说五刑发源于南方民族——苗即黎族——之证。

《周语》内史过云：

……犹有散迁懈慢，而著在刑辟，流在裔土，于是乎有蛮夷之国，有斧钺刀墨之民。

此说却犯前后颠倒之病。彼谓南方蛮夷，所以有刀墨劙面者，乃由中原诸夏，著在刑辟，而流在裔土之后裔，保留其祖先剠墨之遗风者。郑玄注《周官·司刑》亦云：

今东西夷或以墨剠为俗，古刑人亡逃者之世类欤？

此皆倒因为果，甚不足信。又考《逸周书·伊尹朝献》有云：

正西昆仑，狗国，鬼亲，枳巳，阔耳，贯胸，雕题，离身，漆齿。

此所谓"正西昆仑"云云，其实亦与南方民族有关。《史记·五帝纪》："迁三苗于三危，以变西戎。"《尚书·禹贡》："导黑水至于三危，入于南海。"《史记·夏本纪集解》引郑注云："《地理志》益州滇池有黑水祠。"则古人所谓西南两域，亦常混近。"昆仑"两字，后人习用，亦以指南方民族。《旧唐书·南蛮传》："林邑以南，卷发黑身，通号昆仑。"是也。

则《周官》郑注所谓"东西夷",实亦指南方热带水地民族而言可知。

至于黥墨之风,传至中国,而变成为一种刑罚,其事当在南方越民族与中原交通频繁之后。最早应在春秋之末期。越民族最先来中原,应多至齐、鲁诸邦。其人于文化经济皆较落后,故于诸夏间多操贱役。《周官·大司寇》之《司隶》,"掌帅四翟之隶",殆即是此等外夷民族留在诸夏之榜样也。郑司农《司厉注》云:

今之为奴婢,古之罪人也。

故当时诸夏间因犯罪而罚为奴婢服贱役者,亦令其模效外夷,施以黥髡之罪,是即所谓墨刑也。

汉律,罪人妻子没为奴婢,黥面。(见《魏志·毛玠传》引)

《史记》载赵王张敖宾客,皆自髡钳为王家奴,随王之长安。可证汉初家奴,仍都髡黥,此实承袭战国风习也。而春秋时人则并不然。《吕氏春秋·开春论》有云:

叔向之弟羊舌虎,善栾盈。盈有罪于晋,晋诛羊舌虎,叔向为之奴而朡。

高诱注:"朡,系也。"《左传》襄二十三年有云:

斐豹,隶也,著于丹书。栾氏之力臣曰督戎,国人惧之。

315

斐豹谓宣子："苟焚丹书，我杀督戎。"

则似其时为奴隶者，仅是收系而登其名于奴籍，并不施以黥髡也。故其时实尚无所谓墨罪。黥墨罪之开始，当在春秋末期，或尚在春秋以后。鲁国墨子及其墨徒，所以称为"墨"者，正取黥墨之义。（"墨"非姓，乃刑徒之号，论详证余《诸子系年》卷二。）可证其时中夏社会间已有"墨"称，而此等称呼尚仍新鲜，惹人兴趣，故以名一学派也。《汉书·刑法志》云："秦用商鞅，连相坐之法，造参夷之诛，增加肉刑、大辟，有凿颠、抽胁、镬烹之刑。"其时秦刑中始有凿颠，此乃商鞅从东方携入之一种新鲜的刑名也。秦孝公太子师傅公子虔、公孙贾，均曾受黥劓之罚。此乃商鞅自我作古，遂以招致秦人极端之厌恶与反抗。而今《周官》"五刑"，墨为第一，此岂诚周公之所制？又岂为春秋前之所常有乎？

《左传》襄公二十九年："吴人伐越，获俘焉，以为阍，使守舟。吴子余祭观舟，阍以刀弑之。"《汉书·五行志》云："时吴子好勇，使刑人守门。"则其事亦决非自古皆然。而今《周官·掌戮》乃谓："墨者使守门，劓者使守关。"若定为一制度。大概以刑人为奴隶，其事至战国时而更普遍，故《周官》著者遂无意中作为一种制度写出之。《王制》云："公家不畜刑人。"以此较之《周官》，殆远为近古矣。

今考五刑种类，亦有异说。《国语·鲁语》中亦有所谓"五刑"。其言曰："大刑用甲兵，其次用斧钺。中刑用刀锯，其次用钻笮。薄刑用鞭朴。"此与《周官》"五刑"不同。《周官》书中，又另有"野刑、军刑、乡刑、官刑、国刑"之别，亦称为"五刑"。则五刑之说，即在《周官》书中，其内容亦尚未固定。大概五行学说既起,乃始有五刑之编配。所谓"墨、劓、剕、宫、大辟",则仅是当时人有意编成五刑之说中之一种耳。后来此说独占优势,而五刑之解说遂臻固定。《五行大义》引《逸周书》逸文云:"因五行相克而作五刑",《后汉书注》《太平御览》并引《白虎通》云:"刑所以五何?法五行也。"此虽后起之说,然不失为古代五刑说之真确来源也。既五行学说盛起于孟子之后,则《周官》中之五刑说,其年代亦自可推定耳。

第四　论五刑以外之流放

五刑中之墨刑,本非春秋前所有,上文已论过。亦有春秋前极通行之刑名,而五刑中转不再见者。轻刑如割耳,重刑如流放皆是。《尚书·康诰》云:"劓刵人。"《吕刑》亦言:"爰始淫为劓、刵、椓、黥。""刵"是割耳之刑。《诗·泮水》:"在泮献馘。"《左传》:"师缙示之俘馘。"(僖二十二年。)"馘"同是割耳。战胜获敌,截其左耳为献。刑罚之起源,其中一部分,本属对付敌人俘虏。古者"礼不下庶人,刑不上大夫",劓刵之刑,大抵亦仅施行于小民。至于卿大夫贵族犯罪,则别有一种惩戒之法,最著者为幽囚和流放。《周官·大司马》有云:

> 以九伐之法正邦国,……暴内陵外则坛之。

郑注:

> "坛",读如"同墠"之"墠"。《王霸记》曰:"置之空墠

之地。"玄谓置之空墠，以出其君，更立其次贤者。

惠士奇《礼说》谓是古者幽囚之法。然此不论为"出"为"幽"，皆以对国君，非以对大夫。《春秋》宣元年："晋放其大夫胥甲父于卫。"《左》庄六年《传》云：

> 夏，卫侯入，放公子黔牟于周，放宁跪于秦，杀左公子泄、右公子职，乃即位。

又襄二十九年《传》云：

> 秋九月，齐公孙虿、公孙灶放其大夫高止于北燕。

可见流放乃春秋时对待卿大夫所极常见者。何休《公羊传注》谓：

> 古者刑不上大夫，故有罪放之而已。

下至战国便不然。当时仅知"法自贵者始"，更不言"刑不上大夫"。大夫既可用刑，（以后竟至具五刑。）自无需再流放。且其时贵族阶级已次崩溃，游仕得势，朝秦暮楚。"言不听，谏不从，则去。"国君亦只能"极之于其所往"而止，若加以流放，岂非正使得其所？故《周官·天官·大宰》所掌"建邦六典"：

> 五曰刑典，以诘邦国，以刑百官，以纠万民。

又曰：

> 以八法治官府，七曰官刑，以纠邦治。

又曰：

> 以八柄诏王驭群臣，曰爵、禄、予、置、生、夺、废、诛。

《春官·内史》亦云：

> 掌王之八柄，曰爵、禄、废、置，杀、生、予、夺。

百官可刑，可诛可杀，自无需再流放。《夏官·大司马》有云：

> 放弑其君则残之。

似在《周官》著者心中，只知有臣放其君，不知有更常见的君放其臣。《周官》著者其生已晚，一时记不尽前代事。而即此一端，亦足证《周官》书出世远在春秋之后矣。

又《条狼氏》："誓大夫曰：'敢不关，鞭五百。'"万斯大《周官辨非》论之云：

> 《曲礼》曰："刑不上大夫。"……《条狼氏》之誓大夫者，奈何与《曲礼》背？……春秋之世，刑戮无常，诸侯多

专杀大夫。书于经者不下数十，而鞭之见于记传者，类皆卑贱末流。鲁般之鞭荦，圉人也。齐襄之鞭费，徒人也。楚子玉鞭七人，治兵也。卫献鞭师曹，齐庄鞭侍人贾举，孟泄鞭成有司使，何尝有及大夫者？春秋之世犹无之，而谓周公制之为礼，吾不信也。

大夫可鞭，事起战国。而《尧典》亦云："鞭作官刑。"正和《条狼氏》一例。《尧典》又云：

流宥五刑。

此乃谓犯五刑者，可以流放作赦宥。不知流放乃古者"刑不上大夫"时一种优待贵族阶级之特有办法。小民犯罪，何有流宥？贵族有辜，亦不得受墨劓之刑。则《尧典》此语，实乃无施而可。《尧典》又云：

流共工于幽州，放驩兜于崇山，窜三苗于三危，殛鲧于羽山。

所谓"放之四裔，不与同中国"，则仍是不明古人流放真相之说。古者贵族世袭，流放出国，即失其政治上一切之特权，故流放不失为对当时贵族阶级一种有力之裁制。及贵族世袭之制既废，即在本国亦无特权可享。转至他国，一样可以当权握势，因彼此均无世袭贵族也。《尧典》作者，遂误为流放则必放之四裔，否则将不见其为惩创。此乃自以后世情形逆推古代耳。

第五　论什伍相收司连坐之法

古代刑法之进展，其直接原因，自为下层阶级之难治，因而遂感刑法之需要。然古代之下层阶级，亦非一起始便知所谓革命，便能作种种大规模之反抗者。当春秋世，社会不安，常见有所谓盗贼之记载。而其事已起于春秋之中晚。郑子产死，子太叔为政，郑国多盗，取人于萑苻之泽。太叔兴徒兵以攻萑苻之盗，尽杀之，盗少止。事在鲁昭公二十年，此为郑国之盗患。鲁襄公三十一年，子产使晋，亦云晋国盗贼公行，此乃晋国之盗患。襄公二十一年，《左传》载鲁多盗；《论语》季康子患盗，问孔子。孔子曰："苟子之不欲，虽赏之不窃。"又曰："子为政，焉用杀？"此乃鲁国之盗患。循至战国初年，大概盗贼已确然成为政治家一种注意之对象。李悝著《法经》，其主要对象便为盗贼。其《网捕》两篇，用意专在盗贼之劾捕。故曰："王者之政，莫急于盗贼。"此诚战国时代人理论也。一部《春秋》二百四十二年，实不见有所谓"王者之政，莫急于盗贼"之景况。

其后商鞅入秦变法，大体承李悝《法经》。《史记·商鞅传》云：

卫鞅定变法之令，令民为什伍，而相收司连坐。不告奸者腰斩，告奸者与斩敌同赏。匿奸者与降敌同罚。

此处之所谓"奸"，大体即相当于李悝《法经》之所谓"盗贼"也。盗贼即作奸之人，奸行乃盗贼所作为之事。"收司"

者,《索隐》本作"牧司",乃相监察之谓。(详王氏《读书杂志》。)"令民为什伍,相牧司连坐",大概亦是李悝遗法。用此种方法捕盗,正如用网捕禽兽般,可使无脱漏。故《史记》又云商鞅变法后:

行之十年,秦民大悦,道不拾遗,山无盗贼。

足证商鞅新法,正是李悝"网捕"精神也。"网捕"之主要对象为盗贼。其最著之成效,便为"道不拾遗,山无盗贼"。其后秦捕商君,商君亡至关下,欲舍客舍。客舍不知其是商君,曰:"商君之法,舍人无验者坐之。"商君喟然叹曰:"为法之敝,一至此哉!"故知李悝"网捕"精神,真可使盗贼无处躲藏也。

《管子·禁藏篇》有对此制度一种最好之陈述,其言曰:

夫善牧民者,非以城郭也,辅之以什,司之以伍。伍无非其人,人无非其里,里无非其家。故奔亡者无所匿,迁徙者无所容。不求而约,不召而来。故民无流亡之意,吏无备追之忧。故主政可往于民,民心可系于主。

此即称颂"网捕"精神也。李悝"网捕"法之发明及其应用,其主要对象,起于盗贼之难治。盗贼难治,起于平民阶级渐渐活动,对于贵族统治阶级,试行反抗和捣乱。迁徙奔亡,则是当时反抗和捣乱之最普通的手段也。此种情形,大概起于春秋之中晚,下及战国初年而大盛。而今《周官》书中,却载有和李悝"网捕"、商鞅连相坐同性质之制度。《地官·大司徒》云：

令民五家为比，使之相保；五比为闾，使之相受。

《族师》下云：

五家为比，十家为联；五人为伍，十人为联；四闾为族，八闾为联。使之相保相受，刑罚庆赏，相及相共。

《比长》下云：

五家相受，相和亲；有罪奇衺，则相及。

《邻长》下云：

掌相纠相受。

《秋官·士师之职》云：

掌乡合州党族闾比之联，与其民人之什伍，使之相安相受，以比追胥之事，以施刑罚庆赏。

郑注：

追，追寇也。"胥"读如"宿偦"之"偦"，偦谓司搏（伺捕）盗贼也。

以上诸条，完全是商鞅"令民什伍，相牧司连坐"之制，完全是李悝《法经》"网捕"之法，完全是防御人民之为盗贼。故《周官》刑职，在于：

以诘邦国，以纠万民，以除盗贼。（《天官·小宰》）

盗贼成为政治家值得注意之对象，此乃春秋以后之事。此种严密防禁盗贼之制度，又岂是周公所制，而为春秋以前之所有乎？

然而《周官》作者，究竟比李悝、商君又生晚得多，故于《地官·大司徒》"令民五家为比，使之相保；五比为闾，使之相受"之下，又云：

四闾为族，使之相葬；五族为党，使之相救；五党为州，使之相赒；五州为乡，使之相宾。

此数项乃与上文"相保""相受"精神绝然不同。此乃《周官》作者又兼采了《孟子》书中"乡田同井，出入相友，守望相助，疾病相扶持"之语，而配搭成此条文也。彼不悟前两项"相保""相受"，乃人民对政府所负一种必然性的联带的责任。后四项，"相葬""相救""相赒""相宾"，乃人民相互间在经济上一种可能而偶有之自由，如何可并为一谈？此又是《周官》作者凑合两种不同性质之素材，加以组织，而一时疏忽，发生罅漏。正在此等罅漏中，即是《周官》成书时代之一种正确报告。至于前引《管子·禁藏篇》语，自然也当在战国之晚年。其实到此时，李悝"网捕"、商鞅什伍之制度，亦复失其效用。盗贼之多，迁徙奔亡之盛，平民社会之活动，仍是有增无减。故《老子》乃慨然而叹，谓"法令滋彰，盗贼多有"也。盗贼既无法网捕，于是《老子》乃游神于其"小国寡民，使民重死而不远徙，老死不相往来"之幻想中。《老子》之与《周官》，盖同是战国晚年作品，而《老子》诚"深远"矣。后人误信《周官》乃周公之制作，则《老子》"圣人不死，大盗不止"之说，洵为确切有据矣。

第六　论作内政寄军令

一个政治家理想应有之功能，固不当仅止于防禁人民之为盗贼，而使其无可奔亡迁徙而已。彼固当诱导为盗贼者，使其能转向于对国家有利之途径。在战国初年，求能诱导人民有利国家，其事尚简，在内则务农耕，在外则事战斗，故李克（即李悝）、吴起、商鞅，皆以法家而兼擅兵农之能事。此三人之事业，亦各有其成就。（余有详考，散见《诸子系年》卷二、卷三。）而《周官》作者，在其讲论刑法之一端，似乎仍还不失三家规矩。故《秋官·大司寇》云：

以五刑纠万民：一曰野刑，上功纠力；二曰军刑，上命纠守；三曰乡刑，上德纠孝；四曰官刑，上能纠职；五曰国刑，上愿纠暴。

《史记》记卫鞅说秦孝公变法修刑，内修耕稼，外劝战死，此即相当于《周官》书中之"野刑"与"军刑"也。而野刑、军刑之在《周官》书中，亦仍占"五刑"次序之最先，故谓其犹不失三家规矩也。在《士师》有"五禁之法"：

一曰宫禁，二曰官禁，三曰国禁，四曰野禁，五曰军禁。此亦田野与军旅并言。其实皆是农战并重之遗旨也。

《吕氏春秋·上农篇》曾详细讲到野禁节目，又发挥田野与军旅两者间之关系，其文曰：

古先圣王之所以导其民者，先务于农。民农非徒为地利也，贵其志也。民农则朴，朴则易用，易用则边境安，主位尊。民农则重，重则少私义，少私义则公法立，力专一。民农则其产复，其产复则重徙，重徙则死处而无二虑。民舍本而事末则不令，不令则不可以守，不可以战。民舍本而事末则其产约，其产约则轻迁徙，轻迁徙则国家有患，皆有远志，无有居心。民舍本而事末则好智，好智则多诈，多诈则巧法令，以是为非，以非为是。

此可谓是一种耕农、军旅、法令三位一体之理论。最先起于李悝、吴起，至商鞅而其效大显。以后遂常为一辈学者所歌颂而鼓吹。《吕氏》此文，即其一例。而此种理想之发展至于最完密者，则为上托于管子之所谓"作内政而寄军令"。

《齐语》云：

卒伍整于里，军旅整于郊。……伍之人祭祀同福，死丧同恤，祸灾共之。人与人相畴，家与家相畴，世同居，少同游。故夜战声相闻，足以不乖；昼战目相见，足以相识。其欢欣足以相死。居同乐，行同和，死同哀。是故守则同固，战则同强。

以此较之李悝之"网捕"，商鞅之什伍相牧司，则此两人者，既已仅属消极之防制。以此较之孟子之所谓"守望相助，疾病相扶持"，又见孟子所云之疲软不切时务。自有造为《管子》"内政寄军令"之理论，而李商、孟子双方精神，全都容纳，而成为一种健全而积极强有力之想象。后人遂常把此番理论和春秋时管仲之实际功业发生联想，认为是管仲当时之真制度。其实在管仲当时，尚不需要此种深密部署，来做他功业之础石。《管子》和《周官》两书，显然同是战国晚年一辈学者之理想，惟《周官》则似乎在制度上格外写得精密与出色些而已。

姑举一例，如《地官·小司徒》有云：

> 小司徒之职，掌建邦之教法，以稽国中及四郊、都鄙之夫家、九比之数，以辨其贵贱、老幼、废疾，凡征役之施舍，与其祭祀、饮食、丧纪之禁令。乃颁比法于六乡之大夫，使各登其乡之众寡、六畜、车辇，辨其物，以岁时入其数，以施政教，行征令。及三年，则大比，大比则受邦国之比要。乃会万民之卒伍而用之。五人为伍，五伍为两，四两为卒，五卒为旅，五旅为师，五师为军。以起军旅，以作田役，以比追胥，以令贡赋。乃均土地，以稽其人民而周知其数。上地家七人，可任也者家三人；中地家六人，可任也者二家五人；下地家五人，可任也者家二人。凡起徒役，无过家一人，以其余为羡；唯田与追胥竭作。凡用众庶，则掌其政教与其戒禁，听其辞讼，施其赏罚，诛其犯命者。凡国之

大事，致民；大故，致余子。乃经土地，而井牧其田野。九夫为井，四井为邑，四邑为丘，四丘为甸，四甸为县，四县为都，以任地事，而令贡赋，凡税敛之事。乃分地域而辨其守，施其职，而平其政。

此一节，把一国之财政、军事、教育、刑法一切政令，全在一个精神下统一起来。全国凝结成一个有机体，于内务耕稼、外劝战死之后面，再为补上一种为民制产、修其孝弟的儒家精神。则无怪后人要乐于承认《周官》为真是周公致太平之书矣。其实只专就寄军令于内政之一节而论之，便知已不是致太平之规模。尚不如说此为管仲霸诸侯之阴谋，犹较为近情也。

上引《吕氏春秋·上农篇》耕农、军旅、法令三位一体之理论，又加进教育与孝弟，便成《管子》和《周官》。此皆属于积极方面者。惟《老子》则不然，彼既不要教育，又不要军政，又不要法令，而仅是一个归真复朴，反于耕农。此若消极之至，而《老子》则自认为是积极之至，故曰"无为而无不为"，此犹谓最消极者，乃始是最积极者也。然此或先或后，要皆为战国晚年书，为同一时代下之作品，故双方意见得相提而并论之也。

第七 论入矢金赎罪

《周官·秋官·大司寇》有云：

以两造禁民讼，入束矢于朝，然后听之。以两剂禁民狱，入钧金，三日乃致于朝，然后听之。

郑注：

> 必入矢者，取其直也。必入金者，取其坚也。

其说纯出想象，殊非事实。其实入金矢赎罪，亦为"作内政寄军令"之一面。其制可证之于《管子》。《管子·中匡篇》云：

> 甲兵未足，请薄刑罚，以厚甲兵。于是死罪不杀，刑罪不罚，使以甲兵赎。死罪以犀甲一戟，刑罪（旧误"罚"，依王校改。）以胁盾一戟，过罪以金钧。（旧误"军"，依王校改。）无所计而讼者，成以束矢。

可见令民入束矢然后听其讼，正为欲厚甲兵，并不取其矢之直。《小匡》又云：

> 齐国寡甲兵，吾欲轻重罪而移之于甲兵。制重罪入以兵甲犀胁、二戟，轻罪入兰、盾、鞈革、二戟，小罪入以金钧分宥，薄罪入以半钧。无坐（挫）抑而讼狱者，正三禁之而不直，则入一束矢以罚之。美金以铸戈、剑、矛、戟，恶金以铸斤、斧、钼、夷、锯、欘。

可见入金亦为是厚甲兵，并非取其金之坚。《周官·秋官》之《职金》亦云：

> 掌受士之金罚、货罚，入于司兵。

郑注：

给治兵及工直也。

罪金而入于司兵，其为给治兵之用显然矣。故郑说于此乃不误。《淮南·汜论训》云：

齐桓公将欲征伐，甲兵不足，令有重罪者出犀甲一戟，有轻罪者赎以金分，讼而不胜者出一束箭。

此亦谓罚金赎罪，乃属管仲之创制。然在春秋初期，民间行使金属，决不能甚普遍，则使出钧金赎罪，其能应者亦仅矣。当时国际间，亦决没有像战国时那般大规模的战争接续爆发，使感有甲兵之急切需要。抑且当春秋时，兵甲藏于官府，临战颁给，在民间也并无私藏的武器。至如犀胁、兰、盾、鞈革、戟之类，苟非国家特设公官制造，民间全是小农生活，何能自行鼓铸？故知《周官》与《管子》两书，仍是战国晚年人说话也。

若试推寻此种制度之远源，在李悝的故事里，似乎可得有几分暗示。《韩非子》云：

李悝为魏文侯上地之守，欲人之善射也，乃下令曰："人之有狐疑之讼者，令之射的，中之者胜，不中者负。"令下而人皆疾习射，日夜不休。及与秦人战，大败之。

此一故事，或可为《周官》及《管子》令民入金矢判狱赎罪之前身。然而《尚书·尧典》之作者，却早已说那时已是"金作赎刑"了。《吕刑》作者又云：

  墨辟疑赦，其罚百锾。劓辟疑赦，其罚惟倍。剕辟疑赦，其罚倍差。宫辟疑赦，其罚六百锾。大辟疑赦，其罚千锾。

一锾重六两，（夏侯、欧阳说，见《周官·职金疏》。）试问那时的民间，何来有如许金？
  《周官·地官·质人》又云：

  掌成市之货贿、人民、牛马、兵器、珍异。

《王制》云：

  戎器不粥于市，兵车不粥于市。

民间至于有戎器、兵车相交易，国家特设有禁令及掌成之官，此恐都是战国晚年人语矣。
  根据上论，亦证《周官》出战国晚世，似属晋人作品，远承李悝、吴起、商鞅，参以孟子，而与《管子》《老子》书相先后。

三　关于田制

  《周官》记载宗教祀典，大部分采取战国晚年阴阳家思想。关于法制刑律，则有许多是李悝、商鞅传统。此在上面已述及。此下再从经济方面,略事讨究。

《周官》讲经济,最重要者自然是田制。井田有无,历来辨论甚多,此处不拟详述。大概言之,井田该是有这么一回事的。周人开国,本已是一个耕稼民族。随其势力之东展,懿亲功臣,分封各地。他们选定各自邦土内肥沃平衍的可耕地,督导他们统治下的人民,为他们垦治。他们是大地主,为他们耕垦土地者,则是他们的耕户。《左》昭七年《传》,楚国芊尹无宇曾谓:

> 封略之内,何非君土?食土之毛,谁非君臣?

此乃当时之实情也。在其颁给领土,督导耕垦之际,自可大体上划分疆界,平均分配。一夫治田一方(百亩),一方(百亩)和一方(百亩)间,有着畔岸和沟洫。一纵一横,如此般划分着。此即所谓井田之大体规模也。

《崧高》之诗有之,曰:

> 王命申伯,式是南邦。因是谢人,以作尔庸。王命召伯,彻申伯土田。王命傅御,迁其私人。

要封一个申伯,先为之筑城(作庸),再为之划地(彻土地),然后为之移民(迁私人)。此乃当时封建之应有顺序也。《江汉》之诗又云:

> 江汉之浒,王命召虎。式辟四方,彻我疆土。匪疚匪棘,王国来极。于疆于理,至于南海。

周人封建之力之所至，即是周人文化政制之所及。首先是辟地划田，为之疆理，在宣王时如此，在宣王之前后亦略可知。在南方江汉之浒如此，在东方齐鲁一带亦略可知。汉人晁错亦谓：

> 臣闻古之徙远方以实广虚也，相其阴阳之和，尝其水泉之味，审其土田之宜，观其草木之饶。然后营邑立城，制里割宅。通田作之道，正阡陌之界。先为筑室，家有一门二内，门户之闭。

其言可与《崧高》《江汉》所述情形相参。故井田之与封建，此两制度实应同时并起也。

至其所以名为井田者，或是数家同井，资为灌溉，为当时耕垦土地一个自然的区分。或是阡陌纵横，形如井字般，略如后世所述井九百亩之制度。其详不可知。总之所谓一井，只是一组耕户和别一组耕户之划分。至于用数目字来精密叙述，则多半出于后来学者间之理想和增饰。整齐呆板，并非真相。然不能因此遂疑古代并无井田。至于《周官》书中之井田制度，则多半出自战国晚年一辈学者理想中所冥构。然而亦有许多有来历，有根据，正可从此推论《周官》之成书年代。

第一　论公田制

《诗经·小雅·大田》之诗有云：

雨我公田,遂及我私。

此为西周田制有公田之证。孟子尝谓:

惟助为有公田。

又云:

龙子曰:"治地莫善于助,莫不善于贡。贡者,较数岁之中以为常。乐岁,粒米狼戾,多取之而不为虐,则寡取之;凶年,粪其田而不足,则必取盈焉。"

又曰:

夏后氏五十而贡,殷人七十而助,周人百亩而彻,其实皆什一也。

此从土地制度而说到赋税制度,其间有可信,有不可信。如云"惟助为有公田",此当可信。如云"夏后氏五十而贡,殷人七十而助,周人百亩而彻",虽似孟子是在引用当时原有的一项成语,而实际却不可信。今就情理推想,当时贵族阶级划地授田,不一定全是一夫百亩。尽可有五十亩或七十亩,(即如孟子所谓:"卿以下,必有圭田,圭田五十亩;余夫二十五亩",便是一证。)所谓一夫治田百亩,或已是一辈学者注意到农民的耕种能力和其生活上之经济需要,而加以规定与鼓吹而遂有此说。或许如"男子三十而娶,女子二十而嫁",此仅为一种大限的叙述。至于"助法"之与"贡法",亦未见是贡法在前,而助法在后。如《大田》诗所云,显见西周定有公田,故孟子又云:"虽周亦助也。"

助法之大体,谓是:

方里而井,井九百亩,其中为公田。八家皆私百亩,同养公田。

此种制度之内在精神,并不在八家与百亩之数字之硬性规定,而在其有"公田"与"私田"之区别。一辈贵族大地主,划分着他们所受封的一整块土地,赐给几家耕户,为之垦治。各家分得同量的一区,为其各家之私业。而同时合力来垦治另一区的公田,作为对地主之报偿。公田不必定在中央,一井(即一组。)不必定是八家。亦尽可有五、六家一井,十一、二家一井者。此一井之公田,亦尽可在百亩以上或以下。所谓"八家同井,井九百亩,中为公田"者,此乃是公田制里一个最像样最整齐的模范格局。而所谓"私田"者,则只是耕户各私其田亩垦治之所获,而并不是私其田亩之所有权。

万充宗曰:

古者地广人稀,田不尽井,随处皆有闲田余地。授莱田,取之于此。圭田及余夫之田,亦取之于此。且生齿日增,已井之田不足以给,亦取于此以授之。每夫百亩,不必尽为井田之制也。

此说似乎较近情理。惟是既在封建制度下之一种授田制度，则土地所有权，必属封建地主，自可无疑也。

此种制度，在权利观念尚未十分发展成熟，私有权观念尚未坚强产生，所谓风气较淳之时代，亦未见其不可行。然而权利观念之生长和进展，终于不可避免。于是"雨我公田，遂及我私"之歌颂，遂不免变成如何休所谓"不肯尽力于公田"之情况。耕户之不肯尽力于公田，即是助法制度要崩坏改革之先机。于是在贵族阶级中，自有人会想到把公田一并颁给了耕户，而在耕户们各自耕种的田地上，派他们缴纳额定的租税。此即所谓"校数岁以为常"之贡法也。如此说之，应是助法先行，而贡法后起。万充宗曰：

已井之田不足给，每夫百亩不必尽为井。此无公田，当用贡法；余夫之田，亦宜用贡。

此又是采行贡法之另一因。

《王制》有云：

古者公田藉而不税。

《春秋》鲁宣公十五年："初税亩。"《穀梁传》云：

古者什一，藉而不税。井田九百亩，公田居一。私田稼不善，则非吏；公田稼不善，则非民。初税亩者，去公田而履亩十取一也。

《左传》云：

> 初税亩，非礼也。谷出不过藉，以丰财也。

此乃春秋时鲁国开始改革公田藉（助）法，而创行履亩而税之贡法之明证。当时诸侯必是先后随时代潮流之变迁，而改革他们的田制，自可从此类推。助法之废，一面固是农民之不肯尽力于公田，另一面还是有些贵族贪得无厌，取之无艺，亦同样足以促进田制之改革。此理甚明，可不详论。

其次试论"彻法"。"彻"字在先不像是一种税制之名称。《诗·公刘》：

> 彻田为粮。

《崧高》：

> 彻申伯土田，……彻申伯土疆。

此等诗句，并不能援为周初或西周早行彻法之证。"彻"字有开列之义，"彻田为粮"，只是开派田亩，令众垦治，以为粮食。《崧高》诗亦只说宣王先命召伯为申伯开划田土疆畔，先把申伯私人迁去，好叫他们垦种。先使申地有了粮食委积，才好让申伯快些成行，到他新封的国土去。《江汉》诗又云：

> 王命召虎，式辟四方，彻我疆土。

"彻"和"辟"同是开辟义。秦制有"彻侯",得划分田土,此"彻"字则仍还是援用的古义。

旧说认"彻"为一种税制者,最先是根据《论语·颜渊篇》:

> 哀公问于有若曰:"年饥,用不足,如之何?"有若对曰:"盍彻乎?"曰:"二,吾犹不足,如之何其彻也?"对曰:"百姓足,君孰与不足?百姓不足,君孰与足?"

此章文义,极费解。"二,吾犹不足。"《集解》:

> 孔曰:"二,谓什二而税。"

邢疏:

> 古者公田之法,十取其一,谓十亩内取一。旧法既已十亩取一矣,《春秋》鲁宣公十五年初税亩,又履其余亩,更复十收其一,乃是十取其二。故哀公曰:"二,吾犹不足。"

今按:鲁宣公十五年初税亩,乃是废公田,行贡法,邢《疏》之说不可信。然舍此则十二而税之说更无据。窃疑"二,吾犹不足",本不作"什二而税"讲。考《春秋》鲁哀公十二年:"春,用田赋。"《公羊传》:

> 十有二年春,用田赋。何以书?讥。何讥尔?讥始用田赋也。

孔广森《公羊通义》说之云：

《鲁语》曰："季康子欲以田赋，子谓冉有曰：'先王制土，藉田以力，而砥其远迩。赋里以入，而量其有无。任力以夫，而议其老幼。于是乎有鳏寡孤疾。有军旅之出则征之，无则已。其岁，收田一井，出稯禾、秉刍、缶米，不是过也。'"《五经异义周礼说》："有军旅之岁，一井九夫百亩之赋，出米二百四十斛，刍秉二百四十斤，釜米十六斗。"谓此田赋也。古者公田藉而不税，有武事，然后取其赋。故"赋"之字从"贝"从"武"。昔伯禽徂征淮夷，刍茭糇粮，郊遂峙之，田赋之法也。今鲁用田赋者，是无军旅之岁，亦一切取之，厉民甚矣。税亩本无其制，故言"初"。田赋本有其制，特不宜非时用之，故言"用"。《传例》曰："用者，不宜用也。"

其事《左传》亦有记载，曰：

季孙欲以田赋，使冉有访诸仲尼。仲尼曰："丘不识也。"三发，仲尼不对，而私于冉有曰："君子之行也，度于礼。施取其厚，事举其中，敛从其薄，如是，则以丘亦足矣。若不度于礼，而贪冒无厌，则虽以田赋，将又不足。"

此处"以丘亦足矣"，即是"丘不识也"之"丘"。是仲尼自称名，犹谓"照我看也尽够了"。杜注把《周官》书中"十六井一丘"之"丘"说之，遂使这一节文字，从此辨论纷纭，至今莫解。只有孔广森据《国语》解《春秋》，不用

《左传》杜注解《国语》，独得古人之真。原来田税是经常的，而军赋则是临时的。鲁哀公却把临时的军赋，一并按年征收。自此农民遂逐年有两分负担，而政府则逐年有两分收入。然而鲁哀公还感得"年饥，用不足"，正给孔子一语道着，所谓"虽以田赋，将又不足"也。

刘宝楠《论语正义》云：

> 旧有一说云：哀公十二年、十三年皆有螽，连年用兵于邾，又有齐警，此所以年饥而用不足也。

刘氏又自疑此说，谓哀公问有若，当在十二年用田赋之前。其实此旧说甚是。哀公问有若，正应在十二年用田赋之后。有若所对，正是其师孔丘仲尼之意。俞氏正燮《癸巳类稿》（卷三《彻足用义篇》）云：

> 君卿从无年饥不足食之事。……盖用非米粟也，彻非赋役也。

此说亦是。有若所谓"盍彻乎"，正是劝鲁哀公罢免常年军赋，止征其一分的田税。故哀公说："二，吾犹不足，如之何其彻也？"这是说："我兼征了田税、军赋两分，尚嫌不够，如何叫我仍止征收一分的田税呢？"鲁用田赋在十二年春，是年冬十有二月螽，明年十三年秋九月又螽，连遭此两度歉收，哀公之问，有若之答，盖在其时。若如上所解，则《论语》"盍彻乎""二，吾犹不足"两语，涵义极明白。而由此为说，则有若当时之所谓"彻"，仅止是征收田税义，正从"彻田为粮"之"彻"字含义转来。并不是一种特殊的税制，并不是在"贡""助"两法外别有一种"彻"法，亦并非是相反于"什二而税"之一种"什一之税"。而在《孟子》书中，却说成"夏后氏五十而贡，殷人七十而助，周人百亩而彻"，好像有三种田制，和三种税法。遂又使后人百端解说，终无是处。其实龙子只很感慨地说：

治地莫善于助，莫不善于贡。

孟子亦云：

虽周亦助。

是此两人，只痛恶眼前之"贡法"，只歌诵已往之"助法"。却并非于贡、助之外，另说出一个"彻法"之真实意义来。故我谓"彻法"是一个本未尝有之说法也。

姚文田《求是斋自订稿》说之云：

"彻"之名义，尝屡求其说而不得。其制度何若，终不能明。惟《周官·司稼》云："巡野观稼，以年之上下出敛法。"是知彻无常额，惟视年之凶丰。此其与"贡"异处。"助法"正是八家合作，而上收其公田之入，无烦更出敛法。然其弊必有如何休所云"不尽力于公田"者。故周直以公田分授八夫，至敛时则巡野观稼，合百一十亩通计之，而取其什一，其法亦不异于"助"。故《左传》云："谷出不过藉。"然民自无公私缓急之异，此其与"助"异处。

今试据姚氏说再为疏说，窃谓这里有首先当分别者，一是土地制度，另一则是赋税制度。若专就土地制度言，则只有"贡"与"助"两种，其主要在有公田与无公田。若兼就赋税制度言，则可以有"贡""助""彻"三种。鲁自宣公时，履亩而税，便已废公田了，只就各家私田而彻取其十一之税，那就是"彻法"了。如此说之，则有若"盍彻乎"一语，涵义便十分显明了。如此说之，则"贡法"之起应犹在后。因当时贵族地主，既不愿逐年麻烦，按照田亩实际收获来彻取十一，于是规定出一常数，不管年岁丰歉，只照此常数征收，这便成为"贡法"了。若如此说之，则孟子文义与历史事实皆说得通。所剩下者，只是"夏后氏五十而贡，殷人七十而助，周人百亩而彻"此一番话，把两种土地制度与三种赋税制度硬分派到夏、殷、周三代，又分别出五十亩、七十亩与百亩之异，则似乎断非历史事实。孟子曰："尽信《书》，不如无《书》。"正当如此看法。若我们因一时讲不清孟子话，遂谓孟子当时只是信口开河，随意造谣，则实断断无此理也。

今再进一步看龙子、孟子意见，则两人显有不同。龙子似乎只看到当时贵族们之重敛掊克，痛心疾首，想要恢复古代已废公田为助之旧制。而并未顾及古制之所以废，在当时已因具有了流弊而乃至于不能维持了。孟子虽赞成龙子，他却提出一种较为折衷的办法来。他说：

请野九一而助，国中什一使自赋。

又云：

> 公事毕，然后敢治私事，所以别野人也。

孟子此番主张，只斟酌情形，希望恢复一部分的公田。一则野外地较宽平，可以有整块田亩划做井制；至于国中，地狭人稠，卿大夫以下圭田，多只以五十亩起算，不能改成整块九百亩的井地。因此只可什一而税，不再恢复公田助法了。第二，所谓"野人"者，他们地位比较低，知识比较浅，大概都是别处迁徙来的流氓。不得意于故主，而来求新主。他们还不敢明白主张土地私有权。还可以强制他们，使他们保存一种"公事毕，然后敢治私事"的心理。还可以教他们歌诵"雨我公田，遂及我私"之诗句。至于国中百姓，和四鄙氓人不同。大概是和他们的统治阶级所谓在上之君子，或有亲族上的关系，（略如《崧高》诗所说申伯迁来的私人。）多半是祖世土著。又或于耕稼外，别营工、贾等其他业务，他们的一般地位高过野人。他们早已渐次抱有土地私有的新观念。无论没有整块田土划分井制，就使在小面积里，也不能再支配他们依随上世淳朴心理，叫他们"公事毕，然后敢治私事"。因此那一些田地，渐渐变成那一辈土著者所私有，祖世相传。国家只把来赏给卿大夫贵人们，让其自去征收他们什一之税，作为国家支给的俸禄。将来受田的人换了，那有田的农人还是不换。正和野人之"受一廛而为氓"者恰相反。因为野人受田，尽可逐年换，而田主却依旧。此其在土地之权位，大是不同。因此孟子并不想把"莫善于"的助法来一致地推行。

以上讲述《孟子》书中所载两种田制和三种税法，他话虽不能说全可信，然也不能因此疑他所说全是造谎，全在托古改制。若必先存了一疑心，谓古人全在造谣假托，则一切古书，也就无从再研究。以上从《孟子》话，来推论古代田制之大概，可谓虽不中亦不远。

若上引《孟子》一节话，诚可作如是之解释，试再来看《周官》，则似乎《周官》书中，已全没有保留公田之旧制。

江永《周礼疑义举要》论此事有云：

《小司徒》惟言"九夫为井"，未及论其中区之为公为私。《载师》任地，"近郊什一，远郊二十而三，甸、稍、县、都、皆无过什二"，似皆无公田。《司稼》："巡野观稼，以年之上下出敛法。"亦惟皆私田，乃有不定之敛法。如行助法，则惟以公田之稼归公，不必论年之上下矣。据《司马法》："亩百为夫，夫三为屋，屋三为井。"而《小司徒》言"考夫屋"，《旅师》言"聚野之屋粟"，是用"夫三为屋"之法矣。用屋法，则非八家同井之法。

江氏此说甚是。《周官》书究竟比《孟子》又晚出了几时，《周官》作者已明白得公田之制终于不可复，所以在《周官》书中，乃索性把周初之公田制削去，因此也不见有所谓"助"。

《地官·旅师》：

掌聚野之锄粟、屋粟、闲粟。

郑注：

锄粟，民相助作，一井之中所出九夫之税粟也。

江永云：

旅师所掌，即遂人"以兴锄利氓"之事。锄粟者，农民合出之，因合耦于锄，故名锄粟。正犹隋唐"社仓""义仓"，每岁出粟少许，贮之当社，以待年饥之用者也。旅师所聚，以锄粟为主。锄粟无多，恐不足以给，又以载师之屋粟、闲粟益之。郑注谓"九夫之税粟"，非也。

江氏此辨，虽无的据，亦似可信。以上指述《周官》之井田制中无公田。

若论税额，《周官》又并不遵守什一之定制，只说"无过什二"。此亦是时代潮流逼得《周官》作者比《孟子》更要圆通些。《周官》书中主张"以年之上下出敛法"，此种理论，在战国初年，本已有人主张过。其人即是魏文侯师李悝。而上引姚文田书，论《孟子》书中之"彻法"，却引《周官》"以年之上下出敛法"为说，则又错了。

《汉书·食货志》记李悝为魏文侯作尽地力之教，其言曰：

籴甚贵伤民，甚贱伤农。民伤则离散，农伤则国贫。故甚贵与甚贱，其伤一也。善为国者，使民毋伤，而农益劝。今一夫挟五口，治田百亩，岁收亩一石半，为粟百五十石。除十一之税十五石，余百三十五石。食，人月一石半，五人终岁为粟九十石，余有四十五石。石三十，为钱千三百五十。除社闾尝新春秋之祠，用钱三百，余千五十。衣，人率用钱三百，五人终岁用千五百，不足四百五十。不幸疾病死丧之费，及上赋敛，又未与此。此农夫所以常困，有不劝耕之心，而令籴至于甚贵者也。是故善平籴者，必谨观岁有上、中、下熟。上熟其收自四，（四倍平收，总六百石。）余四百石；中熟自三，余三百石；下熟自倍，余百石，小饥则收百石，中饥七十石，大饥三十石。故大熟则上籴三而舍一，中熟则籴二，下熟则籴一。使民适足，贾平则止。小饥则发小熟之所敛，中饥则发中熟之所敛，大饥则发大熟之所敛，而粜之。故虽遇饥馑水旱，籴不贵而民不散，取有余以补不足也。

李悝以此法行之魏国，国以富强。此法者，正是《周官·司稼》"巡野观稼，以年之上下出敛法"之一篇绝好注解也。其所谓"敛"，即《孟子》"狗彘食人食而不知检"之"检"，此与什一而税并不同。依上引李悝话计算，彼所谓什一之税，似乎不论年岁饥熟，常收定额十五石。即相当于《孟子》所谓"校数岁之中以为常"之"贡"。而李悝行法精善处，在乎别以"敛粜之法"为调剂。今《周官》书，则正采取了李悝意见，所以在"以年之上下出敛法"之下继曰：

掌均万民之食，而赒其急，而平其兴。

江永曰：

兴，起也，发也。谓赒急之时，平其所兴发之廪食，犹《旅师》"平颁其兴积"也。

知此处所谓"兴",正当于李悝之所谓"发"与"敛"。《周官·旅师》下又云:

> 凡用粟,春颁而秋敛之。

此亦与上引同意。孟子亦曾言之,曰:"涂有饿莩而不知发。"似乎孟子亦知李悝当时理论,但并未为之详细发挥。孟子只鼓吹他自己的"野九一而助,国中什一使自赋"之想法。《周官》既采李悝敛散之法,则于孟子所谓"莫善于"之"助","莫不善"之"贡",以及所谓周人之"彻",自均可置放一边,不成问题。故《周官》书中则只有"贡"有"赋"而并无"助"与"彻"也。

孙诒让《周礼正义》卷三十一有云:

> 敛法谓赋敛之正供,即周之彻法也。

孙氏此说,与上引姚文田说同。其他清儒如江永辈,似乎均取此同一之意见。然此意见,实不可信。《管子·大匡篇》有云:

> 案田而税,二岁而税一。上年什取三,中年什取二,下年什取一。岁饥不税。

此一说,却与《孟子》书中之所谓"彻法"者用意相近。然和李悝、《周官》所主张之敛发之政又不同。《管子》书亦论桀籴敛散。如云:"人君不能治,故使蓄贾游市,乘民之不给,百倍其本。"此则战国晚年商人阶级崛兴以后始有之现象,故在李悝时犹未详细说到此情形,而《周官·泉府》却亦有此说。至于西周田制之所谓公田为助,则反不见于《周官》。试问《周官》之书,何能为周公之所制?又何尝是春秋前之所有乎?

《周官》亦有采取孟子之说者,则在《载师》任地,"近郊""远郊"不同,此近于孟子"君子""野人"之分也。贾疏云:

> 近郊乃宅田、士田、贾田;远郊乃官田、牛田、赏田、牧田;甸、稍、县、都,乃公邑之田。

此明是国中养君子,郊外处野人之意。《旅师》云:

> 凡新氓之治皆听之。

郑注:

> 新氓,新徙来者也。

《孟子·公孙丑篇》:"则天下之民皆悦,而愿为之氓矣。"又《滕文公篇》:"许行自楚之滕,踵门而告文公曰:'愿受一廛而为氓。'"《吕氏春秋·高义篇》:"墨子愿至越,自比宾萌。"凡新氓皆在野受田,其地位自和国中百姓不同。旅师治新氓,虽云"使无征役"以为招徕,而待遇实远不如国中之百姓。郑注却谓:

周税轻近而重远，近者多役也。

此乃未能细密划清历史上之时代演变，而空推圣人用意以为说，则宜其多误矣。

第二　论爰田制

田制初兴，应属附有"公田"之"助法"。每一组耕户各有他们应该担负的一块公田。家数可以有多少，公田可以有大小；不一定全是"八家同井，井九百亩，公田百亩"那么样呆板。所谓"八家同井，井九百亩，公田百亩"者，只是公田制里一个理想上最整齐的模式，实际不必全如此。此种田制之主要精神，则在公田之与助。此一层上面已讨论过。故公田助法废，即无异于井田废。而废公田以外，另有兴"爰田"一事，亦为废井田之先声。

《左传》僖公十五年：

晋于是乎作爰田。

《晋语》作"辕田"，是为爰田制之初见。《汉书·地理志》云：

秦孝公用商君，制辕田，开阡陌。

是为辕田制之再见。张晏云：

周制三年一易,以同美恶。商鞅始割列田地,开立阡陌,令民各有常制。

孟康云:

三年爰土易居,古制也;末世寖废。商鞅相秦,复立爰田。上田不易,中田一易,下田再易。爰自在其田,不复易居也。

《食货志》述其制又云:

民受田,上田夫百亩,中田夫二百亩,下田夫三百亩。岁耕种者为不易上田,休一岁者为一易中田,休二岁者为再易下田。三岁更耕之,自爰其处。

大概初行井田时,只是几家同一井,各受田一方,同耕公田一方,如此而止。至于同井几家之间,田有肥硗,此井与彼井之间,更有相差,一时也顾不及。到后才定出"三年爰土易居"的办法。(何休《公羊注》作"三年一换主易居","爰土"与"换主",其实大有别。大概普通只是换土,而或至于换主也。)使"肥饶不得独乐,墝埆不得独苦"。(何休宣十五年《公羊注》。)一辈农民,过了三年,大家有一个机会互相易地。

《诗·魏风·硕鼠》有云:

硕鼠硕鼠,无食我黍!三岁贯女,莫我肯顾。逝将去女,适彼乐土。

《周官·地官·小司徒》亦云：

> 三年大比，各登其乡之众寡。

正为有三年一易居之机会，一辈耕户，在其大地主治下，过了不如意生活，三年之后，不免想迁徙远去，投奔新主人。孟子亦云：

> 死徙无出乡。

赵岐注：

> 徙，谓爱土易居，平肥硗也。不出其乡，易为功也。

此为耕户三年一易居，仅求其不致为对他们故主之痛心疾首而迁移远去。如是则使地主对其治下耕户所施种种政教易于收功也。

然而三年爱土易居，总是件麻烦事。无论田庐改易，纷扰已甚，而且也不一定真能有严密的分配。先耕上地者，未必定易到下田；先耕次地者，未必定换到上田。然而地主们肯给农民三年一易居换土之机会，总算是好意。若改行爰田制，受上田者百亩，受中田者二百亩，受下田者三百亩。苦乐既均，又免易居纷扰，自然更受耕户之欢迎矣。晋国在当时，国君被虏，国中无主，一辈朝臣才想出此法，讨好国民。那时晋国国民感激图报，不惮征缮的心理，自不必说。商鞅将此制推行于秦。其后秦人招徕三晋垦民，遂以东雄诸侯，此亦事所应有。惟此制推行，则八家同井之公田制，便须根本动摇。不仅八家百亩之数字，更难符合；其尤重要者，在其田地所有权之无形转移。在公田分井时代，公田乃此一块耕地中最主要之一区。几家耕户，为对地主尽其垦治公田之劳，而暂时享受到公田旁一带弃地（即私田）之使用利益。故曰："雨我公田，遂及我私。"这也不尽是耕户对地主忠诚心理之表现，实是当时关于田地主权及其使用与享受上之关系，义应如此也。耕户可以易土换居，此非耕户之自由，实是耕户对其耕地之绝无主权，而出于地主之一番好意而已。一旦爰田制推行，各耕户可以自爰其处，不复易居换土。这一来，此一块土地之所有权，虽未明白规定转归耕户自有，而其田地之成为此一家耕户之永业，实渐渐从此栽根。因此爰田制推行，无疑有几点重要的变化：一是国家授地均等的制度破了；上地授百亩者，中地、下地可以授二百亩、三百亩。二是三年易土换居的制度废了；耕者对其垦地，可以永远继续，不再纷更。三是耕户对耕地之关系变了；因其自爰其处，不复易居，渐成永业，而田地所有权，无形中遂移归耕者所有。田地所有权之观念既变，公田为助之税法无形中亦必随之而变。据今所知，晋行爰田在晋惠公六年被虏于秦之岁。（西历纪元前六四五）而鲁废公田，初税亩，则在鲁宣公十五年。（西历纪元前五九四）其间相去尚五十余年，然不能谓绝无影响关系也。而班氏《食货志》乃将自爰其处之爰田制混并于八家同井之公田制中，一体说之，则不能说其不是一种错误耳。

抑又有疑者，爰田制殆非晋国所首创。当其国破君虏，子金自秦脱归，临时推行爰田，结欢国人，实在不像是精心创设了一个新制度。或当时别国早有推行，而晋人特临时模效为之。考《齐风·甫田》之诗：

无田甫田，维莠骄骄。无田甫田，维莠桀桀。

旧说其诗刺襄公。若其说而信，此诗年代，应在晋行爰田前四十多年。而其时在齐似乎已有多授大田之制，惟当时人尚未懂得岁休更种之法，故诗人以"维莠骄骄""维莠桀桀"为戒。或者遇次田则多授，其制已先有。而晋人之行爰田，亦非即是开始指导农民以一种新的岁休更种的轮耕法。在当时之所谓爰田，则仅是一种更宽大的授田制度而已。本来授田百亩者，现在可以因地之高下而增授至二百亩或三百亩。如此，则得上地者无夺，得中地、下地者有与。本来三年一易地者，现在可以永不纷更。如此则耕者皆得有其永业，故为国人所喜。至于岁休更种，此是耕垦技术之进步，与土地制度无涉。惟自爰田制推行，此种岁休轮耕法，自然易于为人发现，为人传播。而此种岁休轮耕法，究起何时，则不可考。今若专以岁休轮耕法说爰田，恐未是也。

要之均等授地，公田为助，乃一种较先的制度；而分等授地，自爰其处，为一种较后的制度。证之《左传》，其事可信。而《周官》书中讲田制，则亦采取较后起之爰田制。《地官·大司徒》云：

凡造都鄙，制其地域而封沟之，以其室数制之。不易之地家百亩，一易之地家二百亩，再易之地家三百亩。

此种制度，明是春秋以来之爰田制，而非西周八家同井之公田制。而且《周官》书中又很明白讲到岁休更种的轮耕法。《遂人》云：

> 辨其野之土，上地、中地、下地，以颁田里。上地，夫一廛，田百亩，莱五十亩，余夫亦如之；中地，夫一廛，田百亩，莱百亩，余夫亦如之；下地，夫一廛，田百亩，莱二百亩，余夫亦如之。

此与《大司徒》造都鄙所说，又略不同。然同是采取爰田制之精神则一也。

《吕氏春秋·乐成篇》有云：

> 魏氏之行田也以百亩，而邺独二百亩，是田恶也。

此亦是一种爰田制也。大概爰田制亦并不定分百亩、二百亩、三百亩三等，在数字上亦容有出入。窃疑此制或亦与李悝有关。晋人本行爰田，战国初魏国亦行爰田，盖是采取晋国旧制。商鞅变法，多承李悝遗教，遂又移行此法于秦。鞅之制辕田，实即是废井田也。惜乎后人不能把此两种制度之异同，详为剖悉，遂使商鞅变法之来源及其真相，茫昧莫明。至于《周官》著者，讲刑制，多采李悝、商鞅，上节已述及，而讲田制又如此。故在《周官》书中，乃惟见有后起之爰田制，更不见先行的公田制。则《周官》之为战国晚出书，更复何疑乎？

然而《周官》之《小司徒》又云：

> 九夫为井。

不悟既行爰田制，则一夫不一定是百亩，一井又不一定是九夫。《周官·小司徒》又云：

> 上地家七人，可任也者家三人；中地家六人，可任也者二家五人；下地家五人，可任也者家二人。

《大司马》又云：

> 凡令赋，以地与民制之。上地食者三之二，（田百亩，莱五十亩。）其民可用者家三人；中地食者半，（田百亩，莱亦百亩。）其民可用者二家五人；下地食者参之一，（田百亩，莱二百亩。）其民可用者家二人。

不悟既行爰田制，上地家百亩，中地家二百亩，下地家三百亩，又不必再定上地家七人、中地家六人、下地家五人之限。若把上地给多人之家，中下地给少人之家，似又不必再分所给用地之多少。其间似又有冲突。窃疑《周官》著者，乃尽量网罗了当时各种好办法，而一时忘了办法与办法之间之有重复与牴牾也。

《吕氏春秋·上农篇》有云：

> 上田夫食九人，下田夫食五人，可以益，不可以损。一人治之，十人食之，六畜皆在其中矣。此大任地之道也。

此乃云一个上田夫，至少该食九人，一个下田夫，至少该食五人，是乃督促农人尽力耕垦之一个标准也。孟子亦云：

> 耕者之所获，一夫百亩。百亩之粪，上农夫食九人，上次食八人，中食七人，中次食六人，下食五人。

《王制》亦同此说。此与《吕氏春秋·上农》之言相似，惟分说之益细耳。《周官》著者，似乎误会了此种意思，却把经济上一种自然的现象，来写定在政治上成为一种必然的制度，于是又引起后儒许多争辩。至于《地官·小司徒》之"三年大比"，又显然保存旧制，与商君制辕田，"令民有常制"，与夫"静生民之业"者复不同，此皆其牴牾之痕迹之不可掩者也。

第三　论封疆沟洫

公田之废，爰田之推行，固是井田制崩坏之原因，然而尚不止此。井田制之主要精神，本维系在封建制度上。西周王室之初行封建，其懿亲功臣，随其天子之势力，而封殖到东方来。一如棋枰布子般，先是东一子，西一子，稀疏历落，依着局面之紧要处，而络续地散开。本不曾如《孟子》《周官》《王制》许多书中所说，有那样像方格块般的严密、紧凑和整齐。那些分封出去的诸侯，初到他们分地，首先是要划疆自保。一部分随从而去的宗族党徒，紧簇在侯国之四围。而本地一些服从归化之土著，则屏在较远之郊野。故每一侯国则建立起一城郭。待其渐次扩张，一如周室之分封，来封殖他们的子弟宗亲。一样地稀疏历落，散布在侯国之境内或伸展到新辟的领土去，仍然是筑城郭，起封疆，来保护他们一份世袭罔替的产业。其治下子民，则在其封疆之内各为其主尽他们耕垦贡赋的责任，而生息着。亦还各自有其"邑""里""乡""社"。此等邑、里、乡、社，亦复各有封疆，各自分散，不必东阡西陌，紧相凑簇。正如一盘棋子，初下时，东一子，西一子，并不怎样地斗凑。以后便不然了，棋愈下愈密，纠纷便起。侯国与侯国间，壤地接触，并兼繁兴。卿大夫之采邑，同样因互相邻接而发生交涉。列国之间之所谓正疆界，列卿之间之所谓争田地，屡见于《春秋》之记载。以前是划疆自保，以后则"疆场之邑，一彼一此，何常之有？封疆之削，何国蔑有？"封建局面，展衍在数百年之间，实有其极大之变动。

井田本是一种围在格子眼里的东西，亦复稀疏历落，一区区地分隔存在。以后人口愈增，土地愈辟，所谓格子线，根本不能存在，那格子眼里的东西，如何能保持原态？此乃井田制崩坏之最大原因，同样随着数百年来之自然衍变而改动。

《左传》僖公二十四年，记介子推事，有云：

晋侯求之不获，以绵上为之田。

《史记·晋世家》则谓：

遂求所在，闻其入绵上山中，于是文公环绵上山中而封之，以为介推田，号曰介山。

《楚辞·惜往日篇》亦云：

封介山而为之禁。

可证封建时代之田制，亦是环而封之以为禁之一区，正如棋盘上之一子，稀疏历落，各有距离。当时某氏某邑种种名称，多如介山般，标着名号，指示出在其环而封之之里面，各是某一家之禁脔，不容别家之侵入。然而那格子线动摇的情形，则终不免于愈来愈烈。试举《左传》襄公一君之历年为例。

六年十一月，齐灭莱，迁莱于郳，高厚、崔杼定其田。

八年，莒人伐鲁东鄙，以疆鄫田。

十年，初子驷为田洫，司氏、堵氏、侯氏、子师氏皆丧田焉。

十六年，晋会诸侯溴梁，命归侵田。

十九年春，诸侯盟于督扬，遂次于泗上，疆鲁田。取邾田，自漷水归之于鲁。

二十六年六月，晋、鲁、宋、郑讨卫，疆戚田。取卫西鄙懿氏六十以与孙氏。

二十四年夏，齐乌余以廪丘奔晋，袭卫羊角，取之，遂袭鲁高鱼，又取邑于宋。

二十七年春，晋使胥梁带治之。使诸丧邑者具车徒以受地，使乌余具车徒以受封。乌余以其众出，尽获之。皆取其邑而归。

二十九年，晋使至鲁治杞田。

三十年，郑子皮授子产政。子产使都鄙有章，上下有服，田有封洫，庐井有伍。从政一年，舆人诵之，曰："取我衣冠而褚之，取我田畴而伍之。孰杀子产，吾其与之。"及三年，又诵之，曰："我有子弟，子产诲之；我有田畴，子产殖之。子产而死，谁其嗣之？"

此外如文元年："晋侯疆戚田。"昭元年："秋，叔弓帅师疆郓田。"昭三十年："吴二公子奔楚。楚子大封，而定其徙。"这一类事，见于《春秋》二百四十二年之所记载者，真是引不胜引。至于列国卿大夫赏田、夺田、致邑、封邑，益更纷仍，难于详列。起初是分疆划界，东一块，西一块，各自封闭在各自的格子眼里。到后来搀做一起，互相接连，棋盘上形成了大杀局。最显者如郑国。地狭民稠，变动最亟。子驷、子产父子，在十年间，相继想把郑国境内田地疆界封洫重加整理。然子驷因此被杀，子产也险不免。最可笑者，是郑国一辈小民，在子产着手整理田土疆界时，也不免感到纷扰不快，高声唱着革命的歌。只要有个领袖，他们都愿加入革命队伍，去杀子产。三年后，才知子产本为他们小民着想，现在是受到实惠了。而恍然明白子产一死，不再有像子产般的人，能站在贵族地位上，再为他们小民来争福利，于是又唱起可怜的悼歌来。

此一种趋势，愈演愈烈，下至战国时，情形更为混乱。故孟子曰：

仁政必自经界始。经界不正，井地不均，谷禄不平。是故暴君污吏，必慢其经界。经界既正，分田制禄，可坐而言也。

可见"经界"实为井田制里最重要一元素。废公田，行爰田，也可说是当时田制上进步了，而慢经界则是一大退步。孟子论井田，请野九一而助，未免有些不合时宜。至其论正经界，则实为当务之急，未可一并而讥。

这里最主要的，自然是一人口问题，尤与封建与井田之变动有关。起先是彼疆此界，东一块，西一块，各自藏在格眼里，互不相干。后来，人烟日旺，莱芜日辟，全都冲到格子线外，那些格子线，逐一动摇漫灭，不复存在。此刻要重整疆界，遂大不易。

此所谓格子线，便是指的古人之所谓"封疆"。各处的侯国，各处的卿大夫采邑，各处的邑、里、乡、社，他们各有所谓封疆。高高地筑成一带土堤，堤下随着一带深沟，围在他们的所谓邑、里、邦国之外。楚国芋尹无宇尝谓：

封略之内，何非君土？食土之毛，谁非君臣？

可知当时人对于土地之观念，乃专指其被围在封略之内者而言。而所谓"封略"，则是一种具体的、高厚凝固的建筑。《左传》定公四年又云：

封畛土略，自武父以南，及圃田之北竟。

这明明是一带漫长蜿蜒的大建筑。在此之内，有封建，有井地。在此以外，则是茫茫禹域，并与封国井地无关。

所以有"略地"，如隐五年《传》：

> 吾将略地焉。

宣十五年：

> 以略狄土。

昭二十二年：

> 荀吴略东阳。

昭二十四年：

> 以略吴疆。

又有"略人"，如：

> 成十二年："略其武夫。

又有"略牲畜"，如：

> 《齐语》："牺牲不略。"

所谓"略地"者，正犹云"井田"，正犹云"封国"。把别人的土地、人民、牲畜，用强力圈入自己封疆之内，而使为我有，此则称为"略"。因于后起动乱中之"略"，正可推想初起时之所谓"封"。

所谓"封略"者，不仅是一举动，并形成一实体。皆是在其占有之外，而兴起一带高笨的土功建筑，不像后世般，田畴相望，阡陌相连，村落布野，漫无关限。此决非古代之景况。古人之所谓"封略"，则并不如后世般，只在文书观念上，而在具体构造上。古之所谓"国"，也如都、邑般，仅是一城，乃及四郊，而封闭于一个大的土工建筑之内者，古人谓之"封疆"，今姑称之曰"格子线"。封国有格子线，而井地也有格子线。然封国之格子线破了，仍可有国，而井田之格子线一破，则不复有井田。

《史记·商君列传》云：

凡为田开阡陌封疆而赋税平。

此处"开阡陌封疆"一语，从来为人误解。其实"开阡陌封疆"者，即是划去与打开格子线之谓。惟朱子作《开阡陌辨》，始透露出此中消息。朱子曰：

商君但见田为阡陌所束，而耕者限于百亩，则病其人力之不尽。但见阡陌之占地太广，而不得为田者多，则病其地利之有遗。又当世衰法坏之时，则其归授之际，必不免有烦扰欺隐之奸。而阡陌之地，切近民田，又必有阴据以自私，而税不入于公上者。是以一旦奋然不顾，尽开阡陌，……垦辟弃地，悉为田畴，……以尽地利。使民有田即为永业，而不复归授，以绝烦扰欺隐之奸。使地皆为田，田皆出税，以核阴据自私之幸。……故《秦纪》《鞅传》皆云："为田开阡陌封疆，而赋税平。"蔡泽亦曰："决裂阡陌，以静生民之业，而一其俗。"详味其言，则所谓"开"者，乃破坏划削之意，而非创置建立之名。所谓"阡陌"，乃三代井田之旧，而非秦之所制矣。

朱子此一说，始依稀描绘出当时井田封疆之真相。划去阡陌，即是废坏井田，正可于朱子文中体会也。

《汉书·匡衡传》有云：

匡衡封僮之乐安乡，乡本田提封三千一百顷，南以闽陌为界。初元元年，郡图误以闽陌为平陵陌，多四百顷。

可见古代阡陌，至汉代犹有遗迹。其时所谓闽陌、平陵陌者，正是古来阡陌遗迹也。朱子《开阡陌辨》，正可将此一条记载作助证。大抵人口日密，田亩日辟，"开阡陌"乃是一种自然趋势。故井田之废，实与人口日增，田亩日辟有关也。

而开阡陌之事，实亦不始于商鞅。崔述承朱子意而益申之，曰：

子产治郑，使田有封洫。先王之制，计夫授田，不得自为多寡，为之封洫，以防水旱，而制兼并，亦何待于子产之使？是知春秋之时，王制已废，井疆已紊，但计田以取粟，而不复计夫以授田矣。今论者皆以阡陌之开咎商鞅，然鞅所开者，秦之阡陌耳。关东诸侯，何以亦无复有存者？然则自周东迁以来，固已陆续废坏，豪强兼并，多寡不均，税亩之法，恐亦类是。

此谓在春秋以来，正已阡陌日废，封疆日辟矣。此亦据于如我上文之所引，而可想象其然者。

然所谓"开阡陌封疆"一语，其尤重要者，当在"封疆"而不在"阡陌"。朱子所谓"田为阡陌所束，阡陌占地太广"云云，若移以说"封疆"，当尤为切当。大概至战国时，秦国四境之内，还比较多留了些西周田制遗迹。所以阡陌封疆，犹多存在。其后秦人招徕三晋移民，为秦垦荒，可见秦国人口增殖，直至商鞅以后亦尚未到冲破格子线之机缘。许氏《说文》云：

秦田二百四十步为亩。

《玉篇》以为是秦孝公之制。《盐铁论》：

御史曰："古者制田，百步为亩。先帝哀怜百姓，制二百四十步而一亩。"

《盐铁论》所谓"先帝"，乃指武帝言。《食货志》赵过代田法云：

十二夫为田，一井一屋，故亩五顷。

《注》引邓展曰：

九夫为井，三夫为屋，于古为十二顷。古千二百亩，则得今五顷。

可见武帝时改古十二顷田为五顷，其实是把西方的秦田来改当时之所谓"东田"也。此据黄以周《礼书通故》第三十五。盖"东田"是当时六国田亩，只以百步为亩；商鞅入秦，开阡陌封疆，废地尽辟，故得扩大以二百四十步为亩。而其时东方，虽是封疆阡陌早废，而仍是地狭民稠，故只成了步百为亩之小田耳。惟黄氏又谓汉武帝改东田，乃续开商鞅未开之阡陌，其说本俞正燮《癸巳类稿》，则恐不可信。

封疆既为井田与封建之同一要征，因此，废井田，开封疆，亦如等于废封建。所以商君入秦变法，在其"为田开阡陌封疆"之前，先"集小都、乡、邑、聚为县，置令、丞"。此即是把国内封君采地，一并收为国有，是即废封建也。废封建之代替物，便是所谓"二十级爵"。马端临《文献通考·封建六》论之曰：

古之所谓爵者，皆与之以土地。如公、侯、伯、子、男，以至附庸，及孤卿、大夫，亦俱有世食禄邑。若秦法，则惟彻侯有地，关内侯则虚名而已。庶长以下，不论也。始皇遣王翦击楚，翦请美田宅甚众。曰："为大王将，有功，终不得封侯。"然则秦虽有彻侯之爵，而受封者盖少。考之于史，惟商鞅封商於、魏冉封穰侯、范雎封应侯、吕不韦封文信侯、嫪毐封长信侯，……然鞅、冉、不韦、毐皆身坐诛废。范雎虽幸善终，而亦未闻传世。……盖秦之法，未尝以土地予人，不待李斯建议，而后始罢封建也。

其实秦之废封建，行郡县，大体亦是商鞅先创之。《史记》所谓"赋税平"，朱子释还未尽。在封建时，各区封略中之人民，受各个封君之支配，则赋税如何得平？今改行县制，县令直接朝廷，受同一制度之支配，则赋税自然平。农民在同一国内，受同一待遇，自然也不想迁徙。(除非要出国。)故蔡泽云："静生民之业，而一其俗也。"此乃商君变法之大概。

孟子云："世禄，滕固行之矣。"又云："国中什一使自赋。"惟世禄之家，既有权自赋其民，试问又如何能命其必赋什一乎？此乃孟子不如商鞅处。然孟子对于封疆，似亦不主保留。故曰：

域民不以封疆之界，固国不以山溪之险。

盖是时东方诸侯，田亩日辟，人烟相望，早已无所谓封疆，所以孟子亦复如此说之。而当时各国仍都努力建造他们国境上的长城，如齐、赵、韩、魏多有，此仍是古代封疆之变相也。直至秦始皇造万里长城，亦仍是沿袭着封疆的古观念。顾亭林《日知录》卷三十一"长城"条有云：

春秋之世，田有封洫，故随地可以设关，而阡陌之间，一纵一横，亦非戎车之利也。观国佐之对晋人，则可知矣。至于战国，井田始废，而车变为骑，于是寇钞易而防守难，不得已而有长城之筑。

是顾氏已认识到战国长城乃是封建时代封疆既废后之替代物，可为卓见。

今试推寻商君开封疆之主张，其先亦有人明白说过，其人即魏文侯师李悝。《汉书·食货志》云：

李悝为魏文侯作尽地力之教，以为地方百里，提封九万顷，除山泽邑居，参分去一，为田六百万亩。治田勤谨，则亩益三斗。（本作"升"，依臣瓒注改。）不勤则损亦如之。地方百里之增减，辄为粟百八十万石矣。

又《刑法志》云：

一同百里，提封万井。

苏林云："提，音秖，陈留人谓举田为秖。"李奇云："提，举也；举四封之内也。"师古曰："李说是，苏音非。说者或以为积土而封谓之堤封，既改文字，又失义。"《地理志》亦言"提封田"，师古曰："提封者，大举其封疆也。"今按：李、颜说似未得"提封"本训。"封"乃田亩封疆，"提"是弃去义。扬雄《大玄》："晦，脼提明德。"注曰："提，弃也。"《小戴礼记·少仪篇》："牛羊之肺，离而不提心。"注曰："提，绝也。""提"又训"举"，训"揶"，均有离绝弃去义。方里而井，一井九百亩，方百里得九万顷，此乃弃去封疆，尽作实田之数。若加进各田封疆实际计算，则决不能得九万顷。故凡言"提封"，皆是弃去封疆，作净田计算之意。《汉书·匡衡传》云：

乐安乡本田提封三千一百亩。

又《东方朔传》云：

乃使大夫吾丘寿王与待诏能用算者二人，举籍阿城以南，盩厔以东，宜春以西，提封顷亩，及其贾直。

亦谓提开封疆，作净田计算也。《广雅》："提封，都凡也。"都凡，犹云总数，即是连并耕地与封疆总合算之也。此"提封"二字，既始见于李悝书，可见垦辟封疆一事，必是李悝先已提倡，所以当时称之为"尽地力之教"。并不是仅仅治田勤谨，便算尽地力也。

《韩非子》有云：

吴起治楚，以楚国之俗，封君太众，教楚悼王使封君之子孙，三世而收爵禄，绝灭百吏之禄秩。

《淮南子》亦云：

吴起衰楚国之爵，而平其制禄。

《吕氏春秋》曰：

吴起令楚贵人往实广虚之地。

合三说而观之，吴起亦承李悝遗教，主张破封建，尽地力。商鞅则又承李悝、吴起遗法而推行之于秦国。结果，吴起、商鞅均遭秦、楚封君贵族之怒，而致杀身。殆以封建余势，在中原诸侯间，早已崩溃，而在秦、楚边国，比较保留尚多。所以李悝并不为人注意，而吴起、商鞅却轰动一时，既得名，又得祸。然后世治史者，却连他们当时事业也全模糊了，因后世更无古代封建遗迹可见也。

上述井田、封建关系，以及当时封疆之大概，再试转读《周官》，则有甚可怪者。盖《周官》作者，对田制主废公田，行爰田。又主以粟赋禄，来代替封建食邑。《天官·大宰》云：

以九式均节财用，八曰匪颁之式。

《地官·廪人》云：

掌九谷之数，以待国之匪颁、赒赐、稍食。

"匪颁"即是禄食，郑注："稍食，禄廪。"此制必晚起，断非封建时代所有。《左传》昭元年，秦、楚二公子同食百人之饩于晋，此皆给以谷禄，恐是待别国逃亡者之暂法也。赵孟于绛县之老人，虽使为小官，亦与之以田。《晋语》云："士食田。"可见春秋时则无不以赐田代禄也。而《商君书·境内篇》乃云："爵五大夫，有赐邑三百家，赐税三百家。""邑"言田，"税"言谷，始以赐田、赐禄分说。《管子·大匡篇》云："桓公赋禄以粟。"此皆战国晚年人语耳。苟若尽以粟赋禄，即无食邑，无封建，此即是商君之"开封疆而赋税平"也。

《周官》作者，采取此诸项制度，全属后世进步后之事实，全为井田破坏之原因与现象。而《周官》同时又主张正经界。《周官》为书，每一官开首，照例有"体国经野"之语，可见《周官》著者对此之重视。惟正经界不必定要复封建，正经界亦尽不失为一种进步之主张。而《周官》书中另一面却又竭力铺张封建规模。《周官》既是一部讲周家制度之书，封建自然是第一件大事，断断不能废忘不讲。既讲封建，又把古代封疆规模，竭意铺张。如云：

辨其邦国都鄙之数，制其畿疆而沟封之。（《地官·大司徒》）

乃建王国焉，制其畿方千里而封树之。（同上）

凡造都鄙，制其地域而封沟之。（同上）

凡建邦国，立其社稷，正其畿疆之封。（《小司徒》）

掌设王之社壝，为畿封而树之。（《封人》）

凡封国，设其社稷之壝，封其四疆。（同上）

造都邑之封域者亦如之。（同上）

邻、里、酂、鄙、县、遂，皆有地域，沟树之。（《遂人》）

制畿封国，以正邦国。（《夏官·大司马》）

掌修城郭、沟池、树渠之固。（《掌固》）

凡国都之竟，有沟树之固，郊亦如之。……若有山川，则因之。（同上）

掌九州之图，以周知其山林川泽之阻，而达其道路。设国之五沟五涂，而树之林，以为阻固，皆有守禁，而达其道路。国有故，则藩塞阻路而止行者，以其属守之。（《司险》）

……（《掌疆》）（缺）

掌制邦国之地域，而正其封疆。（《形方氏》）

掌四方之地名，辨其丘陵、坟衍、原隰之名物之可以封邑者。（《原师》）

此皆《地官》《夏官》两篇所载，从此还可推见古代封疆之面影，证明如上文所谓之格子线之大概。在那一带土封格子线之上，还栽种许多树木，好让堤封坚固。窃疑此与"社树"或有关。一国之四封，比较宜栽某种树，其封域内之居民，亦奉某种树为社神，而特地崇敬之。封建"建"字，本训树立。楚屈建即令尹子木（《左》襄二十五年《传》），楚太子建亦字子木（《左》哀十六年《传》），则古人言"建"，正训立木。在高的堤封上，种立一排树木，即以表明此封内田地之有所属，是即所谓"封建"也。游牧部落分队之标帜用旗，故名"族"。族，从𠂉，从矢。农耕部落分土之标帜用树，故名"社"。社，古文从土，从木。封建制度是农耕部落之事。农耕部落之有社，正如游牧部落之有族。族相当于近人之所谓"图腾"，而社则是图腾之变相和进化。《墨子》曰：

圣王建国营都，必择国之正坛，置以为宗庙；必择木之修茂者，立以为丛位。

"丛位"即是社。社又是封建时代计地之一个单位。《晏子春秋·内篇杂下》有云："齐桓公以书社五百封管仲。"《荀子·仲尼篇》作"书社三百"。《管子·小称篇》有云："卫公子开方以书社七百下卫。"《吕览·知接篇》作"书社四百"。《左传》昭公二十五年有云："自莒疆以西，请致千社。"哀公十五年有云："齐与卫书社五百。"《史记·孔子世家》有云："楚昭王将以书社地七百里封孔子。"此恐当作"书社七百"，其下冉有曰："虽累千社，夫子不利。"可知当时自以"社"计，不以"里"计也。《吕氏春秋·高义篇》

亦云："越以书社三百封墨子。"下至战国，郡县之名渐盛，书社之称却绝。可见"社"正是封建时代特有之名称。扩而大之，至于建邦国，建都邑，亦如建社般，一样是封土圈地，只是工程和规模则比较大了。此种情形，只在辽阔的大地上，如弈棋似的，疏疏落落下子，才有可能。一到人口稠密，壤地促狭，便无需乎封建，亦不容其封建。今《周官》书中，既已全是后世繁密景象，而仍还装上古代荒疏规模，此又不得不谓是其书一大罅漏也。

《左传》子产云：

天子之地一圻，列国一同，自是以衰。

天子本不曾自为限制，至说列国以百里为率，似尚近情。孟子亦云：

公、侯皆方百里，伯七十里，子、男五十里。

百里之地，即以净田计，也不过九万顷。其间又须有卿大夫采邑，各有地域沟树，各有郊疆旷地，山泽除外，不能如李悝算法有田六百万亩之多。其间也决没有许多整块的千夫、百夫之地。而今《周官·地官·大司徒》乃云：

诸公之地，封疆方五百里，其食者半。诸侯之地，封疆方四百里，其食者参之一。诸伯之地，封疆方三百里，其食者参之一。诸子之地，封疆方二百里，其食者四之一。诸男之地，封疆方百里，其食者四之一。

显是分地太大，不合古代情实。《遂人》又云：

凡治野，夫间有遂，遂上有径；十夫有沟，沟上有畛；百夫有洫，洫上有涂；千夫有浍，浍上有道；万夫有川，川上有路，以达于畿。

这是何等宽大整齐、平正通达的景象？试问照此景象，又那里装上许多地域沟池封疆之界？沟树封疆，乃是早期小国寡民之所有。而千夫、万夫，则是后来地辟民稠之景象。待到千夫、万夫时，那些沟树封疆，早已消失。而《周官》作者，却硬要把小国寡民时代的沟树封疆，装点到后世"鸡鸣狗吠相闻，而达乎四境"之情况中来，这又如何装点得上？而且"鸡鸣狗吠相闻，而达乎四境"，乃是孟子时齐国气象。所以孟子还说："地不改辟矣，民不改聚矣。"可见齐以外未必尽如此。若不加一番辟草莱、徕远氓的工夫，便不能鸡鸣狗吠相闻，而达乎四境。又那里有《周官·遂人》所记那种千夫、万夫平正通达、整齐宽大的规模？可见《周官》作者究是生得晚了，所见早是"开阡陌封疆"后之状态。乃又从而加上一番想象中阡陌封疆之描写，把疏的规模，来装在密的现实上，遂成这样大块整齐的田制。此何尝是周公所制，亦何尝是春秋前所有？而且余夫受田，又在何处？不成远远的隔在千夫、万夫之外？《周官》作者，只图在文字上写得整齐好看，不问事实牴牾，往往如此。

《周官》中尚有和《遂人》五沟五涂之描写相似者，厥为《考工记·匠人》沟洫之制。其文曰：

匠人为沟洫，耜广五寸，二耜为耦。一耦之伐，广尺，深尺，谓之甽。田首倍之，广二尺，深二尺，谓之遂。九夫为井。井间广四尺，深四尺，谓之沟。方十里为成。成间广八尺，深八尺，谓之洫。方百里为同。同间广二寻，深二仞，谓之浍。专达于川。

郑玄说之云：

九夫为井。井者，方一里，九夫所治之田也。……方十里为成。成中容一甸。甸方八里出田税，缘边一里治洫。方百里为同。同中容四都、六十四成，方八十里出田税，缘边十里治浍。

又《小司徒》云：

九夫为井，四井为邑，四邑为丘，四丘为甸，四甸为县，四县为都。

郑玄说之云：

九夫为井者，方一里，九夫所治之田也。此制小司徒经之，匠人为之沟洫，相包乃成耳。邑丘之属，相连比以出田税。沟洫为除水害。四井为邑，方二里。四邑为丘，方四里。四丘为甸，……方八里，旁加一里，则方十里，为一成。积百井，九百夫，其中六十四井，五百七十六夫，出田税；三十六井，三百二十四夫，治洫。四甸为县，方二十里。四县为都，方四十里。四都方八十里，旁加十里，乃得方百里，为一同也。积万井，九万夫。其四千九十六井，三万六千八百六十四夫，出田税；二千三百四井，二万七百三十六夫，治洫；三千六百井，三万二千四百夫，治浍。

照此算法，方百里之地九万井，除开沟洫，所占面积只剩四千九十六井实田，可出租税。今试回看《汉书·食货志》所引李悝尽地力之教有云：

地方百里，提封九万顷，除山泽邑居参分去一，为田六百万亩。

《刑法志》亦云：

一同百里，提封万井。除山川沈斥、城池邑居、园囿街路，三千六百井，定出赋六千四百井。

此所除者乃是山泽邑居，而郑氏《周官注》所除，则是田之沟洫。依李法三分去一，仅余六百万亩，而方百里已是一公侯之国；即依《周官》说之，也已是一个男国。无论如何，一男国中，决不能没有园囿街路，决不能没有山川沈斥，更不能没有城池邑居。而且那些又不能集在一处，定会不规则地分占各处的地面。则试问在此上又如何再容《考工·匠人》之"沟洫"？若照郑氏算法，一同万井。那三万六千八百六十四夫出田税的，他们的里、廛、邑、屋，又在何处安放？他们的君子卿大夫统治者的城、郭、都、国，又在何处

375

建立？其势不能没有了耕种者及其社会，而只有所耕种的田亩之理。若说郑氏所除亦系山泽城邑等，则据孙诒让《正义》卷八十五所计算，谓：

凡五沟积数，每井有一沟、三遂；每成有一洫、八沟、百九十二遂；每同有一浍、八洫、四千九十六沟、九万八千三百四遂。其五涂则径与遂同，畛与沟同，涂与洫同，道与浍同。

试问那些名目，要不要占去面积？而且径、畛以通车徒，径容牛马，畛容大车，涂容乘车一轨，道容二轨，沟洫之广与之相称。则郑氏算法所除，又确为沟洫明甚。这又何法可通？

黄以周《礼书通故》第三十五驳郑说，谓：

如郑义，经宜曰"井间谓之沟，甸间谓之洫"矣。《司马法》云："通十为成，成百井；十成为终，终千井；十终为同，同万井。"《汉志》文同。如郑义，成实六十四井，无百井；同实四都，无万井矣。窃谓一成百井，内容甸六十四井，其沿边十里为隰皋，所谓牧也。

如黄说，郑氏除沟洫为算，实是错了，然黄氏亦未得其是。因黄氏定一成百井，沿边十里为隰皋，则内容仍是六十四井，仍与郑氏如二五之为一十，仍不合《司马法》与《汉志》。而且沟洫所占面积之广，若统统圈在丘、甸、县、都之外围，也决不止方百里而止。今罗列众儒之说，互相矛盾，而《周官》本书之不可信自显。正为《周官》作者，在其下笔时，却没有像后儒般彼此照顾，精密计算。实仅搬弄字面，做一种竹简上的数字游戏，本不曾认真。而另一面，则由《周官·考工》的作者，也只把古代井田制里荒弃隔绝的封疆，尽变成他理想上垦辟通达的沟涂，所以有此规模。而朱子却重把商君之"开阡陌封疆"来证成《周官·考工》里的"沟洫"，这又是朱子的误解了。

沟洫本以通水利，而考古代诸夏水患，惟晋为烈。智伯决晋水灌晋阳，城不沉者三板。又曰："汾水利以灌安邑，绛水利以灌平阳。"孟门、吕梁之险，以及玄冥、台骀、鲧、禹治水之故事，流传皆始于晋。其次则河南，于六国为魏。苏代有言："决白马之口，魏无外黄、济阳；决宿胥之口，魏无虚、顿丘。"信陵君亦云："决荥泽而水大梁，大梁必亡。"其后秦将王贲攻魏，果引河沟灌大梁，城坏而降。当时山西、河南沿河两岸，水患最盛。因此亦出了许多水利专家。魏文侯时，与李悝同朝者，有西门豹。梁惠王时有白圭，梁襄王时有史起。著名的水工郑国，乃韩人，亦籍河南。窃疑《周官》作者，当为晋人，一面是承袭了李悝、吴起、商鞅，讲究法制、农事、军政；一面则注意水利，盛言沟洫之制，是西门豹、白圭、史起之遗教。

三晋地狭民稠，早不存古代封疆遗迹。《周官》书中，又把封疆转换为沟洫，而一面还保存着古封疆之遗制，按实排来，更见无地以容。《地官·载师》云：

以大都之田任畺地。

畺地有任，便如商君之开封疆。《遂人》又云：

以畺予任氓。

"畺"，《释文》作"疆"，宋建阳本同。此亦是把田外疆土授给新氓，使之垦治，则同样是开封疆也。《周官》书中，应该早已没有了废地旷土，荒的尽垦了，封疆全变成沟涂，如何又有疆地可任呢？总之一切是理想，决无此现实。

上文三节，第一论公田之废弃，第二论爰田制之推行，第三论封疆之破坏。都是古代井田制度消失之最大现象。《周官》一书，论其大体，都已是跟着时代，采用了当时新兴的局面。后人只说《周官》讲井田，甚至谓刘歆、王莽为要推行井田，而伪造《周官》作根据，是何不考之甚也！依据上论，《周官》还只是像战国三晋人作品。远承李悝、吴起、商鞅，参以孟子，而为晚周时代的一部书。

四　其　他

上陈三章，证《周官》乃战国晚年书，已可无疑。此下乃几条零星的讨论。

第一　论《周官》里的封建

《周官》所记封建，决非古制真相，前人辨难已多。兹姑举一点言之。井田本随封建而来，第三章已详及。而《周官》书中，却从井田上来造成封建，先后倒置，显见非史实记录。即如孟子，亦何尝不想从正经界开始，而达到分田制禄，重新厘订封建世禄的古规模？显见《孟子》《周官》同为战国以下人思想，而《周官》说来愈细，乃愈见其为晚出耳。

姑举一例，如《地官·小司徒之职》有云：

乃经土地而井牧其田野，九夫为井，四井为邑，四邑为丘，四丘为甸，四甸为县，四县为都，以任地事。

此乃先有了井田规划，才分丘、甸、县、都等区域。无异于说先有田制，再造都鄙，显违古代情实。

《诗》云："商邑翼翼。"邑是王畿。《书》云："用附我大邑周。"春秋诸侯自称"敝邑"，则邑是侯国。《左传》庄二十八年云："凡邑，有宗庙先君之主曰都，无曰邑。"则邑为都邑。《楚辞·大招》："田邑千畛。"邑又是田邑。《易经》云："邑人三百户。"《论语》说："十室之邑。"邑是民居所聚。民居有多有少，故邑有大邑、小邑。极其大则为王都，极其小称十室之邑，其间大小不等，决无呆板的规定。《左传》庄二十八年又云："邑曰筑，都曰城。"大概邑与都同有一种土功建筑物围着，只是大小不同。故都、邑，散文则通，并无区别。今《周官》谓"四井为邑"，于古于后，全无可证。《左传》隐元年有"大都""中都""小都"，决非全是四县方四十里之称。

且考《左传》记载，"县"与"都邑"不同。县可以包都邑，但不即是都邑。都邑可以为县，也尽可不隶于县。《左传》僖三十三年，晋襄公以再命命先茅之县赏胥臣。宣十一年，楚子县陈。十二年，郑伯逆楚，曰："使改事君，夷于九县。"十五年，晋侯赏士伯以瓜衍之县。成六年，韩献子云："成师以出，而败楚之二县。"襄二十六年，蔡声子曰："晋人将与之县，以比叔向。"三十年，有绛县人。昭三年，州县为栾豹之邑。五年，蒍启彊曰："韩赋七邑，皆成县也。"又曰："因其十家九县，其余四十县。"十一年，叔向云："陈人听命而遂县之。"二十八年，晋分祁氏田为七县，分羊舌氏田为三县。哀二年，赵简子云："上大夫受县，下大夫受郡。"十七年，县申、息。凡此诸条，无一与"四甸为县，四县为都"之说相合。且考之《左传》，亦仅晋、楚有县，秦至孝公，商鞅变法，始并诸小乡聚，集为大县，全国分四十一县。县的制度，亦是络续而散乱地在诸国间成立。

至于丘、甸，"甸"乃郊外田野，或以田猎，或以耕种，统可称甸。"丘"是民居村落，《庄子》曰"丘里"，《孟子》曰"丘民"，齐太公封营丘。是丘者尚未成邑，甸者尚未成县。丘民所集，加上一圈土功建筑便成邑，甸地加上一番政治划分便成县。春秋前后书籍可考者，遇此等字，意义略相同。凡曰井、丘、邑、都、县、甸，皆属自然发展。今《周官》著者，把来随便编排，套进一整齐累进的算式之下，此何能认为史实？

至论公、侯、伯、子、男五等封爵，其实也如此。井田本只是在封建制度下自然形成的一些散乱的现象。而《周官》著者却从"九夫为井"上，推定出五等封爵的规模来，成一严密整齐的系统。此乃一种数字游戏，仅可在纸上划分。好像天下早已一纵一横、千夫万夫地尽划成一方方的

"井"字，然后再在那些井字上分建五等封爵，造成都、鄙、县、邑，求之实地，寻之实事，何能有此？后世一辈儒者，纷纷从《周官》《孟子》《王制》诸书精密讨论，严切剖辨，实可不必耳。

又《尧典》："肇十有二州，封十有二山，浚川。"吴挚甫《日记》云："'肇''封'与'浚'对文。'肇'，《大传》作'兆'。《诗》：'肇域彼四海'，郑《笺》：'"肇"，当作"兆"。'《孝经》：'卜其宅兆。'《注》谓茔墓界域。'兆'本灼龟坼，借为界画之义。'封'如'畿封''封疆'之'封'。《周官·大司徒职》：'凡造都鄙，制其地域而沟封之。''封'即《尧典》所谓'封山'，'沟'即'浚川'也。封山、浚川，皆'肇十有二州'之事。以山为界曰'封'，以川为界曰'浚'。"今按：《周官》之书，把整个中国划分五等封爵，已属一种理想。《尧典》却又把中国划为十二州，显是战国晚年封建制已崩溃、郡县制已兴起以后人思想。《尧典》《周官》用同一理想，同一字面，一写《周官》，遂成五等封爵，一写《尧典》，遂成十二州。而其同为晚周以下作品，则以两两对比而益显。

第二　论《周官》里的军制

封建井田军制，都是一套相联。《周官》言井田封建，并非古制真相，则其言军制可知。下文姑举数条为例。

一　论车乘及卒伍

《夏官·大司马》云：

凡制军，万有二千五百人为军。

古以车战，军制应以车计。《周官》仅云一军万二千五百人，而不及车数，显是其书晚出之证。后儒勉强分说，如孔广森《经学卮言》谓：

以《诗》考之，军盖五百乘，乘盖二十五人。天子六军，而《采芑》曰"其车三千"，鲁僖公时二军，而《閟宫》曰"公车千乘"，五百乘为军，是其明证。

其实诗人所咏"其车三千"，不一定准照现实制度中数字。否则城濮之战，晋三军皆出，何以只七百乘？鞌之战，郤克力争，增为八百乘，亦复三军全出。楚芳贾云："子玉过三百乘，不能以入。"全不像有五百乘为一军之痕迹。直至春秋晚世，昭公八年，鲁蒐于红，革车千乘。又十三年，晋人治兵于邾南，甲车四千乘。定九年，夷仪之救，在中牟者有千乘。其时各国车乘之众，远过春秋初期，然亦不见有五百乘为一军之痕迹。至于徒卒，亦并不与车乘混合编配。江永《群经补义》有云：

观《左传》诸言战处，虽云车驰卒奔，而车上甲士被伤，未闻车下七十二人为之力救。遇险犹待御者下而推车，似车、徒各自为战，而徒亦不甚多。

其说甚是。大概春秋徒卒，始盛于南方楚及吴、越，然已在春秋之晚期。定公四年，吴夫概王以其属五千先击楚，此已似用大队步卒作战，而并不与车乘相配。哀公元年，越以甲楯五千保会稽。八年，鲁微虎欲宵攻吴王舍，私属徒七百人。十一年，鲁、齐战于郊，冉有以武城人三百为己徒卒。哀十三年，越伐吴，吴弥庸属徒五千。黄池之会，吴带甲三万，其布阵也不像是车制，或已步骑兼用。又命王孙雒率徒师过宋。此皆春秋晚期步战渐渐从南方诸国推行之证。至北方群狄亦用步战。晋人御狄，改车为行，语详下条。《左传》桓五年，郑为鱼丽之陈，先偏后伍，伍承弥缝。宣十二年楚君之戎，分为二广，广有一卒，卒偏之两。成七年，申公巫臣以两之一卒适吴，舍偏两之一焉。此三条皆是车制。杜《注》以车徒兼说，遂致纠纷。说详江氏《群经补义》。《司马法》亦战国中晚之作，诸儒据《司马法》讲《左传》，终难通，此不详辨。

总之一车附步卒二十五人或七十二人之说，并非春秋时事实。而《周官·大司马》乃谓：

五人为伍，二十五人为两，百人为卒，五百人为旅，二千五百人为师，万有二千五百人为军。

在其军队编制中，仅见有人，不见有车，显是春秋以后人语。而后人偏要以一车二十五人为解。孔广森说已见上引，孙诒让《周礼正义》卷五十四又申孔说，谓：

《书牧誓叙》孔疏引《风俗通》云："车有两轮，故称为'两'。"盖"两"即车一乘之名。故《毛诗·召南·鹊巢传》："百两，百乘也。"在军以五伍共卫一车，因谓二十五人为两。

无奈如此讲法，于事实全难贯通，则亦复何必乎？要之《周官》军制，只讲徒卒，不及车乘，固足为其书晚出之证。即谓一军五百乘，一乘二十五人，如孔、孙诸人之解，亦已足证其非春秋时事实矣。

二　论舆司马及行司马

《周官·大司马》政官之属，有：

> 大司马，卿一人。小司马，中大夫二人。军司马，下大夫四人。舆司马，上士八人。行司马，中士十有六人。

孙诒让《正义》释之云：

> 贾疏："《左氏》僖二十八年《传》云：'晋侯作三行以御狄。'注云：'晋置上、中、下三军，今复增置三行，以辟天子六军之名。以所加三军者谓之三行。'彼名'军'为'行'，取于此'行司马'之名也。"易祓云："《左传》：鲁会晋师于上鄍，舆帅受一命之服；晋享六卿于蒲圃，舆尉受一命之服。所谓'舆'者，车也。晋作三行以御狄，其后晋中行穆子与无终及群狄战于太原，毁车为行。所谓'行'者，徒也。成周师田之法，险野徒为主，易野车为主，于是设二司马之属，专掌车与徒之任。"黄度亦云："舆司马掌车，行司马掌卒，军司马兼掌之。"诒让案：易氏据《左》成二年、昭元年《传》，证"舆"为车，"行"为徒，《左传》杜注亦

谓"舆帅主兵车"，其说可通。蒋载康、林乔荫说亦同。窃疑《诗·唐风·彼汾沮洳》有"公路""公行"，"公路"即舆之长帅，"公行"即行之长帅，与此"舆""行"两司马义同，惜诸职并亡，无可质证。

今考春秋时诸夏用车战，而戎狄则以步卒。故隐九年北戎侵郑，郑人患之，曰："彼徒我车，惧其侵轶我。"晋居山西，与群狄为邻。僖公二十八年已作三行御狄，至昭公元年，中行穆子与群狄战，始决意毁车为行。

将战，魏舒曰："彼徒我车，所遇又阸。……请皆卒，自我始。"乃毁车以为行。五乘为三伍。荀吴之嬖人不肯即卒，斩以徇。

当时以五乘改三伍，可证乘车者一车三人，并无二十五步卒附后。否则不劳毁车为行，只须舍其车而单用每车附后之二十五步卒即可。今必毁车为行，便知一车二十五步卒，定为后人伪造。战国时赵武灵王胡服骑射，其情事实与中行穆子毁车为行相仿。《周官》军制有"舆司马""行司马"，即证其书出晋人，在春秋后矣。

三　论国子与庶子

《地官·师氏》有"国子"，《天官·宫伯》有"庶子"。庶子又见于《外饔》《酒正》《司士》《太仆》《象胥》《掌客》诸职。惠士奇《礼说》有云：

秦爵有公士，越军有教士，楚师有都君子。说者谓公士乃有爵之步卒；教士乃教练之精兵，近乎周之士庶子。都君子乃都邑之士，君所子养而有复除，近乎周之国子。

此将《周官》"国子""庶子"比之春秋末期楚、越之"都君子"与"教士"，虽不尽确，然其间实有相近处。楚之都君子，始见于《左传》昭二十七年，实是当时一种特养之斗士。《吴语》吴有"贤良"，越有"私卒君子六千人"，《史记·越世家》又有"教士四万人"。此皆是特练的军队，与临时有事征自田间之农兵不同。此种制度，始起于春秋末期南方楚、越诸邦。而中原诸夏间，尚不见有此等长期训练及特别豢养之军队。观于魏文侯时，李悝为上地守，欲民善射，遂以射决狱，足征其时军队尚多是临时向民间征调也。其后吴起相楚，废公族疏远者，以抚养战斗之士。商鞅入秦变法，定二十级爵，战获一首，赐爵一级。其第一级即为"公士"。此皆注意于培养一辈特殊的战斗阶级之用心之可征者。从此魏有"武士"、（又称"武卒"。）"苍头"、"奋击"；（见《魏策》。）齐有"技击"；秦有"锐士"，（均见《荀子》。）又有"陷阵"。（见《吴子》。）当时各国，大概各有长期武装军队出现。遂使宗法社会变成军国，一辈贵戚功臣之子弟，亦不得不加入军队，以挣扎其地位与前程。《周官》书中之"国子"，即是其时代产物也。《夏官·诸子》云：

国有大事，则帅国子而致于大子。有兵甲之事，则授之车甲，合其卒伍，置其有司，以军法治之。司马弗正。凡国正，弗及。

证之《赵策》，左师触詟愿以其少子补黑衣之缺，以卫王宫，正与《周官》所谓"国子"相近。彼辈在平日，侍从昵近，虽是一种武装卫队，而实由贵戚功臣子弟为之，此等并不能真有战斗实力，已与春秋末期楚、越之所谓"都君子"者不同。下及西汉，有郎署，掌守门户，执戟宿卫，出充车骑，亦多由外戚功臣之子弟为之，则与《周官》书中"国子"却肖。至于"庶子"来源，亦与国子并无十分区别。刘向《新序·杂事篇》："楚庄王中庶子曰：'臣尚衣冠御郎十三年，前为豪矢，后为藩蔽。'"可见正是宫廷宿卫之一类。其次如商鞅以卫诸庶孽公子为魏相公叔座中庶子，甘茂孙甘罗事秦相吕不韦为庶子，此等均属近臣侍从，并不一定能随军战斗。再下则如《韩非子·内储说上》有"商太宰使少庶子之市"，又"卜皮为县令，使少庶子佯爱御史妾"。孙诒让《正义》卷七说此等，谓：

盖皆良家少年子弟，为家臣给使令者，虽职事卑亵，然亦《周官》都家庶子之遗制。

其实只见庶子亦是战国新制，春秋以前并无见。如《新序》说楚庄王，又《韩非·内储说下》有晋平公时"少庶子"，此等皆战国晚年以后人语。不能据此证春秋时亦有所谓"庶子"一职也。

惠士奇《礼说》又云：

有卿大夫之庶子，有民之庶子。卿大夫之庶子，为国子。民之庶子卫王宫，守城郭，属都家，谓之士庶子。军行则从，岁终则餕，有功则劳，死则吊焉。

盖《周官》书中所载庶子地位与性质，仍与军事有关。惠说并不误。此辈盖仍是一种特养斗士之变相也。今考汉制有羽林，掌随从，次期门，常选汉阳、陇西、安定、北地、上郡、西河六郡良家补。又取从军死事之子孙，养羽林官，教以五兵，号"羽林孤儿"。而《周官外饔》《酒正》，享士庶子，亦每与享耆老、孤儿连举。耆老、孤儿，则均是死事者之父祖、子孙。可见《周官》书中之国子与庶子，实似西汉诸郎和羽林之别。乃远从春秋末期都君子、贤良之制蜕变而来，此乃自宗法社会过渡到军国社会时之一种现象。不论非周初所有，即春秋时亦无其事。至于战国现实制度，自与《周官》理想上记载有不尽吻合处，然亦正可证《周官》乃战国时代产物也。

又按：俞正燮《癸巳类稿·周官庶子义》谓："汉人所谓童骑，《梁书·沈瑀传》所谓县僮，五代、辽、金、元人所谓孩儿班、寝殿小底、著户郎君，及诸王以下祗候小底，明所谓门子，今所谓小茶房，乃《周官》《仪礼》之正名庶子也。"此言亦得庶子之一义，然似不如惠说之得其源。而《仪礼》有"庶子"，同于《周官》，亦正可证其同为晚出书耳。

四　论余子

《地官·小司徒》：

凡起徒役，毋过家一人，以其余为羡；惟田与追胥竭作。

又说：

> 凡国之大事，致民；大故，致余子。

郑司农曰：

> 余子，谓羡也。

今按："余子"之名亦起战国。《秦策》："范雎为梁余子。"《赵策》："燕、赵久相攻，士大夫余子之力尽于沟垒。"《吕览·离俗》："齐、晋相与战，平阿余子亡戟得矛。"《庄子·秋水篇》有"寿陵余子"。《管子·问篇》："余子父母存不养而出离者几何人？余子之胜甲兵有行伍者几何人？"此皆战国时始有"余子"之名之证。春秋晋国始惟一军，（见庄十六。）既增为二军，（闵二。）三军，（僖二十七。）五军，（僖三十一。）又舍二军，（文六。）旋作六军，（成三。）又罢为四军，（成十六。）寻复三军，（襄十一。）可见国民并不尽隶军籍，故以渐而增，既增复舍。随武子曰："楚国荆尸而举，商、农、工、贾，不败其业。"正见当时农民隶军籍者尚占少数，故虽出军而不败其业。（江永《群经补义》据此证春秋时兵、农已分，则误。）鲁作三军，季氏取其乘之父兄子弟尽征之；孟氏以父兄及子弟之半归公，而取其子弟之半；叔孙氏尽取子弟而以其父兄归公。江永曰：

> 所谓子弟者，兵之壮者也。父兄者，兵之老者也。皆其素在兵籍，隶之卒乘者，非通国之父兄子弟也。

至《周官·地官·小司徒之职》始云：

乃会万民之卒伍而用之。五人为伍，五伍为两，四两为卒，五卒为旅，五旅为师，五师为军。以起军旅，以作田役，以比追胥，以令贡赋。

于是而军旅、田役、追胥、贡赋，一样要为通国的每个丁男所负担。又曰：

上地家七人，可任也者家三人；中地家六人，可任也者二家五人；下地家五人，可任也者家二人。

是一家男女老幼七人者，共任其三人；五人则任二人。除去老弱妇女，岂非每一壮丁，都逃不了国家的任务？故苏秦曰：

临淄之中七万户，臣窃度之，下户三男子，三七二十一万，不待发于远县，而临淄之卒固已二十一万矣。

《周官》书所谓上地可任者家三人，自苏秦言之，尚算是下户。盖其时凡属丁男，殆无弗被发为卒者。故《周官·地官·乡大夫》有云：

国中自七尺以及六十，野自六尺以及六十有五，皆征之。其舍者，国中贵者、贤者、能者、服公事者、老者、疾者，皆舍。

贾疏："七尺年二十，六尺年十五。"《楚策》："楚襄王使昭常守东地，悉五尺至六十，三十余万。"《说苑》："齐伐莒、鲁，下令丁男悉发，五尺童子皆至。"在此种情况下，始有所谓"余子"。余子者，正是尚未壮有室，而亦已登上了国家之军伍役籍也。虽则杞之城，绛老与焉；清之战，僅汪锜死焉，然此等亦已在春秋中、晚，并亦非常见之事。而《周官》作者勒为定制，一则曰"竭作"，再则曰"致余子"，又曰"皆征之"，若不到战国之晚年，使民严酷，当不致如此。临孝存谓《周官》乃"黩乱不验之书"，岂不甚允！然亦幸而不验，若其验，则久矣其乱矣！而宁谓周公之制作有是乎！《左传》宣二年晋有"余子"，则与此不同。

五　论军门称和

《大司马》：

遂以狩田，以旌为左右和之门。群吏各帅其车徒，以叙和出，左右陈车徒。

郑注：

军门曰和，今谓之垒门。

今按：军门称"和"，亦战国人语也。《齐策》："秦攻齐，威王使章子将，与秦交和而舍。"《孙子·军争篇》云："将受命于君，合军聚众，交和而舍。"《燕策》："景阳开西和门，通使于魏。"《韩非子·外储说左》云："李悝警其两和。"此皆战国以下军门称"和"之证。《吴语》:"迁军接䩡。""䩡""和"同字,其前则无称军门为和者。《左传》文十二年:"胥甲、赵穿当军门呼曰。"又宣十二年:"赵旃夜至楚军,席于军门外。"《齐语》:"执枹鼓立于军门。"此皆不称"和"。且春秋时属车战,亦不能双方军门相交接。《左传》成十六年,晋、楚战鄢陵,楚晨压晋军而陈,范匄曰:"塞井夷灶,陈于军中,而疏行首。"杜注:"疏行首者,当陈前决开营垒,为战道。"可见其时两军相对,决不能有"交和""接和"之事也。军门称"和",大概是车战改徒战后语,故其名始于吴。此虽小节,亦证《周官》晚出,非春秋前书矣。

第三　论《周官》里的外族

《周官》大司寇司隶,掌四翟之隶,一蛮隶,二闽隶,三夷隶,四貉隶,有闽、貉而无戎、狄,甚为可怪。《诗经》及《左传》言及外族,主要者乃戎、狄,其次始及蛮、夷。"貊"字惟《韩奕》之诗"其追其貊"一见。春秋以后书,用"蛮""夷"字渐多于"戎""狄",而"貊"字亦渐见。《论语》有"蛮、貊之邦";《孟子》有"貉道",又有"大貉、小貉";《荀子·劝学篇》有"干、越、夷、貉";《强国篇》有"秦与胡、貉为邻";《墨子·非攻篇》有"燕、代、胡、貉";《兼爱中》有"干、越南夷",又称"蛮、夷丑貉";《管子·小匡》及《齐语》言"胡貉"、"卑耳之貉";《管子》又称"秽貉"、"荆夷";《中庸》云:"施及蛮、貊。"今《周官》书亦以"貉"字代替了"戎""狄"地位。《大司马》"九畿"、《职方氏》"九服",有"蛮""夷",无"戎"

"狄"。《秋官·象胥》："掌蛮、夷、闽、貉、戎、狄之国使。""戎""狄"列最后。其书为战国晚出甚显。近人多疑《尚书·尧典》"蛮、夷猾夏"一语，谓其时不应已有"夏"称，此是也。其实猾夏者在当时应是戎、狄，不应是蛮、夷，用"蛮""夷"字更可疑。《禹贡》"五服"有蛮、夷，无戎、狄，又有岛夷、嵎夷、莱夷、淮夷、和夷，有三苗，而西戎只一见，狄则无，正与《周官》《尧典》大致相同。盖自春秋晚期以后，东南外族，渐占重要地位，而戎、狄已远攘，少人注意。故战国时代人，多言蛮、夷，少言戎、狄也。而"貉"字尤为到战国时始见通用。惟《韩奕》一诗，既言"因时百蛮"，又云"其追其貊"，亦复以"蛮""貊"代替"戎""狄"，在《诗》三百篇中，特为变例，今则无可详说矣。至于"闽"字，不仅《诗经》《左传》中少见，即《孟》《荀》《管》《墨》诸书中亦未有。《周官》究是一部极晚出之书，亦即此而可决矣。

又《职方氏》称"四夷、八蛮、七闽、九貉、五戎、六狄"，对诸外族，加上种种数字，此亦晚出语。"三苗""九黎"，亦同样与《周官》可作为晚出之证。《墨子·节葬》"尧北教乎八狄"，《北堂书钞》作"北狄"；"舜西教乎七戎"，《书钞》及《太平御览》作"犬戎"；"禹东教乎九夷"，《御览》作"于越"。除"九夷"一语见《论语》外，惟"四夷"字常见，其他则惟见于《周官》及《戴记》之《明堂位》。

《周官》又谓："夷隶掌养牛马，与鸟言"，此因《左传》僖二十九年介葛卢闻牛鸣，遂造为此说耳。介葛卢事信否不论，即有其事，亦属偶然，如何便叫夷隶"掌与鸟言"，貉隶"掌与兽言"乎？此一破绽，乃极粗忽而甚可笑者。万斯大《周官辨非》已言之。

第四　论《周官》里的丧葬

《地官·掌蜃》：

掌敛互物蜃物，以共闉圹之蜃。

《左传》成公二年："宋文公卒，始厚葬，用蜃炭。"郑司农曰："言僭天子也。"今考昭公二十年《传》："海之盐、蜃，祈望守之。"蜃是海疆物产，岂周初已定蜃炭闉圹之制？《左传》仅言"始厚葬"，不言"僭天子"。《地官·掌蜃》，明是春秋以后葬用蜃炭已成习俗，而《周官》作者本以为说。又《春官·冢人》：

以爵等为丘封之度与其树数。

今考《檀弓》孔子曰："古也墓而不坟。"郑注强说古为殷时，《王制》则谓："庶人不封不树。"其实文、武、周公葬于毕，秦穆公葬于雍橐泉宫祈年馆下，樗里子葬于武库，皆无丘陇之处。延陵季子葬子嬴、博之间，封坟掩坎，其高可隐。（均见《汉书·刘向传》。）孔子所谓"古者墓而不坟"，决不远指殷时，亦不专言庶人。《左传》载宋文公厚葬，仍不见大为丘陇。直至吴王阖庐乃有高坟。其后厚葬之风，日盛一日。《吕氏春秋·安死篇》云："世俗之为丘陇也，其高大若山，其树之若林。"《周官》正和《吕氏》处同一时代，所以要主张"以爵等为丘封之度与其树数"也。

《冢人》又云：

及葬，言鸾车象人。

《小戴记·檀弓篇》："涂车、刍灵，自古有之，明器之道也。孔子谓'为刍灵者善'，谓'为俑者不仁'，不殆于用人乎哉？"《孟子·梁惠王篇》亦曰："仲尼曰：'始作俑者，其无后乎！'为其象人而用之也。"《淮南子·缪称训》："鲁以偶人葬而孔子叹。"此处之"象人"，正是孔子所叹为不仁无后者所用之俑人也。作《周官》者，自本晚周风气，将"鸾车象人"明定于葬制，殆并孔子之言而忘之矣。若谓《周官》书系周公作，岂始作俑而当无后者，孔子亦以斥周公乎？

又《地官·闾师》：

凡庶民，不畜者祭无牲，不耕者祭无盛，不树者无椁，不蚕者不帛，不绩者不衰。

郑注：

皆所以耻不勉。

其实《周官》此条乃袭《孟子》而误。孟子曰："五亩之宅，树之以桑，五十者可以衣帛矣。"并非凡不蚕者皆不准衣帛也。又曰："中古棺七寸，椁称之。自天子达于庶人。非直为观美也，然后尽于人心。"并非凡不树者皆不得用椁也。

又曰："《礼》曰：'诸侯耕助，以供粢盛；夫人蚕缫，以为衣服。牺牲不成，粢盛不洁，衣服不备，不敢以祭。惟士无田，则亦不祭。'牲杀、器皿、衣服不备，不敢以祭。"非谓凡不耕畜者，都不许有牺牲、粢盛之祭也。孟子从民间经济自然状况言，《周官》却用以勒为定制，琐碎不近人情，宜其见讥为"黩乱不验"也。

第五　论《周官》里的音乐

《春官·大司乐章》是《周官》书在汉朝出现得最早的一篇，篇中有云：

以乐舞教国子，舞《云门》《大卷》《大咸》《大韶》《大夏》《大濩》《大武》。

此所谓"六乐"，《大韶》以上，春秋前颇少见。《左传》襄公二十九年，吴公子札在鲁论乐，也仅及《韶》《夏》《濩》《武》，没有《云门》《大卷》《大咸》。若说"鲁用四代之乐"，何以孔子在齐始获闻《韶》？季札闻乐，本非当时情实，仅是战国时人一种传说，而《周官》尚在其后。《大司乐章》又云：

以六律、六同、五声、八音、六舞，大合乐，以致鬼神示。凡六乐者，一变而致羽物及川泽之示，再变而致裸物及山林之示，三变而致鳞物及丘陵之示，四变而致毛物及坟衍之示，五变而致介物及土示，六变而致象物及天神。

又云：

> 凡乐，圜钟为宫，黄钟为角，大蔟为徵，姑洗为羽，雷鼓雷鼗，孤竹之管，云和之琴瑟，《云门》之舞，冬日至，于地上之圜丘奏之，若乐六变，则天神皆降，可得而礼矣。凡乐，函钟为宫，大蔟为角，姑洗为徵，南吕为羽，灵鼓灵鼗，孙竹之管，空桑之琴瑟，《咸池》之舞，夏日至，于泽中之方丘奏之，若乐八变，则地示皆出，可得而礼矣。凡乐，黄钟为宫，大吕为角，大蔟为徵，应钟为羽，路鼓路鼗，阴竹之管，龙门之琴瑟，《九德》之歌，《九韶》之舞，于宗庙之中奏之，若乐九变，则人鬼可得而礼矣。

此一节有一从来极费讨论之问题，即何以三大祭都只有宫、角、徵、羽而无商声是也。郑注说之曰：

> 祭尚柔，商坚刚。

然其说牵强，后儒都不取。《魏书·乐志》载长孙稚、祖莹表云：

> 臣等谨详《周礼》，布置不得相生之次，两均异宫，并无商声，而同用一徵。计五音不具，则声岂成文，莫晓其旨。

《隋书·音乐志》载牛弘、姚察、许善心、刘臻、虞世基议，亦谓：

《周礼》四声，非直无商，又律管乖次，以其为乐，无克谐之理。

是皆根本怀疑《周官》之不可信者。而《唐会要》载开元八年赵慎言《论郊庙用乐表》有云：

《周礼》三处大祭，俱无商调。商，金声也，周家木德，金能克木，作者去之。今皇唐土王，即殊周室。其三祭并请加商调，去角调。

后儒因此多说《周官》无商，乃无商调，非无商声。所以无商调，则因周以木德王，商金声，避金克木之嫌。至于律管乖次，也有说明。然据今论之，五德终始，乃秦一统后始有齐人奏上，谓是邹衍所著，其前固未有。且《周官》书亦未采及五德终始之说，则此处不当据以为说。此外复有一问题，为历来诸儒所未经注意者，即音乐能致物怪鬼神之理论是也。春秋以前，似绝未见此等说法。即季札论乐，《论语》孔子论乐，都不涉及音乐能致物怪鬼神事。纵曰乐舞所以降神，然神之来享，则显不为乐舞。此在春秋时人尚均如此说，《左传》之书可据也。今考音乐能致物怪鬼神，及乐戒商音二事，其实全起战国。其证则在《韩非子》。《韩非·十过篇》有云：

昔者卫灵公将之晋，至濮水之上，税车而放马，设舍以宿，夜分，而闻鼓新声者而说之。使人问左右，尽报弗闻。乃召师涓而告之，曰："有鼓新声者，使人问左右，尽报弗闻。其状似鬼神,子为我听而写之!"师涓曰:"诺。"因静坐抚琴而写之。师涓明日报曰:"臣得之矣,而未习也,请复一宿习之。"灵公曰:"诺。"因复留宿,明日而习之,遂去之晋。晋平公觞之于施夷之台。酒酣,灵公起言曰:"有新声,愿请以示!"平公曰:"善。"乃召师涓,令坐师旷之旁,援琴抚之。未终,师旷抚止之,曰:"此亡国之声,不可遂也。"平公曰:"此道奚出?"师旷曰:"此师延之所作,与纣为靡靡之乐也。及武王伐纣,师延东走,至于濮水而自投。故闻此声者,必于濮水之上。先闻此声者,其国必削,不可遂。"平公曰:"寡人所好者音也,子其使遂之。"师涓鼓究之。平公问师旷曰:"此所谓何声也?"师旷曰:"此所谓清商也。"公曰:"清商固最悲乎?"师旷曰:"不如清徵。"公曰:"清徵可得而闻乎?"师旷曰:"不可。古之听清徵者,皆有德义之君也。今吾君德薄,不足以听。"平公曰:"寡人之所好者音也,愿试听之。"师旷不得已,援琴而鼓。一奏之,有玄鹤二八,道南方来,集于郎门之垝。再奏之,而列。三奏之,延颈而鸣,舒翼而舞;音中宫商之声,声闻于天。平公大悦,坐者皆喜。平公提觞而起,为师旷寿。反坐而问曰:"音莫悲于清徵乎?"师旷曰:"不如清角。"平公曰:"清角可得而闻乎?"师旷曰:"不可。昔者黄帝合鬼神于泰山之上,驾象车而六蛟龙,毕方并辖,蚩尤居前,风伯进扫,雨师洒道,虎狼在前,鬼神在后,腾蛇伏地,凤凰覆上,大合鬼神,作为清角。今主君德薄,不足听之,听之将恐有败。"平公曰:"寡人老矣,所好者音也,愿遂听之。"师旷不得已而鼓之。一奏之,有玄云从西北方起。再奏之,大风至,大雨随之。裂帷幕,破俎豆,隳廊瓦。坐者散走,平公恐惧，伏于廊室之间。晋国大旱，赤地三年。平公之身遂癃病。

此故事极生动。不必晋平公时确有此事，而战国时确有此说。清商乃亡国之乐，靡靡之音，所谓"濮上之声"者是，所以《周官》三大祭皆不用商，正为其是濮上遗声也。而音乐之足以感召物变鬼神，亦在此故事中竭力描出。《周官》六乐，变致羽物，乃至于六变致象物，全从此种故事中来。且《周官》言"羽物、臝物、鳞物、毛物、介物"，此皆常名可知。又有所谓"象物"，此乃显指《韩非》书师旷鼓清角而致玄云风雨言。此等何以谓之"象物"？其义当求之《老子》书与《易·系传》。此中已涵"天人相应"之说，而礼乐可以通天地，感鬼神，其论畅发于《小戴记》。不仅孔孟论礼乐，并无此等意想，即《荀子》书言礼，亦尚不如此立说也。《老子》与《易大传》与《小戴记》则正同为战国晚年书，殆皆与《周官》《韩非》略同其时代也。

又《乐记》载孔子与宾牟贾论乐，及于《大武》之舞，孔子曰：

"声淫及商，何也？"对曰："非《武》音也。"子曰："若非《武》音，则何音也？"对曰："有司失其传也。若非有司失其传，则武王之志荒矣。"

是徵其时《大武》之舞也有商，而一辈讲音乐者乃力事排斥。正因商声淫靡，乃濮上之新声，故不认为是武王之古乐也。可知《周官》三大祭无商，固不必以"金克木"之说释之。《乐记》则本是汉河间献王与诸生共采《周官》及诸子而成，自应与《周官》书有同样之理论也。而《尚书·尧典》亦云：

> 击石拊石，百兽率舞。

《弃稷篇》亦云：

> 箫韶九成，凤凰来仪。

此亦不能不谓其乃与《周官·大司乐》为同时代之作品矣。至于《九德》之歌，从《左传》来，辨《伪古文尚书》者论之已详，此不再。

又《史记·封禅书》引《周官》云：

> 冬日至，祀天于南郊，迎长日之至。夏日至，祭地祇。皆用乐舞，而神乃可得而礼也。

今《周官》无其文，盖即约《大司乐章》"凡乐，圜钟为宫"一节也。《汉书·艺文志》称："孝文时，得乐人窦公献书，乃《周官·大宗伯》之《大司乐章》。"则《周官》此篇，在汉文帝时早已发见。惟谓窦公乃魏文侯时乐人，事实难信。桓谭《新论》谓窦公年百八十岁。以文帝初即位上推百八十年（西元前一八〇——三五九）当为秦孝公三年，值梁惠王之十二年。其时窦公初生，何能为魏文侯乐人？齐召南推算窦公在魏文侯时已为乐工，其年必非甚幼；见汉文帝又未必即在元年；其寿盖二百三四十岁。其实《史记·六国表》载魏文侯、武侯年均误。魏武侯《史记》仅十六年，而《竹书纪年》有二十六年。《史记》误脱十年。依齐氏推算，窦公年还需增十年始合。谓窦公献书年已二百五十岁，其事颇难信。若依桓谭百八十岁之说，孟子游梁，窦公大约已四十岁。然其时尚不可有《周官》。至吕不韦著《春秋》，又八十年，窦公应已百二十岁，其时则《周官》已成书。大概《周官》实是魏国人作，窦公则只是魏惠王以后乐人。或者过甚其辞，当其献书时，窦公尚不到百八十岁，而妄称上及魏文侯。此正如说邹衍及见梁惠王、齐宣王也。惟《周官·大司乐章》，则窦公可以有，司马迁可以见，而摘写其大意于《封禅书》，其事不必全可疑。俞氏《癸巳类稿》谓《周官》孝文时已在秘府，以校窦公之书，其说亦非不可信。又武帝时，河间献王与毛生等共采《周官》及诸子言乐事者，以作《乐记》。正为《周官》之书行于魏晋，故窦公得其《大司乐章》，而河间王收书，亦得《周官》也。主张今文经学者，必疑《史》《汉》记事全伪，《周官》一书定是刘歆、王莽伪造，此实难圆之论耳。

且即以《大司乐章》所谓必用何种乐舞而后鬼神乃可得而礼者，此亦晚周先秦燕齐方士之绪论也。《封禅书》载李少君言上：

祠灶则致物，致物而丹沙可化为黄金。黄金成，以为饮食器，则益寿。益寿，而海中蓬莱仙者乃可见。见之以封禅，则不死。黄帝是也。

又亳人谬忌奏祀太一方，曰：

天神贵者太一。太一佐曰五帝。古者天子以春秋祭太一东南郊，用太牢，七日，为坛开八通之鬼道。

于是武帝令太祝立其祠长安东南郊，常奉祠如忌方。此所谓"方"，即"方术"之"方"，感召鬼神，须遵一定之方术，擅其术者，所以见称为"方士"也。方士初起，亦本儒家礼乐为说。礼乐之能通天地，感鬼神，其甚深妙义，皆阐发于《小戴礼》书中，此则为儒家言。至如谬忌之祠太一方，即是一种独擅秘方，非如此则太一之帝不可得而祠。此种秘方，亦可谓是一种祭祀之礼。儒家与方士之相通，当从此着眼。而周官《大司乐章》，其实亦只是一种方术也。谓非如此则鬼神不可得而礼，此非方术而何？惟专从乐舞说之耳。故知秦、汉方士神仙，实与儒生礼乐鬼神，同出一源，史实俱在，正当从此等处阐求之。然则方士者，最先本讲礼乐，求以感召鬼神，以希接引。大概与阴阳家言五德方色数度之异相通。其次乃讲服食外丹，又进而讲修炼内丹。近人只知服食、修炼为求仙之两道，各有秘方；不悟求仙求神最捷、最古之一径，厥为礼祠鬼神，期感召而得接引。而祭祀之方，在秦皇、汉武时，其重要犹远在讲服食、修炼两方之上。其说实兴于战国晚世，乃由一派儒家，汇通道家神仙与阴阳五行之说，而逐步形成者。春秋时固无此等议论。而今《周官》著者讲音乐，亦谓作此乐舞，而后鬼神乃可得而礼，是岂周公之所著？又何尝为春秋以前之所有乎？若说刘歆、王莽伪造，则其时方士议论已衰，而礼乐之含义又变，决知其不如此说之矣。